Olav – menneske og monark

JO BENKOW

OLAV

– menneske og monark

Gyldendal Norsk Forlag · Oslo

Printed in Norway
Norbok a.s, Oslo/Gjøvik 1991

Bilderedaktør:
Torleif Sjøgren-Erichsen
i samarbeid med forfatteren
Omslagsdesign:
Are Bjærke
Omslagsfotografi:
Rude Foto

ISBN 82-05-20192-7 (Gyldendal Norsk Forlag)
ISBN 82-525-1669-6 (Ekstrabokklubben)

Innhold

Forord

Da vi innledet vårt samarbeide om den boken som her foreligger, sa kong Olav at han ikke trodde det ville være mulig å finne så mye nytt og ukjent som jeg hadde håpet på, men han lovet å bidra så godt han kunne.

«Mitt liv er som en åpen bok,» uttalte han. Men der tok han feil. Ikke slik å forstå at han hadde noe å skjule. Alt han sa og gjorde gjennom et langt liv, tålte dagens lys. Den som venter seg sensasjonelle avsløringer på det ytre plan, vil lete forgjeves. Alle de viktige begivenhetene i kong Olavs lange livsløp foreligger det allerede inngående beskrivelser av i en solid og rikholdig faglig litteratur.

Mange spennende kapitler i kong Olavs liv er allerede blitt allemannseie og viktige hendelser i landets nyere historie. Derfor vil det ha liten hensikt å gi en fullstendig og utfyllende fremstilling av hele kong Olavs livsgjerning.

I stedet vil dette være beretningen om det kong Olav selv mente hadde betydd mest for hans personlighetsutvikling, både som menneske og monark – om spesielle opplevelser og viktige perioder som satte sitt merke på ham for resten av livet. Men fremfor alt vil det være fortellingen om de menneskene som sto ham aller nærmest og hva de kom til å bety for ham. Her vil mye være nytt og ukjent, til og med for hans nærmeste familie.

Kong Olav viste meg en enestående fortrolighet som har gjort oppgaven enklere. Av og til fikk jeg en andektig fornemmelse av at kong Olav bevisst lot meg trenge inn under overflaten slik at det bildet av ham som ettertiden skulle sitte igjen med, skulle få flere fasetter. Han lot meg ane at han til tross for sin ytre ro kjempet sine kamper på det indre plan. Det er forklaringen på at dette nærportrettet av folkekongen er like meget om mennesket som om monarken.

Men først og sist er det historien om den lille, ensomme gutten som vokste opp alene bak slottsfasaden, som til langt opp i voksen alder følte seg usikker, keitet og klosset – som langsomt og sikkert vokste seg sammen med sitt eget folk og ble landsfaderen, som åpent og ekte kom alle i møte.

Bokens bilder er ikke valgt på grunn av sin tekniske kvalitet, men etter hva de kan fortelle og ytterligere formidle om bokens innhold og idé. Mange av bildene er sjeldne. Noen av dem er aldri tidligere blitt offentliggjort.

Mange skal takkes for verdifull hjelp. Den største takken går til kong Olav selv som la grunnlaget for boken i samtale og samvær gjennom mange år. Da planene for boken hadde tatt form, ga kong Olav tillatelse til å ta opp alle våre regelmessige «torsdags»-samtaler på lydbånd. Disse lydbåndene er en uerstattelig kilde som etter utgivelsen vil bli overbragt kong Harald.

Kong Harald og hans to søstre prinsessene Ragnhild og Astrid har også gitt verdifulle bidrag til arbeidet, som neppe kunne ha inneholdt så mye bekreftet stoff uten den kongelige families medvirkning.

En særlig takk til slottsbibliotekar Lise Kongstad som har vært en kunnskapsrik og hjelpsom veiviser i det overveldende kildemateriale som er til rådighet. En takk også til tidligere hoffsjef Ingvald Smith-Kielland og øvrige ansatte ved hoffet, som etter å ha fått kong Olavs tillatelse, beredvillig har stått til tjeneste.

En særskilt takk til H.M. dronning Margrethe II av Danmark, som gjennom givende samtaler har bidratt til å kaste nytt lys over kongegjerningens egenart.

I arbeidet med denne boken har jeg hatt stor nytte av den rikholdige litteratur som foreligger, spesielt vil jeg nevne Trygve Rambergs bok «Med folket», Tim Greves «Haakon VII» og Annemor Møsts «Olav V 30 år på tronen».

Jo Benkow

DEN SISTE DAGEN

Han visste hvor han var – i skogbrynet der Kongsseteren står. Han trakk sitt siste åndedrag der hans hjerte hørte hjemme. Han døde slik han levde – som en Konge.

Den siste dagen

TORSDAG 17. JANUAR KOM NORGE LANGSOMT TIL SEG SELV etter en opprivende natt. Det skulle vise seg å bli en lang dag. Aviser, radio og fjernsyn meldte om at krigen i Midt-Østen var gått inn i en ny dramatisk fase – som alle visste måtte komme, men som vi likevel ikke trodde på. Vår evne til å lure oss selv, er slik den alltid har vært. Vi er, alle historiske erfaringer til tross, fortsatt istand til å ønsketenke oss bort fra realitetene. Det betyr vel i all enkelthet at håpet lever uansett hvor dystre utsiktene er.

Men heldigvis er det blant oss noen som har en spesiell evne til å tenne håp hos andre uten selv la seg lure eller henfalle til uansvarlig optimisme. Kong Olav var en slik mann.

Han kom sent til sengs kvelden før. Han hadde vanskelig for å rive seg løs fra fjernsynet. Det var lenge siden han hadde skaffet seg det utstyret som skulle til for å ta inn både BBC og CNN. Ikke bare på Kongsseteren, men også på Bygdøy kongsgård og på Slottet hadde han fjernsynet innen rekkevidde. Det han hadde sett og hørt i løpet av dagen og kvelden før, hadde gjort ham urolig. Han var temmelig overbevist om at det ville hende noe i løpet av natten.

Den gamle offiser og forsvarsvenn som satte freden så høyt, følte seg både deprimert og nedlått da han noe før midnatt gikk til ro på Kongsseteren. Han var i motsetning til så mange av oss andre fri for den slags eskapistiske tilbøyeligheter som har fått så stor utbredelse og som ofte gir seg sterkest utslag når man står foran en krise. Han hadde ikke anlegg for å stikke hodet i sanden. Han var opprørt og forferdet over Saddam Hussein og forsto at han bare kunne stoppes med våpenmakt. Derfor sov han urolig.

Kongen våknet tidlig til klart kaldt vintervær. Ingen sol kastet skygger over den rene nysneen. Landskapet sto stille uten vind. En uforanderlig og tidløs norsk vinterdag uten bevegelse og liv. – Men klar og ren.

Da kong Olav litt før kl. 06.30 sto opp for å ta sitt daglige morgenbad, var vakthavende kammertjener på plass. Det hørte med til kammertjenerens daglige plikter å gå Hans Majestet til hånde ved påkledning og morgentoalett.

Kongen pleide alltid å slå på radioen så snart han våknet. Det han fikk høre denne morgenen bekreftet de bange anelsene han hadde hatt kvelden før. Morgenstellet gikk raskere enn ellers. Så snart han var klar, gikk han ned trappen fra sitt soveværelse i annen etasje og til sin faste plass foran fjernsynet i peisestuen.

For en gangs skyld måtte avisene vente. Den dagen var de ute av stand til å hamle opp med CNN's direktesendinger fra Gulfen der stedlige korrespondenter sendte fortløpende rapporter fra Bagdad, Riyad og Tel Aviv.

Da Kongens hovmester Arne Rogstadmoen kom til stede ca. kl. 08.00, fikk han omgående beskjed om å sørge for at fjernsynsapparatet Kongen hadde i sine private gemakker på Slottet, skulle flyttes og installeres i hans arbeidsværelse på Slottet slik at han uten avbrudd kunne følge de dramatiske begivenhetene mens han satt ved sitt skrivebord. Der innfant han seg til daglig med ufravikelig presisjon umiddelbart før kl. 10.00.

Også for prinsesse Ragnhild, som bodde sammen med sin far på Kongsseteren, ble denne dagen helt fra morgenen av annerledes.

De to pleide å innta frokost sammen presis kl. 09.00, men den dagen ble de forsinket. Da Prinsessen kom ned for å gjøre sin far selskap kl. 8.55, fant hun ham helt oppslukt av fjernsyns-sendingen. Kongen, som man ellers kunne stille sin klokke etter, sa halvt åndsfraværende at de ikke kunne gå til bords med en gang. Han ville se mer av det som ble vist. Det skulle atskillig til før Kongen lot ytre omstendigheter endre hans rutiner og sans for presisjon. Han var tydelig oppskaket. Antagelig skjønte han allerede da, det som vi andre først fullt ut forsto senere, at det her dreide seg om en historisk hendelse, som ville utløse ufattelige lidelser med skjebnesvangre konsekvenser, også etter at krigshandlingene ble bragt til opphør.

Til tross for hvor rystet han var, opptrådte han den morgenen som alltid ellers, uklanderlig stelt og kledd. Da Kongen og prinsesse Ragnhild omsider satte seg til frokostbordet i spisestuen, var det tydelig at han var sterkt berørt av det han hadde sett og hørt.

Måltidet gikk unna i en viss fart. Når Kongen satte seg til frokostbordet, var det for å spise. Konversasjonen fikk utstå til etterpå.

Hovmesteren og en av lakeiene sto for serveringen og passet på at alt gikk riktig for seg. Som alltid ellers spiste han sitt frokostegg med toast til og drakk den teen som ble skjenket opp.

Selv om det ikke ble sagt så meget, gjorde det Kongen godt å kunne skotte over bordet og se sin eldste datter som delte frokoststunden med ham.

Under Kongens sykdom oppholdt prinsesse Ragnhild seg atskillig mer i Norge enn i Brasil, og hele tiden under sin fars tak.

De tilbragte lange og gode stunder sammen. De var mye hjemme, hygget seg foran fjernsynet og pratet om løst og fast. Kongen orket jo ikke så veldig mye annet, fortalte prinsesse Ragnhild. Han var imidlertid ikke så lett å stagge dersom det var noe han gjerne ville. Da hentet han frem krefter ingen trodde at han fortsatt hadde i behold. Så sent som lørdag den 12. januar, deltok han i hyllesten av Carl Bernadotte som den dagen fylte 80 år. Fødselsdagsbarnet, som for øvrig var yngste bror av kronprinsesse Märtha, hadde innbudt til familiefest på Holmenkollen

Park Hotel, som beleiligvis ikke lå langt unna Kongsseteren. Den festen ville Kongen være med på, fortalte prinsesse Ragnhild.

Kong Olav kjørte fra Kongsseteren sammen med Prinsessen og hennes familie. I bilen sa kong Olav ifra at han kom til å dra tilbake så snart selve middagen var over uten å vente på kaffen. Men slik kom det ikke til å gå. Den som ble til siste slutt, var kong Olav. Han hadde det så hyggelig at han glemte både klokken og helsen. For kong Olav, som ikke brøt opp før over midnatt, ble det en stor aften, kunne prinsesse Ragnhild fortelle.

Mens de bodde på Kongsseteren pleide prinsesse Ragnhild å sitte på med sin far når han etter vanlig rutine forlot Kongsseteren kl. 9.45 for å dra til Slottet. Etter endt kontortid ca. kl. 12.30, reiste de som regel sammen tilbake til Kongsseteren.

Denne morgenen reiste kong Olav til byen uten sin datter. Prinsesse Ragnhild skulle hjem til sin egen leilighet i Husebyveien for å forberede et middagsselskap for sine gamle venninner. Det var den første kvelden – etter at hun kom til Norge en uke tidligere – som hun ikke skulle spise middag sammen med sin far. Den venninneklubben hun skulle ha hos seg, var allerede i november blitt enige om å møtes 17. januar. Det var bare ett av mange sammentreff på en historisk dag.

Utenfor utgangspartiet til Kongsseteren sto bilen med sjåfør og lakei og ventet på ham. Diskret i bakgrunnen sto sikkerhetseskorten klar til å følge etter i en annen bil. Kongen kom ikke av sted før nærmere kl. 10.00. Det var et stort avvik til ham å være.

Da Kongen kom alene ut, etter å ha tatt på seg frakk og hatt, kunne man se av ansiktene på alle de som var der og som gikk ham til hånde, hvor lettet de var over at forsinkelsen ikke hadde noe med Kongens helsetilstand å gjøre.

Da Kongens bil noe senere enn vanlig svingte opp foran Slottets privatinngang, hadde vakthavende tjener allerede ventet en stund. Der skal det alltid være en til stede for å melde fra når

Hans Majestet forlater Slottet og når Hans Majestet er ventet. Som alltid hilste Kongen høvisk og vennlig ved ankomsten, overlot sin dokumentmappe til tjeneren som ledsaget ham fra bilen og til heisen som bragte Kongen og hans tjener opp til de private gemakker i annen etasje, der han hengte fra seg ytterklærne og gjorde seg istand til dagens skrivebordsarbeide. Derfra gikk han gjennom «den røde salong» og dagligstuen inn til sitt kontor. Det har to vinduer mot slottsplassen som gir utsikt over parken og helt ned til Stortinget. Skrivebordet som står vendt med front mot vinduene står nesten midt i rommet. Det er alltid overfylt av bøker, tidsskrifter, dagens aviser og diverse papirer og korrespondanse. Skrivebordet var preget av den kontrollerte uorden man finner så mange steder det foregår noe. Det bidro til å gi det ikke alt for store værelset en viss hjemlig atmosfære.

Den første som fremstilte seg på arbeidsværelset hos Majesteten ved hans ankomst var denne dagen som ellers, vakthavende adjutant. Det var major i hæren, Stein Hildre, som tjenestegjorde denne måneden. Før han ble sluppet inn, hadde Majesteten forsikret seg om at fjernsynet var på plass og virket tilfredsstillende. Det var allerede satt på da adjutanten trådte inn.

Akkurat denne formiddagen var kong Olavs program noe mindre omfattende enn vanlig. Da hoffsjefen i overensstemmelse med den daglige rutine la frem dagens program, møtte han en sjef som var temmelig forarget og ute av seg. Kong Olav, som konsentrerte hele sin oppmerksomhet om utviklingen i Gulfen, var ikke på noen måte fornøyd. «Det er ingen som forteller meg noe. Jeg får ikke vite hva man holder på med og hvordan det går,» utbrøt han med snev av det bråsinne som han av og til kunne bli grepet av. Men han roet seg nokså omgående slik han alltid gjorde, selv om han hadde vanskelig for å ta øynene bort fra skjermen mens han snakket. Det Kongen *ikke* visste, var at det ikke var noen, hverken i regjeringen eller innen forsvaret som hadde andre opplysninger enn de CNN bragte. De første dagene hadde nettopp den stasjonen noe henimot et monopol på nyheter fra Gulfen. I realiteten var Kongen like godt orientert som alle andre uten at han var klar over det.

Kongen hadde en skremmende og uhyggelig ond følelse av å gjenoppleve det som skjedde i 1940. Både det som hendte og 50-årsminnet om 9. april lå tungt på ham. I de usikre formiddagstimene på sitt kontor vurderte han å flytte tilbake fra Kongsseteren til Slottet for å være sikret den raskeste og best mulige informasjon. Han ønsket å være så nær som mulig der de norske avgjørelser ble truffet.

Riktignok anså han seg som sykmeldt, men han var selvfølgelig like levende opptatt av det som skjedde uavhengig av hvem som på det tidspunkt ledet statsråd. Han følte seg utenfor og fortvilet. Han ville så gjerne bli like løpende orientert som han ville ha blitt dersom han hadde vært i full vigør. Ved nærmere ettertanke bestemte han seg for en mellomløsning. Hans adjutant, major Hildre, skulle flytte opp på Kongsseteren og fungere som et bindeledd.

Det dagsprogram hoffsjefen hadde å forelegge var forholdsvis beskjedent. Det var ikke så mange anvisninger Kongen behøvde å gi. Det var ikke de nære, praktiske ting Kongen var opptatt av. Halvt åndsfraværende lyttet han med det ene øret til hoffsjefen, med det andre til den løpende Gulfreportasjen på skjermen.

Derfor kunne Ingvald Smith-Kielland forholdsvis raskt trekke seg tilbake. Akkurat da hadde ikke kong Olav det ringeste imot å være alene uten noe fastlagt program som kunne hindre ham i å følge nyhetssendingene.

Ingenting var som det pleide den dagen. Kongen hadde all grunn til å ta hardt i. Det inngår nemlig i de vel innarbeidede rutiner omgående å innberette til Slottet alle hendelser av betydning innen forsvaret. Dersom en norsk soldat omkommer i en bilulykke i Nicosia, vil dette og lignende hendelser omgående bli rapportert til Slottet.

Akkurat denne dagen av alle, sviktet rutinene. Da hoffsjefen innfant seg hos kong Olav ikke så lenge etter kl. 10.00, hadde man intet hørt fra forsvaret. Bevegelseshemmet og forholdsvis isolert som Kongen var, er det ikke vanskelig å forstå hans forbitrelse og følelse av avmakt.

Like etter at hoffsjefen hadde forlatt kong Olav, oppdaget forsvaret sin forsømmelse. Deretter ble det umiddelbart tatt kontakt med Slottet og gitt beskjed om at forsvarssjefen personlig var rede til å gi en orientering om det man visste. Det knyttet seg jo fra norsk side særlig interesse til hvordan situasjonen var for det norske kystvaktskipet «Andenæs» og mannskapet om bord.

Da forsvarssjefen ankom, ble både Kronprinsregenten og Kongen orientert om situasjonen så langt man selv kjente den. Umiddelbart etter at forsvarssjef Rein hadde forlatt Slottet, kom jeg selv til stede.

Selv hadde jeg sett frem til denne dagen. For det første skulle jeg ha min ukentlige samtale med Hans Majestet; men ikke bare det. Han hadde også invitert meg til å spise lunsj på Kongsseteren etter at vi hadde gjort oss ferdige på Slottet.

Torsdag den 17. januar noen minutter før kl. 12.00 sto jeg som vanlig og ventet på det ukentlige foretrede for hans Majestet.

Hver gang jeg sto der i «fugleværelset» og ventet, hadde jeg tilløp til hjertebank – blandet med forventning, ikke helt fri for en viss nervøsitet. Stadig måtte jeg tenke på hvor forunderlig det var at samtaler med selveste Kongen var blitt en del av det ukentlige program. Det finnes kanskje noen som tar den slags som en selvfølgelighet. Det ble det aldri for meg. Regelmessigheten ble aldri rutine. Det har ingen ting med servil underdanighet å gjøre å nærme seg sin Konge med ærbødighet. I møtet med en monark som kong Olav, gikk det aldri på selvrespekten løs å være ydmyk og takknemlig. Det var jeg hele tiden – og er det fortsatt. Det behøver ingen å føle seg mindre av. Det er godt for mennesket å ha noen å se opp til; uten forbehold. Jeg har en mistanke om at det er akkurat slik de fleste føler det.

Denne dagen kunne jeg til tross for tykke murer og stengte dobbeltdører høre CNN's fjernsynssending fra krigen i Gulfen.

Da jeg kom inn, traff jeg en konge som lot til å være sterkere følelsesmessig påvirket av de opprivende begivenhetene i Midt-Østen enn jeg hadde ventet meg.

Samtidig virket han så anspent og engasjert at jeg trodde han hadde tatt enda et stort skritt på bedringens vei. Men der tok jeg feil. Det som skjedde var en uhyre stor påkjenning for Kongen. Det kunne man imidlertid ikke så lett lese seg til hverken av ansiktsutrykk eller kroppsspråk.

I løpet av samtalen kom det likevel frem hvor oppskaket, ja, bent frem rystet han var. Han var mere direkte enn vanlig og hadde atskillig på hjertet.

Dagen etter ble jeg sittende og se nærmere på en del av de talene kong Olav hadde holdt.

Under stortingsmiddagen i 1966 uttalte kong Olav bl.a.:

«Det norske folk ser det som sin viktigste oppgave i mellomfolkelig samarbeid å arbeide for at fred og harmoni må råde mellom nasjonene. Vi er med på å støtte de fredsvernende tiltak som De Forente Nasjoner setter ut i livet, og vi håper at De Forente Nasjoner alltid vil være istand til å fylle sin store oppgave som fredsbevarende faktor.»

Det han sa da var mer enn vanlig majestetisk retorikk. Hans brennende ønske om fred på jorden, ble et gjennomgangstema i talene hans. For ham var kampen for fred et program og en del av hans personlighet. Derfor ble torsdag den 17. januar en tung dag for kong Olav – for tung, skulle det vise seg.

Ved en tilfeldighet hadde jeg på forhånd valgt å forberede dagens spørsmål om krigsutbruddet 9. april. Det var ikke første gang vi hadde vært inne på krigen og alt som sto i forbindelse med den. Men jeg hadde kommet til at det var behov for ytterligere presiseringer.

De cirka femti spørsmålene jeg hadde oversendt Hans Majestet til gjennomsyn og overveielse på forhånd var med andre ord oppfølging av tidligere behandlede temaer. Nå var vi oss begge bevisst at dette var et historisk sammentreff som naturlig nok kom til å prege samtalen.

Dagen viste seg å bli mere historisk enn noen kunne fatte på det tidspunkt samtalen fant sted: den markerte starten på blodige krigshandlinger i Midt-Østen og nesten samtidig slutten på en livsgjerning for fred.

Det slo Hans Majestet hvor underlig det var at vi satt og snakket om vårt eget krigsutbrudd på en dag da våre nærmeste allierte ble trukket inn i en ny krig.

Hans Majestet viste stor forståelse for alle dem som på humant grunnlag og av andre ideologiske grunner hadde ønsket at motangrepet mot Irak ikke hadde kommet så raskt, men han var helt overbevist om nødvendigheten av å gripe inn da det skjedde.

Kongen var fullt klar over at fiendlighetene ikke startet 17. januar 1991, men 2. august 1990 da invasjonen av Kuwait fant sted. Vi diskuterte også hvordan Midt-Østen ville sett ut dersom Israel ikke var blitt angrepet med våpen i samme øyeblikk FN gjorde vedtak om den nye nasjons opprettelse.

Vi spekulerte begge to på om det som hendte i maidagene i 1948 var det som hindret eller i hvert fall vanskeliggjorde en fruktbar dialog. I det hele tatt var vi begge inne på hvor vanskelig det var å ha noen sikker formening om hva som er grunnlaget for en konflikt og når den egentlig starter. Siden vi begge to hadde en sterk vestlig forankring, var det nødvendig å minne hverandre om at personlige følelser ikke alltid er det rette, i hvert fall ikke det eneste grunnlag for situasjonsbedømmelse, og for å ta stilling til hva som er galt og hva som er riktig. Ganske særlig gjelder det, understreket Majesteten, når det dreier seg om en kollisjon mellom ulike kulturer basert på ulike verdinormer og religioner.

De fornuftige forbehold og reservasjoner var det snarere Kongen enn jeg som tok.

Her tillot jeg meg å stille Kongen et spørsmål som var både

provoserende og hypotetisk: «Tror De Regjeringen ville ha tillatt Deres far å abdisere i april 1940 hvis han hadde valgt å gjøre det?»

Til det svarte Kongen: «Det ble som kjent aldri aktuelt. Det må forbli en av de historiske gåter vi aldri finner svaret på.»

«Vi vil aldri få noe svar på hvordan det ville utviklet seg i Gulfen heller, dersom ingen hadde grepet inn overfor Saddam Hussein slik vi er vitne til at FN og USA har gjort i dag. Da kunne Saddam Hussein ha stått frem som seierherre og bli en stadig mektigere og farligere mann. Så det er ikke så lett å si hvordan det ville gå, hvis man hadde gjort noe annet enn det man faktisk gjør. Det vi har opplevd i dag, minner meg på mange måter om det som skjedde for 50 år siden. Den irakske diktatoren bruker de samme argumenter, de samme dårlige argumentene, som vi hørte i 1940. Stillet overfor den situasjon som nå foreligger, har ikke USA, England og de andre landene noe valg. Det de gjør, er de nødt til; og de må gjøre det fullt og helt og med tilstrekkelig tyngde. Det skjønner vi jo begge to,» sa Kongen med et tungt sukk.

«Ja, jeg må si at gårsdagens, og særlig dagens nyheter har fylt meg med dyp sorg og uro. Ja, alt for meget minner meg om det som skjedde før en gang,» gjentok han.

Det hadde aldri vært lett å lese seg til av kong Olavs ansiktsuttrykk hva han tenkte og følte. Til det var han altfor britisk. På overflaten bevarte han alltid fatningen og roen.

Denne dagen var han annerledes. Der vi satt på tomannshånd kunne jeg fornemme et nesten jaget uttrykk som ikke lot seg skjule til tross for hans livslage tradisjon for selvbeherskelse. Det var et medmenneske som åpenbart følte seg både fysisk og psykisk plaget. Han var opprørt og fylt av ekte harme. Det skremte ham at det fortsatt fantes statsoverhoder som var villige til å ofre sitt eget folk og land for å berge seg selv og sin egen makt. Han hadde i det lengste håpet at det skulle lykkes å finne en politisk løsning.

Kongen forsto bedre enn de fleste hvilke umenneskelige lidelser som ville bli påført både venn og fiende. Tanken på de mange meningsløse dødsofre gjorde ham mer ondt enn han maktet å gi uttrykk for. Den dagen kunne man se på ham hvordan han hadde det. Han følte avmakt. De som kjente ham godt visste at det skjulte seg et varmt og medfølende menneske bak den uangripelige fasasen – et menneske som kunne gråte – i glede og i sorg. Det var i virkeligheten en dypt fortvilet Konge jeg kom til møte med den dagen – et medmenneske han lot meg se. Den dagen hvilte det som hadde hendt tungt på ham. For første gang lot han meg ane at også alderen tynget.

Etter en lang pause i samtalen sa Kongen noe som kunne tyde på at han akkurat da var opptatt av sin egen situasjon. Han minnet meg om, tilsynelatende uten noen sammenheng med det vi tidligere hadde snakket om – at hans far, kong Haakon, allerede så tidlig som i 1940, hadde nådd pensjonsalderen. Da var han 68 år.

Da kong Haakon ble lenket til sengen for resten av livet etter sitt lårhalsbrudd sommeren 1955, ble han den siste våren han levet utsatt for store fysiske og psykiske påkjenninger. Kongen fortalte at hans far den gang hadde tatt under alvorlig overveielse å trekke seg til fordel for sin sønn. Noe slikt var det imidlertid ingen som ville høre tale om. «Det skulle da bare mangle,» sa Kongen og fortsatte:

«Reaksjonene på hans forsiktige antydninger hadde han all grunn til å oppleve som et tillitsvotum, og det trengte han. Min far var, så rart det enn kan høres, en svært beskjeden mann. Han var en fredens mann og en stille mann uten de store fakter. Men han kjente sine plikter og ønsket også i den foreliggende situasjon å gjøre det som tjente folk og land best.» Da kong Olav sa dette, var det ikke bare Norges konge, men en takknemlig sønn som sendte sin far en kjærlig tanke. Det han sa, lot oss ane at han ikke var så rent lite stolt av sin beskjedne far som til tross for sin forsiktighet viste fasthet, mot og dømmekraft i alle de store, avgjørende øyeblikk.

Det var sikkert ingen tilfeldighet at han akkurat den dagen kom til å berøre et så tabubelagt og ømtålig emne som spørsmålet om å sikre plass for neste generasjon. Hans egen situasjon var jo på mange måter den samme som hans far hadde vært i 37 år tidligere. Kong Olav var i hele sin regjeringstid opptatt av kontinuitet og kongehusets fremtid. Denne dagen kom det tydeligere frem enn tidligere. Da jeg fortalte han hvor overbevisende og sikkert alle i det politiske miljø syntes Kronprinsregenten løste sine oppgaver, var det tydelig at dette gledet Kongen. Han hadde jo selv fulgt sin sønn med argusøyne. Kong Olav var, bortsett fra at han var sliten og fysisk medtatt like åndsfrisk og årvåken som tidligere. Han klarte ikke helt å legge skjul på at han var svært stolt av sin sønn og den måten han opptrådte på. Alle foreldre har en tendens til overdrevne bekymringer når det gjelder hvordan etterkommerne skal klare seg. Det hadde sikkert også Kongen hatt. Men ikke nå lenger. Det sa han like ut. Det kunne han trygt gjøre. Kronprins Harald hadde da vist sin far og det norske folk at han var oppgaven verdig og rede til å løfte arven etter ham.

I løpet av alle de samtaler vi hadde hatt gjennom årene, og ganske særlig under kong Olavs sykdom, var dette første gang dette følsomme emnet ble berørt. Det var imidlertid overhode intet som tydet på at han hadde til hensikt å trekke seg tilbake, selv om han virket mer medtatt og sliten enn på lenge. Han ville være Konge til sin siste dag, slik han også var det. Det var hans natur.

En time gikk fort i kong Olavs selskap. Han hadde så mye å fortelle – og jeg så uendelig mye å spørre om. – Før vi visste ordet av det slo klokken ett slag og innvarslet at tiden var ute.

Kong Olav lot aldri sine besøkende være i tvil om når det var passende å bryte opp. Alle andre dager hadde jeg uten vanskelighet tatt farvel på rette tidspunkt. Kong Olav hadde en spesiell evne til helt umerkelig å signalisere når tiden var ute. Den dagen var jeg i villrede. Men ikke lenge. Kongen så opp på meg med et vennlig smil og ba meg gå ned til bilen hans som sto og ventet.

I Slottets indre gård sto Kongens gamle Buick, en 1967 årsmodell som han satte særlig pris på. I tillegg sto det klar en følgebil. Selv en så folkelig konge måtte jo tross alt finne seg i et minstemål av eskorte. Dessuten var det med en bil til i følget. I den befant seg mine to livvakter som politiet hadde gitt meg i samme øyeblikk Gulf-krigen brøt ut. Kombinasjonen av mitt verv som stortingspresident og min jødiske bakgrunn gjorde meg til et høyprioritert terrormål, forklarte man meg.

Etter noen få minutter kom Kongen ut, kledd i sin temmelig medtatte Eden-hatt og i vinterfrakk av foreldet snitt. Han hadde et godt grep om stokken som den siste tiden var blitt hans faste følgesvenn.

Så sto vi der da, og var vitne til hvordan Kongen ikke uten vanskelighet, men med et minimum av hjelp, bare med litt støtte fra en av sine lakeier satte seg inn i baksetet på høyre side, og høflig ba meg å finne plass ved siden av seg.

Det var Kongen selv som insisterte på å greie seg mest mulig selv uten noen form for påtrengende assistanse. Også før han ble syk hadde han hatt visse problemer med trappene. Knærne var ikke fullt så gode som før. Ved Stortingets høytidelig åpning holdt vi derfor alltid heisene i beredskap i tilfelle Kongen skulle ønske å komme opp i tredje etasje på den måten. Enhver slik antydning ble avvist med forakt. Da verdiget han oss knapt et svar. Her skulle det ikke foretas noen forandringer. Han var selvfølgelig klar over at alderen krevet sitt også av de kongelige. Men det nektet han å ta hensyn til. Med imponerende stil og i selvvalgt tempo forserte han de temmelig bratte trappene. I Stortinget var han alltid overbevisende majestetisk. Heis var ikke noe som passet for en general i full mundur.

Med sin sterke vilje tuktet han sine egne legemlige skrøpeligheter. Den kongen som satte seg inn i bilen for egen hjelp var nøyaktig den samme kongen som hadde imponert Stortinget med sin standhaftighet som av og til grenset til dumdristighet.

Det mot han var blitt kjent for i sin manndoms fulle kraft, det møtte han også utfordringene med på den siste turen fra Det kongelige slott.

Da bilen svingte ut av Slottsparken og ut i Parkveien, ga Kongen sine ordrer til den medfølgende lakei om hvordan han ville ha tingene ordnet senere på dagen. Det skulle gis beskjed til adjutanten om å innfinne seg til middag. «Han er velkommen til å overnatte,» la Kongen til, som alltid viste stor omtenksomhet overfor andre.

Så henvendte han seg forklarende til meg og sa «Min datter, prinsesse Ragnhild, bor sammen med meg nå. Men i dag skal hun ha noen venninner til middag i sin egen bolig, og kommer ikke til å spise middag på Kongsseteren i aften. Men hun bor sammen med meg der oppe,» gjentok han. Da han sa det lyste det varmt og godt ut av øynene hans. Man kunne fornemme den indre tilfredsheten og tryggheten han følte ved å ha sin førstefødte datter boende sammen med seg. Han tenkte sikkert tilbake på de mange nære samvær de to imellom som hadde betydd så mye for dem begge; mye mere enn folk flest egentlig er klar over.

Kongens gamle trofaste sjåfør Bråthen satt ved rattet. Han kjørte den ruten som Kongen mange år tidligere hadde bestemt skulle følges. Bilen tråklet seg via Riddervoldsgate videre frem til Kirkeveien like nedenfor hovedinngangen til Frognerparken og Vigelandsanlegget. Der ble vi stanset av røde lys og kryssende vinterkledde unger med akebrett og blussende kinn.

Selv var jeg i villrede om hvordan jeg skulle te meg og om hvor mye jeg skulle snakke.

Det var tross alt ikke hverdagskost å være på biltur med Hans Majestet. Jeg visste imidlertid hvor opptatt kong Olav var av forholdene i Midt-Østen og tenkte at det ville interessere ham å høre litt om mine kontakter der nede. Det var han også. Han var oppriktig lei seg for at han aldri noensinne fikk anledning til å besøke Jerusalem og andre steder hvor tre store verdensreligioner hadde så mange av sine store helligdommer.

Mens vi satt og samtalte avslappet og uanstrengt, tok bilen fatt på stigningen oppover Holmenkollåsen. Det var som om vinter-Norge hadde kledd seg i sin fineste skrud. De snøtunge granene som sto på hver sin side av veien, sto æresvakt på vegne av alle skogens trær. De dannet espalieer og hilste og hyllet selveste «Skikongen» på vei til sin vinterbolig.

Kongen tok det hele inn. «Nå er det svært fint skiføre, herr president,» sa han. «Ingen smøreproblemer i dag. Dette vil glede alle de små som ikke har fått oppleve en skikkelig norsk vinter på mange år. Nå vil både ski og kjelker bli brukt igjen. Dette er hyggelig og et svar til de som spår dommedag og slutt på alt vintervær.» – «Det er nok alvorlig dette med ozon-laget så vi må være forsiktige, men ennå er da heldigvis ikke alt håp ute.»

Det var tydelig å merke at han gledet seg til å komme tilbake til Kongsseteren etter å ha tilbragt kontortiden på Slottet.

Ikke vet jeg om han hadde noen forutfølelse av at hans dager var talte, eller at det gikk mot slutten. Men jeg tror nok det var noe mere enn bare bekvemmelighet og praktiske overveielser som førte til at han stadig utsatte tidspunktet som var fastsatt for å flytte tilbake til de kongelige gemakker på Slottet. Kanskje kan det også ha vært en medvirkende årsak at prinsesse Ragnhild var hans gjest og bodde sammen med ham i sine egne rom på Kongsseteren. Det ble en helt annen form for nærhet og samvær der oppe, enn i det store og i denne sammenheng mere upersonlige og ødslige Slottet.

Skulle jeg våge meg på en teori, tror jeg at Kongsseteren var et sted han søkte til og som han syntes det var sårt og vanskelig å rive seg løs fra fordi stedet bandt nåtiden til fortiden og alt det han hadde vært glad i.

Da arkitekt Biong tegnet Kongsseteren skulle en tro at han for sitt indre øye kunne forestille seg hvordan den lille kronprins Olav ville bli som voksen og som konge.

Kongsseteren er en arkitektonisk utgave av kong Olavs personlighet og apparisjon. Av rundt tømmer med majestetiske dimensjoner av hel ved. – Harmonisk, solid, tradisjonsrik – og norsk.

Slik kong Olav var blitt en naturlig del av Norge, ligger Kongsseteren plassert i terrenget som om den alltid skulle ha ligget der – mer et hjem enn en kongebolig.

Bilen svingte langsomt opp til høyre og inn porten, forbi den fine vaktmester- og portnerboligen i tradisjonell norsk rødfarge, og snodde seg deretter stille frem på den snedekte veien til hovedinngangen der tjenerskapet sto klar til å ta imot. Kongen gikk de få skrittene frem til inngangstrappen og opp de bratte trinnene nesten uten hjelp. I forgangen var han snar til å kvitte seg med hatt og frakk. Men stokken sin, de siste års følgesvenn, slapp han ikke taket i. I trappehallen sto hans gamle nære venn og tidligere hoffsjef, Grønvold, som var invitert for anledningen for å vise meg rundt og stå til disposisjon med de opplysninger jeg måtte ønske. Det var tydelig at gjensynet gledet begge to. Det var åpenbart at de trivdes i hverandres selskap.

Jeg måtte beundre Grønvold som greide å kombinere respektfull og korrekt opptreden under alle forhold med den uanstrengte og direkte omgangsform som de to benyttet seg av.

Grønvold er jo en av de meget få av kong Olavs eldre personlige venner som fortsatt er i live. Det gjorde begge to godt å se hverandre.

Der ytterklærne mine ble hengt på plass, sto det et stort bord hvor det lå et rikt utvalg av gamle utslitte hodeplagg for enhver anledning. De så nokså forkomne ut og var nærmest å betrakte som kledebon fra en svunnen tid. Hadde det stått til familie og tjenerskap, ville det meste for lengst vært kassert. Men det ville Majesteten ikke vite noe av. Hva som var moderne var helt uinteressant. For ham var ingenting som var brukbart for gammelt.

Jeg så meg om så godt jeg kunne. Men vi hadde ikke før rukket inn i trappehallen før det ble meddelt at lunsjen ville bli servert.

Ingen tvil om at betjeningen visste hvordan Kongen ville ha det. Jeg skal ikke nekte for at jeg var både spent og nysgjerrig. Jeg befant meg på historisk grunn jeg tidligere bare hadde hørt og lest om.

Da Kongen bød til bords, satte han seg på den ene siden av spisestuebordet mens Grønvold og jeg satt rett overfor ham på motsatt side. Hovmesteren sto i bakgrunnen og inspiserte det hele. Stolen ble skjøvet inn under Kongen og så kunne vi alle tre sette oss.

Etter at forretten var servert og vinen fylt i vakre glass, så Majesteten på meg med gode, milde øyne, så jeg ble rent rørt. «Det er svært hyggelig å ha Dem her som min gjest; hjertelig velkommen, herr stortingspresident,» sa han.

Selv ved en så uformell lunsj med bare tre til bords, førte hans innarbeidede sans for det korrekte til at hans velkomst med løftet glass virket selvfølgelig og helt naturlig. Det var ganske enkelt ikke noen annen måte å gjøre det på.

Min svartale var enda kortere: «Tusen takk, Deres Majestet, det er en ære og glede å få være her.»

Betjeningen var påpasselig til stede når den trengtes uten å synes.

Forretten var utsøkt røkelaks, med en bløt, nesten flytende eggerøre til, slik eggerøre *skal* være. Den ble servert uten den sedvanlige gressløken slik Kongen ønsket det.

Det var en av hans yndlingsretter som jeg var blitt servert ved en rekke tidligere anledninger.

Hovedretten kan best beskrives som en slags Irish Stew, som også ofte ellers hadde stått på den kongelige meny. Den besto av oppskårne biter fårekjøtt og assorterte grønnsaker og forholdsvis store potetterninger, lett å spise og meget velsmakende og aromatisk. Det ble servert farris og førsteklasses rødvin. Både verten, Grønvold og undertegnede spiste med god appetitt, og lot oss forsyne omigjen alle sammen. Når Kongen ønsket noe, ringte han kraftig med en liten håndbjelle. Han rakk knapt nok å sette den fra seg før hovmester og kammertjeneren var på pletten. De kjente Kongens vaner – og hans temperament.

Han kunne ikke fordra unødig sommel og sen servering. Gikk det for smått, kunne han være både brysk og utålmodig.

Men tempoet og effektiviteten skyldtes ikke bare frykt for kongelig påtale og respekt for en avholdt sjef. Det var tydelig at både hovmester og kammertjener hadde oppriktig glede av å imøtekomme Kongens minste vink. De hadde kjærlighet til sitt arbeide og til sin konge. Det merket man godt. Til å begynne med ble det ikke sagt så meget ved bordet, men da desserten kom, frisk fruktsalat med delikate småkaker bakt på stedet – da var tidspunktet inne.

I spisestuen der vi satt, kunne det i alt være 22 til bords. På skjenken, og på alle hyller og avlastningsbord over hele huset, kunne man finne deler av det enorme serviset som ble benyttet her oppe. Over alt så jeg blåhvite suppeterriner, sausenebb og tallerkner i ulike størrelser og ubegrensede mengder. Det moret tydeligvis Kongen å se min himmelfalne forbauselse.

Inn gjennom vinduet falt det et bløtt skyggeløst januarlys som speilte seg i den mørke, blanke bordplaten. Utenfor lå et uberørt vinterlandskap dekket av helt ren og nyfallen snø. Gjennom det store panoramavinduet kunne vi se et tredimensjonalt julekort i kjempeformat – innrammet av den kraftige mørke vinduskarmen som festet det til veggen.

Atmosfæren var fredfull og harmonisk. Det grove, steinharde og helt regelmessig håndlaftede tømmeret i veggene talte til oss. Det var så stille der oppe at vi kunne høre hva de sa. Mur og betong er dødt materiale. Trevirke av norsk skog slutter aldri å leve. Alt virket tidløst, bestandig og evig.

Kanskje jeg var alene om å føle det slik den dagen, der vi uten å vite det, delte det siste måltid med kong Olav. Det er ikke bare noe jeg har kommet på etterpå. Jeg ble grepet av noe som har med andakt å gjøre – øyeblikk som fortsetter å leve i bevisstheten *lenge* etter at de er over. –

Måltidet varte ikke lenge; ikke stort mer enn en drøy halvtime. Kaffen ble servert i peisestuen. Den gjorde tjeneste som dagligstue, salong og oppholdsrom. Atmosfæren var hjemlig, innredningen komfortabel og uhøytidelig. Kongen inntok sin faste plass i den store, komfortable stolen han pleide å sitte i foran den store klebersteinspeisen der det for anledningen brant noen bjerkekubber. Ved siden av peisen sto fjernsynsapparatet. Kong Olav hadde helt siden fjernsynet kom, vært en meget ivrig fjernsynsseer, og de siste årene ble fjernsynet og han uatskillelige. Det skyldtes blant annet at han den siste tiden ikke så like godt som før. Det kostet ham store anstrengelser å lese. Kong Olav var jo som kjent en uvanlig lidenskapelig avisleser som satte meget inn på å holde seg a jour med alt som hendte. Han brukte også atskillig tid på all slags litteratur, historie og fagstoff av militær, kirkelig og kulturell art. Det lot seg heller ikke nekte at Kongen de kveldene han var hjemme fant godt selskap i alle de ulike fjernsynsprogrammene han kunne velge mellom. De fikk ham til å føle seg mindre ensom og alene. –

På Kongsseteren hadde han alt det han trengte innen rekkevidde, også når han satt i sin egen stol med et lite bord til venstre for seg, med fjernstyring, vannglass, ringeklokke og lommetørkle. Til venstre for det lille bordet sto en noe mindre, særdeles nedsittet stol som prinsesse Ragnhild pleide å sitte i. Der ble jeg vist plass da kaffen skulle inntas. Jeg kunne formelig kjenne konturene av overanstrengte stolfjærer i baken. Det var i grunnen en overraskende opplevelse, i all kongeligheten, men egentlig svært beroligende.

Det var tydelig at det gjorde Kongen godt å ha selskap. Det gjorde det lettere å skyve til side de tunge tankene på Gulf-krigen som opptok ham så sterkt.

I peisestuen sto et stort flygel. Da jeg spurte om det ofte var i bruk, kunne Kongen med et visst smil fortelle at folk som hadde rede på det, mente det var altfor ustemt til å spille på. I julen hadde det imidlertid gjort tjeneste som avlastningsmøbel hvor man kunne sette fra seg konfektesker, skåler med godterier, fruktfat og nøtter, og alle de andre småting man ikke vet hvor man skal gjøre av i et velfylt og lettere overmøblert interiør. Kongen småhumret stille og tilfreds. Han hadde jo aldri lagt skjul på at han personlig aldri hadde vært i stand til å etablere noe nært forhold til sang og musikk. –

I samtalens løp fortalte kong Olav med rørende stolthet at det var hans engelskfødte mor, dronning Maud som var sterkere knyttet til dette urnorske stedet, enn alle andre i familien. Til Kongsseteren flyttet hun tidlig i januar og ble der frem til påske. Det ergret kong Olav ikke så rent lite at man ville ha det til at dronning Maud helst ville være i England og ikke fant seg til rette i Norge. «Hun var mer norsk enn de fleste nordmenn,» insisterte han. Han var villig til å medgi at hans mor ikke hadde så altfor robust fysikk, men hun var langtfra noen sart og gebrekkelig prinsesse som ønsket å unngå strabaser og fysisk aktivitet. Kong Olav syntes at hun på mange måter minnet om sin nevø kong Georg VI, som for øvrig var kong Olavs forlover. Hun var – akkurat som han – like uforferdet og seig når det var noe hun ville. Ingen av dem lot seg noensinne stoppe av svak helse.

Der Kongen satt og så tilbake, gjorde det ham godt å kunne fremheve de samme beundringsverdige egenskapene hos to av de menneskene han var så sterkt følelsesmessig knyttet til. Han hadde det bedre i selskap med gode minner enn sammen med erindringer om det som hadde vært vondt og vanskelig.

Kong Olav var mer meddelsom enn vanlig. Kanskje det skyldtes omgivelsene. Like nærliggende var det nok å tro at han følte behov for å drive litt mentalhygiene. Han ville ikke tillate seg å la tankene uavlatelig kretse bare rundt de krigshandlingene som vi begge hadde vært så opptatt av hele dagen. Så mens han satt der og fortalte om det som var, hadde han det bedre – til tross for alt som plaget ham. Det vil jeg i hvertfall så gjerne tro.

Han husket hvor stolt kong Haakon hadde vært av sin skiløpende hustru som oppnådde en forbløffende dyktighet tatt i betraktning at hun ikke hadde hatt ski på bena før etter fylte 35 år. «Typisk engelsk,» sa Kongen, åpenbart like stolt av sin mor som faren hadde vært.

Kong Olav ga seg ikke med det. Han kunne fortelle at hans mor simpelthen elsket å vise sine himmelfalne danske og engelske slektninger det heilnorske og særegne huset som ingen av dem noensinne hadde sett maken til. De som ikke falt i staver over den praktfulle utsikten over Oslofjorden og bygdene vest for hovedstaden sto i fare for å falle i majestetisk unåde og ville aldri bli invitert igjen. Så langt strakk ikke Dronningens gjestfrihet seg. Dronning Mauds entusiasme tok aldri slutt. Hun var like begeistret for stedet til sine dagers ende, kunne kong Olav fortelle. Hennes kjærlighet til Norge og norsk natur var livslang, dyp og trofast.

Umerkelig var kammertjeneren der og fylte opp koppen med kaffe.

Hyggen, peisvarmen og den behagelige døsigheten som melder seg etter et godt varmt måltid, hele atmosfæren gjorde det naturlig å si ja-takk til et lite glass konjakk, selv om det var midt på dagen. Jeg følte meg mindre lastefull da jeg til min glede registrerte at også kong Olav lot seg servere et lite glass. –

Kongsseteren var kong Olavs faste tilholdssted under Holmenkolluken. Da bodde han der en god ukes tid, fortalte han.

Den siste påsken han fikk oppleve, falt sammen med markeringen av 50-årsminnet for 9. april 1940. Alle de forpliktelser han hadde i den forbindelse gjorde det uråd for ham å tilbringe påsken på prinsehytta i Sikkilsdalen slik han pleide. Det ville ha vært for besværlig og tidkrevende å reise opp og ned dit bare for noen få dager. Istedet ble også de påskedagene han hadde fri, tilbragt på Kongsseteren. Det var jo svært travelt, minte kong Olav meg om. Vi hadde jo vært sammen under de ulike minnemarkeringene både 8., 9., 10. og 11. april, så det husket jeg godt. Litt av et program for en konge på 87 år. Dessuten skulle han allerede 16. april være på plass i København for å delta i feiringen av dronning Margrethes 50-årsdag. «Så i år har jeg vært mer på Kongsseteren enn vanlig; nesten som i gamle dager,» sa kong Olav. – Han skjønte jo godt at jeg var ute for å sanke nytt stoff til skriveriene mine, og han fortalte beredvillig om hvordan han pleide å ha det på Kongsseteren på selve Holmenkolldagen. Da inviterte han huset fullt til tradisjonell lunsj med årviss meny. Det var først og fremst de nærmeste ved hoffet og hans egen familie som fikk være med. Man møtte i det sportsantrekk man skulle ha på seg i bakken. Før måltidet gikk alltid hele selskapet en liten spasertur på eiendommen for å få rørt aldri så lite på seg og for å få opp appetitten. «Alle sammen var med, kvinner, barn og bikkjer,» sa Kongen.

Det var jo ikke så mye tid til rådighet. Kl. 12.00 gikk man til bords. Som regel var det stuvende fullt. Det var et måltid som både Kongen og hans gjester satte stor pris på.

Forretten var alltid røkelaks med eggerøre laget på den spesielle måten Kongen foretrakk. Deretter ble det servert lammekoteletter. Den store attraksjonen, kunne Kongen fortelle, var imidlertid desserten, de såkalte Appleton-pannekaker. Det var en rett med tradisjoner tilbake til dronning Maud. Det var små, lette pannekaker. Den eneste rett som alltid ble servert to ganger, fortalte Kongen.

«Ja, på Holmenkolldagen var det et svare liv her,» sa han, og fortalte at måltidet måtte gå unna i en viss fart slik at han og hans følge kunne komme til stede i bakken til nøyaktig avtalt tid.

Både Hans Majestet, Grønvold og jeg hadde mange minner om utallige Holmenkolldager og tidligere skihelter. Vi snakket om Reidar Andersen, Birger Ruud, Simon Slåttvik, Lars Bergendahl, Harald Økern, og Hans Vinjarengen – og om dagens helter. Praten gikk livlig og uanstrengt – om julefeiring og julegaver, om hunder og hester, og om dyrelivet på den 70 mål store skogeiendommen.

Tiden gikk fort.

Kongen antydet at det kanskje var på tide at Grønvold tok meg med på et større husesyn, mens han selv foretrakk å bli sittende der han var. Han ba meg spesielt legge merke til det rommet som lå nærmest opp til peisestuen. Det hadde vært dronning Mauds spesielle oppholdsrom. Det var i alt vesentlig bevart slik det var da hun levde.

Jeg takket for meg det beste jeg hadde lært, bukket og trykket Majestetens hånd. «Da ses vi neste torsdag, herr president,» sa Kongen til slutt, og smilte oppmuntrende slik han alltid gjorde.

Grønvold tok meg så med på en rundtur både i kjelleretasjen og ovenpå. Kort tid etter tok jeg farvel. Kongens sjåfør sto utenfor og ventet på meg. Han hadde fått beskjed om å kjøre meg hjem.

Mens bilen langsomt svinget seg nedover den slyngete veien til Holmenkollåsen, satt jeg der, god, mett, døsig og inderlig tilfreds – jeg følte sterkt at jeg hadde fått være med på noe enestående. Det hadde vært en begivenhetsrik og helt spesiell dag. Den skulle bli enda mer spesiell, men det visste jeg ikke da.

Jeg bare skjenket kong Olav en takknemlig tanke for hans gjestfrihet og for det han var. Jeg håpet at han nå kunne få sin høyst fortjente ettermiddagsblund i stolen sin og få samme fred i sjelen som jeg hadde akkurat da.

Men det ble ikke slik jeg tenkte og trodde.

Da jeg, og like etterpå, Grønvold forlot Kongsseteren, hadde det allerede begynt å mørkne. Norske vinterdager er korte. Den fine snøkledde julegranen utenfor som var pyntet med klare julelys kastet et svakt skinn på snefonnen foran. Bak sto vinterskogen, stor og mørk.

Det var stille i huset. Man kunne bare såvidt ane et matt lampelys gjennom noen få av vinduene.

Det ble ingen lang og fredelig ettermiddagshvil for kong Olav foran peisbålet, slik jeg hadde forestilt meg. Kongen følte seg uvel og utilpass. Han satt vondt, kjente smerter og var ute av seg. Kong Olav var ikke den som klaget i utrengsmål. Det gjorde han ikke den ettermiddagen heller. Men han ringte på assistanse atskillig oftere enn ellers. Kammertjeneren, Trond Andersen, kunne ikke unngå å merke at Kongen var urolig og ikke fant hvile. Det gjorde også ham urolig. Det var stadig noe Kongen ønsket. Han ønsket å røre på seg, var en tur på toalettet, skulle ha noe å drikke, skiftet fjernsynskanaler. Det gjorde seg gjeldende en plagsom, usikker atmosfære.

Det var likevel ingen ting som tydet på at kong Olav var i ferd med å bli dårlig.

Hele betjeningen på Kongsseteren var til stede. Likevel var kong Olav den dagen mer alene enn ellers. Hele familien var opptatt på annet hold.

Da adjutanten, major Hildre, ankom ved 18-tiden slik det var gitt beskjed om, gikk han straks til det rom der han skulle overnatte. Det var jo meningen at han skulle holde Majesteten med selskap under middagen, fordi prinsesse Ragnhild denne ene kvelden for første gang under oppholdet der ikke skulle være på Kongsseteren.

Noen middag ble det ikke.

Etter å ha samtalt med de andre tilstedeværende, som syntes Kongen var ekstra oppskaket, ble major Hildre vist inn til Kongen allerede kl. 18.30. Man håpet at det ville gjøre ham godt med litt selskap. Adjutanten fant Kongen der han pleide å sitte. Den nedslitte, komfortable stolen, som etter mange års bruk hadde formet seg etter Kongen, sto bekvemt plassert foran den rommelige peisen. Ved siden av sto et lite bord hvor han hadde liggende det han trengte. Øverst lå fjernkontrollen til TV-apparatet. Over fjernsynsskjermen rullet et serieprogram som tydeligvis ikke var istand til å fange Kongens oppmerksomhet. Den dagen var det utelukkende nyhetene fra Gulfen som opptok han.

De fleste som kom Kongen på nært hold var klar over at han av og til følte behov for å blunde av litt. Han gikk aldri til sengs for å sove middag. Det greide seg godt å bli sittende i stolen der han inntok sin te etter lunsjen. Riktignok hadde ettermiddagsluren i det siste hatt en tendens til å bli stadig litt lengre. Likevel var Kongen vanligvis betydelig mer våken og vital enn andre på samme alder, og hadde en egen evne til å bli lys våken uten noen langsom overgang når søvnen ble avbrutt. Denne kvelden virket han slapp, uinteressert og lite oppmerksom på omgivelsene. Det var ulikt kong Olav.

Da major Hildre hilste på Kongen, kunne han ikke unngå å merke at han var svært tungpustet. Men det hendte det jo at han var også før han ble syk. Til å begynne med fikk adjutanten inntrykk av en viss fraværende døsighet som varte lenger enn vanlig. Major Hildre, som på det tidspunkt var alene med Kongen, følte en stigende uro. Denne kvelden virket Kongen annerledes. Major Hildre, som i embeds medfør hadde kommet Hans Majestet tett inn på livet, var naturlig nok meget vár overfor endringer i Kongens tilstand. Han forsto at ikke alt var slik som det skulle være. Etter hvert ble det tydelig at Kongen følte seg dårlig.

I forståelse med Kongens kammertjener, Trond Andersen, ba Hildre så om at det omgående ble telefonert etter Kongens faste sykepleier Torfinn Næss. Ganske raskt meldte det seg klare symptomer på at Kongen var blitt alvorlig syk. Etter hvert kunne det ikke lenger være tvil om at det dreide seg om noe annet og mer enn et alminnelig illebefinnende.

Major Hildre følte trykket av det store ansvaret han var alene om. Han var blitt nært knyttet til sin konge. Det var en påkjenning å se hvor ondt og vanskelig Kongen hadde det. Han var ikke bare en respektfull og lojal adjutant som hadde tjent sin konge trofast. Den kvelden var han først og fremst et menneske som ble vitne til at den kongen han ikke bare hadde lært å beundre og respektere, men også var blitt glad i, kjempet sin siste kamp.

I slike situasjoner er det noen som klarer å fungere på to plan samtidig. Til tross for fortvilelsen og medfølelsen beholdt han den snarrådighet og åndsnærværelse som trengtes. Alt som skulle og kunne gjøres, ble gjort effektivt, sikkert og raskt.

Før sykepleieren hadde innfunnet seg, oppsto det et vanskelig avveiningsspørsmål. Hildre og Andersen var naturlig nok i tvil om det var riktig å underrette familien før det hadde kommet medisinsk sakkyndige til stede.

Hjemme i sin leilighet i Husebyveien var prinsesse Ragnhild travelt opptatt med å forberede aftenens middagsselskap uten å ane at kong Olav hadde begynt å føle seg uvel utover ettermiddagen.

Prinsesse Astrid var den ettermiddagen hjemme hos seg selv. Om kvelden skulle også hun delta i Prinsesse Ragnhilds middag for venner og medelever ved den såkalte «Prinsesseskolen». Kronprins Harald var opptatt av sine forberedelser til aftenens representasjonsoppgave. Haakon Magnus var på lang week-end i Hemsedal. Kronprinsesse Sonja og Märtha Louise var utenlands. Ingen av dem hadde fått noe forvarsel som ga grunn til uro.

Sykepleier Torfinn Næss visste hva som skulle gjøres og hvordan han skulle gå frem da han kom til stede. Det var liten tvil om at Kongen var rammet av et meget kraftig hjerteanfall. Næss startet uten opphold sin behandling av Hans Majestet uten engang å henge fra seg ytterklærne. Kammertjeneren, Trond Andersen, assisterte så godt han kunne. Kongen fikk i første omgang den hjelp og behandling de var i stand til å gi i den stolen han satt i da hjerteanfallet kom. Benene ble plassert på en skammel slik at han skulle få ligge bedre. Sykepleieren satte seg umiddelbart i forbindelse med dr. Ihlen, og fortsatte deretter behandlingen så godt det lot seg gjøre inntil ytterligere medisinsk assistanse kom til stede.

Peisestuen ble umiddelbart gjort om til en improvisert sykestue der Kongen fikk tilført væske og surstoff. Langsomt ble Kongens tilstand noe lettere.

Prinsesse Ragnhild var for anledningen blitt tilbudt hjelp med arrangementet av Kongens hovmester og hans hustru som var dyktig i matveien. Gjestene ankom som avtalt kl. 19.00.

En god stund etter at man var gått til bords og praten gikk som best, ca. kl. 20.10, kunne selskapet høre telefonen ringe. Umiddelbart etter at telefonen ble tatt, kom hovmester Arild Rogstadmoen inn. De som kjente ham kunne se at han hadde problemer med å opptre like profesjonelt ubesværet som han pleide. Kammertjeneren på Kongsseteren, Trond Andersen, hadde ringt. Han anmodet prinsessene om så snart som mulig å dra dit opp. Kongen var blitt syk, lød beskjeden. Hovmesteren var omgående klar til å kjøre prinsessene. Prinsesse Astrid rakk bare så vidt å få underrettet sin mann, Johan Martin Ferner, før de umiddelbart ga seg i vei. De øvrige gjester ble uten at det ble gitt en altfor inngående forklaring, bedt om å fortsette måltidet.

Det ble ikke sagt så mye i bilen på veien oppover. Men begge prinsessene tenkte på det samme, selv om de ikke da var klar over hvor dårlig Kongen var blitt og hvor fort det skulle gå. Det er i slike stunder det er godt å ha noen å holde i hånden.

Den første som skulle ha beskjed om Kongens tilstand var selvfølgelig kronprins Harald.

Adjutant Hildre hadde først fått en feilaktig opplysning om at Kronprinsen var i Bodø, og at det derfor måtte ordnes med flytransport. Den kongelige eskorte, som var til stede på Kongsseteren, visste heldigvis bedre og kunne opplyse at kronprins Harald befant seg på Norsk Sjøfartsmuseum på Bygdø, dit han hadde kommet presis kl. 19.00 for å forestå den høytidelige åpning av en utstilling om vår handelsflåte i krig.

Velkomst, åpning og innledningsforedrag varte i ca. en time. Deretter skulle Håkan Lunde, som var ordfører i Rådet for Sjøfartsmuseet, vise sin høye gjest rundt og foreta en gjennomgang av utstillingen.

Da man var kommet halvveis i omvisningen, kom Kronprinsens adjutant diskret opp ved siden av følget og ga Kronprinsen beskjed om at det var blitt ringt etter ham. Kronprinsen mottok beskjeden uten å la seg merke med noe. Håkon Lunde har senere fortalt at Kronprinsen med takt og åndsnærværelse ikke sa annet enn at den delen av utstillingen, som han ennå ikke var blitt vist, igrunnen var svært kjent stoff. Han antydet derfor at det kanskje gikk an å sette opp farten noe. Hvilket ble gjort. Den gjenstående omvisning ble deretter gjennomført så fort det lot seg forene med stil og orden.

Etter omvisningen hadde arrangørene forberedt en tilstelning med lettere servering. Kronprinsen beklaget at han dessverre ikke hadde anledning til å delta, men var nødt til å dra med en gang. Han bevarte den ytre ro på en beundringsverdig måte. Vertskapet kunne imidlertid ikke unngå å forstå at han hadde behov for å trekke seg tilbake så fort som mulig uten noen form for oppstyr. Det gjorde han med sikkerhet og stil – uten å si mer enn det som var nødvendig og uten at noen fikk vite hvorfor. Det fikk de tilstedeværende på Sjøfartsmuseet først vite senere på kvelden under det måltidet som arrangementet ble avsluttet med.

Da ble budskapet om Kongens bortgang meddelt gjennom NRK. Da hadde vi en ganske spesiell følelse av å ha vært vitne til en kongelig opptreden som fylte oss med respekt og beundring.

Allerede et kvarter etter at adjutanten hadde gitt sin beskjed, var Kronprinsen på vei til Kongsseteren. Slik var innledningen på Kronprinsens aften 17. januar. Den natten som fulgte, ble den vanskeligste, tyngste og mest krevende i hans liv. Allerede da skjønte vi hva slags stoff vår nye konge var gjort av, et menneske med følelser som sørget over sin konge og sin far. Han gjorde seg nok sine tanker på bilturen oppover til Kongsseteren. Den veien hadde han reist mange ganger. Aldri tidligere hadde turen tatt så lang tid til tross for høyere hastighet enn ellers. Engstelse er dårlig reisefølge. Uvissheten om hvordan kong Olavs tilstand var, og hva han gikk i møte, slapp aldri taket. En nagende frykt hadde satt seg fast i ham.

Da kronprins Harald ankom til Kongsseteren, var det skjedd atskillig.

Før. dr. Ihlen var istand til å rekke frem, hadde det innfunnet seg et ambulanseteam fra Rikshospitalet. Da hadde kong Olav det noe bedre. Sykepleierens behandling hadde avhjulpet de akutte følger av hjerteanfallet.

Det medisinske teamet gjorde deretter alt klart til å overføre Hans Majestet til Rikshospitalet. Da prinsessene ankom til Kongsseteren, var båren med kong Olav flyttet opp de få trinnene fra peisestuen og ut i trappehallen.

Legen henvendte seg da til prinsesse Ragnhild og prinsesse Astrid og lot dem forstå at hans Majestet ikke ville komme til å overleve. De skjønte at deres far var døende, og motsatte seg begge bestemt at han skulle bli kjørt til Rikshospitalet. Det var en bestemmelse de to måtte ta, fordi kronprins Harald jo ikke ennå var kommet.

Kongen var på det tidspunkt i en tilstand som ikke gjorde det mulig å gi uttrykk for noen personlig vilje.

Så ble Kongen bragt til sengs i sitt eget soverom i annen etasje. Der følte han seg bedre. Da fikk både leger og familie kontakt med ham. Han var klarere og ved bevissthet. Prinsesse Astrid fortalte sin far at det var gjort forberedelser til å bringe ham til Rikshospitalet, men at de hadde ombestemt seg fordi de kunne pleie ham like godt der de var; i hans egen seng på Kongsseteren. Han forsto godt hva som ble sagt. Han var tilfreds og nikket. Hans døtre visste og forsto hva deres far ønsket. Det bekreftet han før han gikk bort.

Da hans faste leger kom til stede gikk de til Kongens soverom. Da var kronprins Harald allerede kommet. Han og legene fikk anledning til å snakke sammen. Kronprins Harald oppfattet umiddelbart situasjonen. Nå ble det han som tok ledelsen og ansvaret.

De offisielle representanter for norske statsmyndigheter ble på dette tidspunkt telefonisk orientert om Kongens tilstand.

Hjemme i min leilighet i Elisenbergveien ringte telefonen. Det var kabinettsekretær Hagen som ville snakke med meg. Han meddelte meg konsist og klart at kong Olav var blitt svært dårlig, og ba meg holde meg beredt og tilgjengelig over telefonen.

Beskjeden kom brått og uventet, og virket nesten uforståelig på meg. Det var jo ikke mange timene siden vi hadde snakket sammen, ledd sammen og dvelt ved felles minner og opplevelser. Vi skulle jo møtes igjen den påfølgende torsdagen.

Jeg ble målløs og rakk ikke å stille et eneste forstandig spørsmål, før kabinettsekretæren høflig sa adjø og la på røret.

Det er i slike stunder man er i villrede om hva man skal si og gjøre. Selv om det ikke ble sagt så meget, var beskjeden klar nok. Vi gjorde klokt i å innse at Kongens liv ikke sto til å redde. Som alle andre den kvelden, hadde jeg mine oppgaver å forberede meg på.

Det var mange telefoner den kvelden.

Prinsesse Astrid fikk i mellomtiden anledning til å underrette sin mann, som i sin tur ga den tunge beskjeden videre til deres barn, Kongens barnebarn. Kronprins Harald på sin side underrettet prins Haakon Magnus.

Kongens leger kom etter en ganske kort stund ned i første etasje. De kunne ikke si noe sikkert. Ingen kunne forutsi hvor lenge Kongen ville være i live. De trodde det ville vare en tid; men gjorde det klart at det gikk raskt mot slutten, akkurat hvor raskt, kunne ingen si.

Kong Olavs tre barn ville forsikre seg om at han hele tiden skulle ha en av dem til stede hos seg i tillegg til sykepleieren. De forberedte seg på en lang og tung våkenatt. Alle regnet med at vaktholdet kunne komme til å vare lenge utover natten, kanskje enda lengre.

Det kom til å gå raskere enn ventet. Da Kongen ble spurt om han hadde smerter, ristet han fredfullt på hodet, og så på sine nærmeste med klare, bevisste øyne. Umiddelbart før han sovnet stille inn, forsikret han sine barn og resten av familien, som var til stede inne hos ham, at han ikke følte smerter.

Han visste hvor han var – i skogbrynet der Kongsseteren står. Han trakk sitt siste åndedrag der hans hjerte hørte hjemme. Han døde slik han levde – som en konge.

Da det ble morgen dagen etter sto Norge stille i sorg. Det var blitt væromslag. Sneen smeltet og det dryppet av trærne. De sørget de også.

Alle som var der, følte tomheten, og dødens visshet. Det endelige og uavvendelige som alle visste ville inntreffe, men som det likevel ikke går an å møte så forberedt og samlet som man forestiller seg. I slike stunder er man i villrede om hvor man skal tillate tankene sine å gå. Noen føler et intenst behov for å skyve tankene på det endelig farvel fra seg. Andre kan tvinge seg selv til å tenke på noe annet – for å bevare fatningen og fasaden. Det er så mye praktisk som skal utrettes, så mye som skal forberedes og gjennomføres. Det kan være en hjelp, men bare midlertidig.

Det tar tid før man helt ut forstår det, når en av de nærmeste går fra en. Sorgen, savnet og tankene som man i ensomme stunder blir alene med, melder seg tidsnok, men ikke alltid like umiddelbart som mange forestiller seg.

Det tar tid før man innser hvor endelig døden er. Men sønnen som fulgte sin far, fikk sorgen og kronen i samme stund.

Slik er en tronfølgers lodd.

DE FØRSTE ÅRENE

«Det var et svært nært forhold mellom mine foreldre og meg. Det var jo bare oss tre, og i en så liten familie kan man komme til å bety mer for hverandre enn når tilværelsen og kjærligheten blir delt mellom flere.»

En ensom liten gutt

FØLGENDE LILLE NOTIS ER Å FINNE I THE TIMES FREDAG 3. JULI 1903:

ACCOUCHEMENT OF PRINCESS CHARLES OF DENMARK.

We received the following official announcement last night :—

Her Royal Highness Princess Charles of Denmark (Princess Maud) gave birth to a son this evening at 5 50. Both mother and son are well.

JOHN WILLIAMS, M.D.
ALAN REEVE MANBY, M.D.

The Queen has not been staying at Sandringham House, but has been temporarily accommodated at the Agent's house so as to be within easier reach of Princess Charles of Denmark at Appleton House.

Det var alt som sto da Olav ble født. Det skulle bli mer siden.

I nærheten av den britiske kongefamilies store landeiendom Sandringham i Norfolk lå det et vakkert, ikke altfor stort, landlig hus som prinsesse Maud og prins Carl fikk i bryllupsgave av kong Edvard VII. Huset ble kalt Appleton House.

Det var stor jubel i den britiske kongefamilie da det første spede barneskrik trengte ut gjennom de tykke villvinkledde murveggene på Appleton og varslet om at en liten prins var kommet til verden. Prinsesse Maud og prins Carl hadde vært gift helt siden 22. juli 1896, og det er ikke vanskelig å forestille seg den dype glede foreldrene følte da de etter syv års ekteskap ble velsignet med sitt første og eneste barn.

Maud, som mange opplevde som fjern, reservert og lite tilgjengelig, var myk, umiddelbar og særdeles åpen i sitt forhold til barn. I samvær med dem utfoldet hun hele sin rike og varme personlighet. Da kunne man få oppleve den sanne og egentlige Maud. Hun vant barnas tillit og hengivenhet i en grad som forbauset alle som bare hadde sett henne opptre i majestetisk verdighet. Nå kunne hun etter mange års barnløshet få utløp for den morskjærlighet som hun inntil da bare delvis og indirekte hadde fått gitt uttrykk for.

Faren, prins Carl, var ikke mindre stolt og glad, selv om han etter sin natur var mere tilbakeholden og reservert når det gjaldt å vise følelser. De følte begge to at noe stort og avgjørende var skjedd. Fra å være et ektepar var de nå blitt en liten familie. Den lille prinsen som kom til verden 2. juli 1903 kom på alle måter til å endre deres tilværelse.

Appleton House eksisterer ikke mer. Etter å ha stått ubebodd i mange år, forfalt det av mangel på vedlikehold. Og haven som dronning Maud var så stolt over er nå overgrodd av ville blomster og eng.

Kong Olav hadde gode minner fra Appleton. «Det var et vanlig herskapshus slik man finner dem på landet i England. Mine foreldre bodde der mange ganger. Nå er det altså revet. Det er jo ikke noe å gjøre med. Det var tross alt ikke noe gammelt hus av historisk verdi.»

Det siste er det nok mange som vil være uenig i. Huset hvor den senere kong Olav ble født ville i hvert fall av alle nordmenn blitt betraktet som en bygning av særdeles stor historisk interesse, selv om han selv ikke husket noe av den første tiden han bodde der etter at han kom til verden.

Den ufyselige vinterdagen, med snesludd og tåke i november

1905, da vår nye kongefamilie ble hilst velkommen til Kristiania, ville jubelen ingen ende ta. Og den som ble gjenstand for den største oppmerksomhet var den smilende lille gutten som møtte sine nye landsmenn med det norske flagg i hånden. Det flagget, som han ifølge kildene hadde fått av Fridtjof Nansen, fikk ingen lov til å ta fra ham. Et flagg han forsvarte gjennom hele livet og til sin siste dag.

De fleste av oss har sett de berømte bildene som ble tatt av kong Haakon da han steg i land med kronprins Olav på sin arm. Disse uvurderlige fotohistoriske kilder har på en glimrende måte gitt oss øket kunnskap om begivenhetene som fant sted i 1905.

Det vi kanskje ikke så ofte tenker på er at disse bildene også var kong Olavs viktigste historiske kilde. Selv husket han ingenting fra den gang. Bortsett fra det hans foreldre og andre hadde fortalt ham og det han hadde lest, var ilandstigningen like lite selvopplevet for ham som den er for oss andre.

Kong Olav hadde heller ikke noen andre minner fra sine første leveår. De første hendelser han hadde en svak erindring om, fant sted etter at han var kommet til Norge. Det betyr med andre ord at han levde hele sitt bevisste liv som nordmann.

Alt det Kongen forøvrig hadde å fortelle om sin første barndom bekreftet hva man lett får inntrykk av. Han var en ensom liten gutt som levde et liv som var annerledes enn det livet andre smågutter her i landet opplevde. Selv om han ikke hadde noe eller noen å sammenligne med, hadde han en sterk fornemmelse av å være betydelig mer isolert enn andre.

«For det første hadde vi hverken slekt eller familie her. For det andre kjente vi praktisk talt ingen og fikk derfor naturlig nok heller ikke noen omgangskrets den første tiden. Det ble til å begynne med ingen barn eller tilnærmet jevngamle jeg kunne bli kjent med, selv om det kom noen få inn i bildet etter hvert, men noen lekekamerater i vanlig forstand var det aldri tale om. Jeg var henvist til mine foreldre og til dem som var ansatt for å ta seg av meg.»

Daværende oberst, senere general Nissen, som var adjutant hos kong Haakon, skrev i sine personlige tilbakeblikk:

«Alle var meget glad i kronprins Olav som ikke var fuldt 2 1/2 år, da han kom til Norge. Han kom ofte ind på adjutantens kontor, og hadde vi tid til det, så lekte gjerne en eller anden litt med ham. Selv har jeg mere end en gang været hest for ham, og med ham på nakken galoppert omkring i den blå salon, som ligger like utenfor adjutantkontoret. Disse «rideturer» så ut til at glæde den unge rytter; men mest fornøiet var han dog, når jeg var i uniform; ti de forgyldte eguiletter (adjutantsnorer) jeg da bar, fandt han var noen utmerkede tømmer.»

«Jeg har en viss svak erindring om Nissen når jeg blir minnet om ham,» sa Kongen. «Han var en snill og hyggelig mann. Det husker jeg godt. Dessuten var han kartekspert. Han forklarte meg litt om hva kart var og opptrådte så vidt jeg kan skjønne som en vennlig og snill onkel. Det var forøvrig han som organiserte min fars kroningsreise i 1906. Min far fortalte ved flere anledninger at general Nissen tok alle tenkelige forholdsregler. Intet skulle gå galt. Han var meget forsiktig, både i sin planlegging og i måten han ga sine råd på. Han følte ansvar for at alt skulle klaffe. Det var Nissens forslag og påpasselighet som ifølge min far førte til at vi unngikk forsinkelser, men heller aldri kom tidligere enn beregnet. Det er den slags adjutantegenskaper både min far og jeg har satt inderlig stor pris på. Presisjon er ikke bare et minstekrav, det er simpel høflighet.»

Folk ropte på «Litl Olav»

Kong Olav var tre år gammel dengang og hadde heller ingen erindring om noe av det som skjedde under kroningen og oppholdet i Trondheim. I *Adresseavisen* ble den kongelige ankomst beskrevet slik:

«Paa agterdækket staar kongeparret med Kronprins Olav.

Høit på marinekaptein Petersens arm, lekende med dennes ordener sitter Kronprins Olav. Struttende av sundhed og tindrende av fryd vifter han ustanselig mot de begeistrede folkemasser.»

Et annet avisreferat forteller hva som foregikk utenfor Stiftsgården om kvelden: «Folkemassen ropte sterkere og sterkere paa «Litl Olav», som det lød på uforfalsket trøndersk. Men Kronprinsen kom ikke og det av gode grunde. Istedet traadte Kong Haakon frem og ropte med høi klar stemme: «Jeg har hørt at man har ropt paa min søn Kronprinsen. Jeg beklager at min søn endnu er så ung at han er gaat til sengs.» Under høylydte leverop og stor begeistring sprædtes derefter den veldige folkemasse som ble opgivet til henimot 20 000.»

Etter kroningshøytideligheten holdt kong Haakon en tale til den store folkemassen som hadde samlet seg foran Stiftsgården:

«Jeg vil gjerne bringe min tak for den hyldest, I har bragt os alle tre i dag. Det er jo nærmest ungdommen, som hylder os og vor lille søn som staar her ved min side. Han har allerede i sin spede alder vundet alles hjerter, men til dere børn vil jeg anbefale ham og be dere fatte kjærlighed til ham, og naar dere vokser op være ham en støtte i fremtiden.»

Selv om det som sagt ikke var mulig for kong Olav selv å huske noe særlig fra de første årene, er det mange andre som har hatt sitt å fortelle om ham.

I så måte er president Theodore Roosevelts brev fra Kristiania i 1910 særlig interessant. Her skriver han til Sir George Otto Trevelyan:

«Olav var en herlig liten gutt som det norske folk var svært begeistret for. Ved en anledning fortalte jeg lille Olav noen bloddryppende historier om løver og elefanter, som han lyttet til med stor begeistring. Bortsett fra hans egen far og mor var vi åpenbart de eneste voksne personer som noensinne hadde lekt med ham på en måte som han fant glede i og tilfredsstilte hans behov.»

«Han ga høylydt uttrykk for beklagelse da vi måtte reise. Han hadde jo ingen andre å boltre seg like vilt med,» skriver Theodore Roosevelt, – med full forståelse for lille Olavs isolerte tilværelse og det den medførte. Roosevelt behandlet Olav på samme måte som sine egne barn. Denne voldsomme leken appellerte åpenbart til den unge prins som aldri tidligere hadde opplevet maken.

Det var imidlertid en person som ikke var like reservasjonsløs i sin beundring for den lille prins.

Til Kongens 70 årsdag laget Kjell Arnljot Wig et fjernsynsprogram hvor det blant annet inngikk et intervju med dronning Mauds siste gjenlevende kusine, Alice, som var countess of Athlone og ble født i 1883. Hun var med andre ord 14 år yngre enn dronning Maud. Hun husket fra Kongens barndom at han var en forferdelig bortskjemt liten gutt, et inntrykk hun hadde fått under de besøk han sammen med sine foreldre avla hos sine slektninger i England. Men dette stemmer dårlig overens med andre beretninger.

Sannsynligvis har den lille, ensomme gutten hatt et tettere og mere intimt forhold til sine foreldre enn de britiske prinsebarna som hadde hverandre å holde seg til og være sammen med. Selv sa kong Olav om dette: «Jeg kom nok mine foreldre betydelig tettere inn på livet enn mine kongelige fettere og kusiner i England og Danmark. Min familie kunne jo ikke være mindre enn den var, og hoffet tilsvarende lite. Når to så kjærlige mennesker som mine foreldre ikke hadde annet enn meg å øse sin foreldrekjærlighet over, var det selvfølgelig en fare for at jeg kunne bli kraftig bortskjemt. Det skal jeg også etter sigende ha blitt, særlig av min mor – som liten. Men det merket jeg jo ikke. Jeg husker det i hvertfall ikke selv. Dessuten hadde jeg ingen jevnaldrende å sammenligne med. Jeg antok at det skulle være slik det var. Da jeg ble eldre, ble jeg som alle andre barn utsatt for hele den vanlige leksa, jeg skulle være varmt kledd, være forsiktig og alle de andre unødvendige formaningene mødre har så vondt for å avstå fra. Men jeg tror ikke min mor var verre enn andre, heller litt bedre, selv om hun til stadighet dullet med meg på alle måter.»

Med norske øyne er det ikke vanskelig å forstå at lille Olav hadde behov for ekstra stor oppmerksomhet når han sammen med foreldrene kom på sine forholdsvis sjeldne besøk til England. Han kjente jo ingen andre. Den engelske overklasse hadde forøvrig en helt annen skole- og oppdragertradisjon enn den norske.

I meget ung alder ble guttene sendt på kostskole hvor de ble henvist til skolekamerater og lærere det meste av året. Foreldrene så de sjelden, bortsett fra i feriene. Det er med andre ord ingen grunn til å legge overdreven vekt på Alice Athlones bemerkninger. Lille kronprins Olav var sikkert ikke mer bortskjemt enn enebarn flest, kanskje heller mindre.

«Det er jo ikke tvil om at det var en tid som på mange måter ble grunnleggende for meg. Det var et svært nært forhold mellom mine foreldre og meg. Det var jo bare oss tre, og i en så liten familie kan man komme til å bety mer for hverandre enn når tilværelsen og kjærligheten blir delt mellom flere. Men den stadige oppmerksomheten jeg ble gjenstand for, kunne også bli slitsom og krevende. Det var ikke mye jeg kunne foreta meg som unngikk mine foreldres oppmerksomhet. På den annen side fikk jeg være med på andre ting enn barn flest og ble alltid tatt med når det var mulig. Det tror jeg var utviklende for meg. Om det virkelig var det – er ikke godt å si, men det er i hvert fall slik jeg føler det.»

«En storartet bestemor»

I tillegg til foreldrene var det bare en av sine besteforeldre kong Olav fikk noe nært forhold til. Det var den engelske dronning Alexandra, tidligere dansk prinsesse og dronning Mauds mor. «Hun var en storartet bestemor som gjorde alt hun kunne for å skjemme bort sine barnebarn, slik ordentlige bestemødre alltid gjør. Det hadde hun stor glede av. Særlig når hun så sitt snitt til å bryte de strenge engelske regler for hvordan småbarn skulle oppdras. Kunne hun gå på tvers av foreldrenes strenge påbud, var hun svært tilfreds. Hun hadde sin egen stille glede av å være en smule uskikkelig, slik også min mor kunne være det. Hun bragte med seg sin egen tradisjon. Hun trodde ingen ville ha noe vondt av litt ekstra kjærlighet og overbærenhet. Hun mente det burde være lov å gjøre sine barnebarn glade.

Det hendte hun ble litt for ettergivende. Mine foreldre og andre av mine oppdragere protesterte så godt de kunne uten at hun lot seg affisere det ringeste av det.»

Kong Olav var ikke i tvil om at besteforeldre kan ha mye å gi sine barnebarn, og sin gode og hjertevarme mormor følte han takknemlighet til hele livet. Hun kom ham til hjelp i en tid hvor han trengte den mer reservasjonsløse og trygge varmen som besteforeldre har en egen evne til å utstråle. Selv om barn ofte er i opposisjon til sine foreldre, kan de avfinne seg med besteforeldrene på en helt annen måte. Forholdet blir jo ikke like utsatt for daglige gnisninger, skjenneprekener og tilrettevisninger. Det oppstår ofte en særegen fortrolighet mellom besteforeldre og barnebarn, en fortrolighet som av en eller annen grunn foreldrene ikke like lett får del i.

Kong Olav kunne godt huske en periode han opplevde som gutt da alt han gjorde ble kritisert og ansett som galt. Da følte han seg såret og urettferdig behandlet. Og da var bestemor god å ty til.

La oss høre kong Olavs egen beretning om barneårene: «Da jeg var liten begynte dagen kl. 08.00 om morgenen. Jeg spiste ikke sammen med mine foreldre, men det var jo folk som passet på meg. Barnepiken, Miss Butler, sto for det meste. Og så ble jeg sendt til sengs til et bestemt klokkeslett. Da jeg var liten gledet jeg meg til å bli stor så jeg kunne være oppe så lenge jeg ville.

Som voksen har det nok hendt at jeg har følt det motsatte, at jeg har hatt lyst til å gå til sengs uten å kunne det,» tilføyet Kongen, som ellers var kjent for å holde ut lenger enn de fleste.

«Dagsrytmen den gang jeg var liten fulgte faste rutiner. Den undervisningen jeg fikk på Slottet pleide å vare til kl. 13.00, som var fast lunsjtid. Til dette måltidet skulle jeg være til stede sammen med mine foreldre, praktisk talt hver dag. Det var i tiden etter dette måltidet at jeg vanligvis fikk anledning til å være sammen med mine foreldre. Da ble det tid til turer i friluft og samtale inntil teservering kl. 17, inne hos min mor. Der skulle Kronprinsen være til stede i presentabel stand.

Men middagen måtte jeg stort sett spise uten mine foreldre. De hadde jo ofte gjester, og da passet det ikke så godt med en slik liten prins som meg. Jeg tror faktisk ikke jeg spiste regelmessig middag sammen med mine foreldre før jeg nådde studentalderen. Det var et savn og annerledes enn i andre hjem, men jeg forstår jo at det den gangen måtte være sånn.»

Som liten hadde han eget dagligværelse, soveværelse og bad. Det skjønte han senere at det knapt var noen andre som hadde.

Den grunnleggende barnelærdommen var det «nanny'en», Miss Butler som sto for. «Hun var en god barnepike som tok seg av min hverdag og sosiale tilpasning som liten. Hun var visstnok i slekt med den senere britiske statsminister Stanley Baldwin og var av såkalt god familie. Jeg skulle lære å knytte skolisser og å kle på meg. Smågutter den gangen brukte liv og strømpestropper. Det var tungvint og vanskelig. Men det visste jeg ikke da – jeg hadde jo ikke prøvd noe annet, men det var vrient å få kledd seg ordentlig. Men Miss Butler lærte meg kunsten. Hun skulle dessuten lære meg gode manerer og god bordskikk. Alt foregikk på engelsk. Det gikk visst rimelig bra til slutt,» smilte Kongen.

«Jeg var veldig glad i henne. Men hun engasjerte seg litt for opprørsk og sterkt for kvinnelig stemmerett i England og deltok i demonstrasjoner. Hun ble suffragette. Derfor fikk hun avskjed.»

Kongen kunne imidlertid forsikre at det ikke var noen streng norsk kong Haakon som sto bak oppsigelsen. «Det var nok min bestefar i England som fant det upassende at en kvinne som engasjerte seg på den måten skulle ha ansvaret for min oppdragelse.

Min mor, dronning Maud, engasjerte seg jo selv i kvinnespørsmål. Det fikk min far til å bli rykende sint ved flere anledninger. I slike spørsmål var nok min far temmelig konvensjonell og i pakt med folkemeningen. Jeg husker en gang en kvinnesakskvinne hadde bedt om en hilsen fra min mor til et stort protestmøte der hun skulle holde foredrag. Det ble et svare leven. Min far og hans rådgivere holdt på med henne i over to timer for å få henne til å innse at det var noe hun ikke måtte finne på. Hun ga seg til slutt.»

I forbindelse med denne historien kan det være verdt å minnes kong Olavs tale til prinsesse Märtha Louise på hennes myndighetsdag i 1989. Den talen bar preg av at Kongen hadde lært adskillig om likestilling både av sin mor og av samfunnsutviklingen. Da oppfordret han prinsesse Märtha til å skaffe seg en god utdannelse så hun kunne stå på egne ben og være selvstendig og uavhengig og istand til å skape seg en tilværelse i kraft av seg selv og det hun kunne. Kongen la humoristisk til at han jo ikke var helt sikker på hvordan hennes foreldre så på dette, men regnet med at de ville være enige.

Levde seg inn i historien

Det var Halldis Bomhoff som overtok ansvaret etter Miss Butler og som skulle sørge for den unge prinsens første boklige lærdom.

«Hun var lærer og ledsaget meg samvittighetsfullt og påpasselig gjennom folkeskolepensumet frem til 5. klasse. Henne kom jeg til å kjenne svært godt. Det var jo ikke så mange andre mennesker jeg kom til å stå nær i den tiden. Hun var ganske streng og forlangte skikkelig innsats, men hyggelig, det var hun. Hun sto for undervisningen alene og måtte undervise i alle fag. Det var ganske sikkert temmelig krevende.»

I en artikkel offentliggjort i *Tidens Tegn* 19. mars 1919, skriver Halldis Bomhoff, som siden ble gift Eckhoff, om hans første skoleår: «Han var en morgenfugl som var i full gang lenge før skolen begynte kl. 09.00. Som elev var han så visst ingen pugghest. Han hadde fantasiens lykkelige gave. Men hvor langt han end var inne i fantasiens verden var det fort gjort å ta skrittet tilbake til virkeligheten. Utspant det sig en samtale mellem de voksne som kunde tenkes å være av interesse – vips stod han med begge ben på jorden igjen og brukte både øine og øren. Var det noget han ikke helt forstod, hadde vi en lengere konferanse efterpå, for han gav seg nødig før han forstod tilbunns hvad alle hadde ment med alt de sa.

Gudene i mytologien, menneskene i historien – alle levet sitt selvstendige liv i hans sinn og var hans personlige kjenninger, venner eller uvenner. Slike sørgelige begivenheter i Norges historie som slagene ved Stord, Svolder og Stiklested tok så på ham at det var nesten ondt. Under beretningen om Håkon den godes død ble kinnene rødere og rødere og øinene blankere og blankere.»

Han levde seg inn i historien og var ett med den. Så det er nok ganske på det rene at historie var det fag som appellerte sterkest til ham helt fra han lærte å lytte og å lese.

Og Kongen medga gjerne at historiebøkene hadde vært hans kjæreste lesning så langt tilbake som han kunne huske.

Kong Olav fortalte ellers at han i ungdomstiden mange ganger hadde mindre å rutte med enn jevnaldrende i omgangskretsen. «Jeg fikk den svimlende sum av 10 kroner måneden i lommepenger. Da kunne jeg slå meg løs; men ikke så lenge,» fortalte han.

Mange ganger måtte han forhandle lenge og vel med sin forsiktige far dersom han trengte noen ekstra kroner til et bestemt formål. På det punkt var han overbevist om at han hadde minst like stort besvær med sine foreldre som andre barn blant de bedrestilte som utgjorde kongefamiliens omgang.

I yngre år var det ikke først og fremst mangelen på kontanter som var problemet. Han fikk jo ikke anledning til å gå ut og kjøpe noe. Når han en sjelden gang fikk lov, var det alltid noen fra Slottet som ledsaget ham.

Julepresanger til sine foreldre gjorde han mange forsøk på å lage selv. Det begynte med nokså enkle tegninger, formodentlig under kyndig guvernante-veiledning. Han hadde til og med forsøkt seg med løvsag for å skjære ut det tradisjonelle syskrinet til mor.

Han husket at han som liten gledet seg til gavene både til jul og til fødselsdagen. Han var svært fornøyd med å ha fødselsdag i juli, akkurat et halvt år til jul. Det sikret maksimalt utbytte ved begge anledninger. «Barn med fødselsdag i desember er ikke like heldige.»

Kongen fortalte at mange av de ting han ønsket seg, ble ansett for å være for kostbare. Han fikk stadig påminnelser om at hans foreldre slett ikke var millionærer som kunne kjøpe hva de ville. De la stor vekt på oppdragelse til måtehold. De ville ikke ha en bortskjemt sønn som fikk alt han pekte på.

Det var likevel ikke til hinder for at han på sin 15-års fødselsdag fikk sin første seilbåt i gave. Da ble det seiling for alvor.

En ekte norsk sportsgutt

Foreldrene satte meget inn på at Olav skulle lære seg de samme ferdighetene som andre norske gutter. Han stavret av sted på ski sammen med mor og far lenge før det ble tale om noen systematisk trening.

Overraskende nok, var det nemlig hans mor som sterkere enn noen annen bidro til Olavs utvikling til ekte norsk sportsgutt, uten forkleinelse for hans danske far og hans senere sportslærer og adjutant Nicolai Ramm Østgaard. Da han kom inn i bildet, hadde moren allerede vekket interessen og lagt grunnlaget. Dronning Maud tok ham med ut på ski både en og to ganger hver dag så sant vær og føre tillot det. Det var hun som i de første årene var drivkraften bak hans første forsiktige fremstøt på ski.

De første skøytene fikk han prøve på den vesle dammen ved stallene i Slottsparken. Kongen fortalte at det ikke var de vanlige krøllskøytene som ble festet med remmer. Han forsikret meg om at *hans* skøyter var et betydelig hakk mer avansert, nemlig såkalte skruskøyter som kunne skrues fast til støvlene og hadde form som lignet mer på kunstløpsskøyter. Hans prestasjoner på skøyter var imidlertid, ifølge ham selv, langt fra noen form for kunstløp. «Jeg gikk på overlæret og på baken mer enn på skøyteskjæret. Det var ikke isen jeg ventet på om høsten, men snøen og den ordentlige vinteren. Skøyter ble aldri noe annet enn tidsfordriv i påvente av skiføre,» fortalte han.

Blant minnene fra barndommens rike hørte også erindringen om det praktfulle elektriske toget han hadde mottatt i gave fra den franske president. Det husket Hans Majestet godt: «Det var den gangen mitt høyeste ønske var å bli stasjonsmester,» sa Kongen. «Men det er jo ikke alle barndomsdrømmer som går i oppfyllelse, Herr President,» la han til. Kongen kunne fortelle at dette fine toget ble ødelagt under krigen. Det ville ha vært et fint leketøy for senere generasjoner.

Blant de andre ting som han husket godt fra barndommen, nevnte kong Olav spesielt nordlandsbåten som han lærte å ro i på den lille dammen på Bygdøy kongsgård. «Den vakre båten er dessverre for lengst råtnet; det er ikke bare skigarder som ikke varer evig,» la han til.

Kongefamilien var i en periode nokså ofte på besøk hos familien Nansen på Lysaker. Der var det andre barn å leke med. Odd Nansen var bare et år eldre enn Olav. De to kom til å kjenne hverandre godt. Kong Olav bar med seg et sterkt inntrykk av Fridtjof Nansen som en særegen og fengslende personlighet som folk beundret og lyttet til. Det var dessuten tydelig at kong Haakon og Nansen utviklet et nært og tillitsfullt forhold. Fridtjof Nansen som var elleve år eldre enn kong Haakon, ble både hans venn, rådgiver og veileder. Nansen som til de grader kjente sitt land og norsk mentalitet bidro til å jevne overgangen for vår nye kongefamilie. Det var kong Olav den første til å bekrefte. Olav gjenopptok kontakten med sønnen Odd i den tiden de begge var elever ved Halling skole. Alle andre små gutter i landet gikk på skole og skaffet seg venner og omgangskrets uavhengig av foreldrene. Men ikke Olav. Han var henvist til voksne og seg selv i alt for mange år.

Kongen kunne godt huske hvor ensom og isolert han mange ganger følte seg. Han forsto det ikke fullt ut til å begynne med, men skjønte det etter hvert som hans muligheter til å bedømme det omliggende samfunn ble mer utviklet.

«Jeg forsto at min situasjon var annerledes, og at den ville forbli det for all fremtid. Det dreide seg ikke bare om en overgang. Tilstanden ville bli permanent, selv om kontaktflaten gradvis ville bli større.»

Også en prins kan i ensomme kveldstimer gi seg drømmer og fantasien i vold, fable om en dristig ekspedisjon på egen hånd, og gi seg avsted på ulovlige veier uten at noen vet det. Også han kan søke eventyret utenfor det usynlige gjerdet han til daglig må holde seg innenfor, og som er der hele tiden. Han kan drømme om det som er ukjent, annerledes og spennende – alt det han har lest om og hørt om, men ennå ikke har opplevd.

Også en prins som har hørt suset av silke, damask og brusende brokade, og kjent en hemmelighetsfull kvinnelig duft av parfyme og blomster på marken, kan tenke på piker med dype blå blikk og hår som Synnøve Solbakken. Alt dette som alle gutter skal gjennom, fantasere om og strekke seg etter, det fantes i de tidlige år bak Slottets fasade.

Det kommer til oss alle. Noen har en venn å betro seg til, andre må gå med det alene, og se på alt det vidunderlige som skjer fra stedet der man bor, selv om det er fra Slottets prektige og fjerne dobbeltvinduer.

Mer alene enn andre

Olav brant inne med spørsmål han måtte vente på å få besvart. Det er slike ting som man som barn bare kan snakke med jevnaldrende om. Her duger hverken foreldre eller andre voksne. Det eneste han sa på sine eldre dager var: «Jeg var mer alene enn andre.»

Det var ikke til å undres over at han tidvis hadde problemer med å finne en naturlig omgangsform. Hans muligheter for å bli kjent med andre barn, var så begrenset at han nesten utviklet en generasjonskløft til sine jevnaldrende. Voksne mennesker hadde han tross alt vendt seg til.

Men da han til slutt ble konge, hadde han langt på vei overvunnet sin skyhet og de kontaktproblemer han hadde hatt som ung. Det var nesten som om han hadde behov for å ta igjen det forsømte. Da kom hans naturlige og vinnende vesen til full utfoldelse. Ingen hadde den gang drømt om at en konge kunne være slik. Riktignok var forventningene store. Likevel var det nok dem som hadde vondt for å tro at han kunne leve opp til den samme standard som sin avholdte far. Det ingen har vært klar over er at han hele livet har med seg rester av den generthet som hadde plaget ham som ung. Men det kunne ingen merke.

Som kronprins hørte det med til spillereglene å holde seg i bakgrunnen der kongen var til stede. Det gjorde Olav lojalt og naturlig. Da han selv ble konge, kunne han fritt spille på hele det register av kongelige og menneskelige kvaliteter han hadde til sin rådighet. Det gjorde han til gagns.

Når man ser tilbake på barndommens isolasjon, er det nesten

utrolig hvordan han med sikre sosiale instinkter fant den riktige formen som passet så godt både for ham og for det folk han ønsket å tjene. Han fant melodien. Den var uten falske toner.

«Senere i livet har jeg forstått hvor vanskelig oppdragergjerningen var for mine foreldre. De var jo begge innflyttere med begrenset folkelig kontaktflate; og attpå til skulle de oppdra meg til å bli ekte norsk. Og det synes jeg de lyktes ganske bra med,» sa Olav.

«I småbarnårene snakket man bare engelsk med meg her i huset. Mine foreldre mente det var viktig at jeg som vokste opp i Norge ikke skulle snakke dansk. Det står jo ikke til å nekte at min far snakket norsk med utpreget dansk aksent. Foreldrene la vekt på å unngå det for mitt vedkommende.

Men min far snakket ikke så dansk som mange her hjemme trodde. Da kong Haakon holdt tale til sin eldre bror, kong Christian av Danmark, i anledning hans sølvbryllup, utbrøt en av de danske gjester: «Hvorfor i all verden kan han ikke snakke dansk så man kan skjønne hva han sier?» Så det er nok avhengig av ørene som hører.

Min mor snakket også norsk, men gikk veldig fort over til engelsk når hun ble ivrig. For meg var det en hjelp.

Fordelen med den type privatundervisning jeg fikk er jo at man kan konsentrere undervisningen til færre timer om dagen. Men som eneste elev nyttet det ikke å sluntre unna. Jeg var nødt til å lese lekser fordi jeg var sikker på å bli hørt. Det virket disiplinerende og oppdragende. Det største problemet var at jeg ikke hadde andres prestasjoner å sammenligne med. Jeg visste aldri helt sikkert hvor jeg sto. Dessuten hadde det nok vært en fordel å hatt flere å omgås med på et tidligere tidspunkt. Det fellesskapet som jeg senere fikk del i gjennom det siste året på gymnaset hadde stor betydning for personlighetsutviklingen og min evne til å delta mere naturlig i de sosiale samvær.

Alle barn er på leting etter forbilder i de voksnes verden. For meg ble min far det naturlige forbilde og ideal. Jeg hadde forøvrig ikke så mange voksne tett inn på livet. Jeg valgte meg mitt ideal fordi det var naturlig og falt av seg selv.»

«Tiltaleformen hjemme hos oss var du,» opplyste Kongen. «Men når jeg omtalte mine foreldre i samvær med andre var det som Kongen og Dronningen. Det ble naturlig for meg, slik det i sin tur er blitt det for mine barn.»

«I hele min barndom,» la kong Olav til, «var jeg alltid yngst, det var det som var så vanskelig. De barna jeg møtte i ferie og fritid var alltid eldre, enten det var her hjemme, i København eller i England. Så sjelden som vi møttes, det ble aldri mer enn noen få ganger, følte jeg det som jeg måtte begynne på nytt hver gang; og det ble nokså anstrengende.

Men én fordel hadde jeg fremfor de fleste andre. Plutselig oppdaget jeg at jeg kunne lese engelsk. Jeg skjønte det som sto skrevet. Det må ha vært ganske tidlig og var en stor åpenbaring. Det var akkurat som man plutselig hadde fått evnen til å spille et instrument.»

Skolegang og ungdomsår

KONG HAAKON SATTE MEGET INN PÅ AT HANS EGEN SØNN skulle få en betydelig bedre og mer veltilpasset utdannelse enn den han selv fikk før han begynte på sin utdannelse til offiser. Kong Haakon, den gang prins Carl av Danmark, fikk store problemer på sjøoffiserskolen fordi den undervisning han på forhånd hadde fått i sine foreldres regi, var svært mangelfull og lite egnet for videregående studier.

Det var kong Haakon som personlig la planer for sønnens oppdragelse, skolegang og første utdannelse. Det var ingen tilfeldighet at han i egen høye person, gjennom mange år hørte sin sønn i leksene for å forsikre seg om at alt gikk som det skulle. Ja, han ikke bare hørte sin sønn, men hjalp ham også direkte med de tingene han ikke riktig fikk tak på med en gang, slik som så mange andre fedre, og også mødre for den saks skyld, så ofte gjør. Kong Haakon ønsket dessuten at hans sønns oppdragelse og skolegang skulle bli så «normal» som hans spesielle stilling tillot.

Etter at frk. Bomhoff hadde gjort sitt, skulle Kronprinsen ta fatt på neste fase, middelskolen. Dermed måtte det nye lærerkrefter til. Slik forholdene var på den tiden, var det for tidlig allerede da å begynne i såkalt normal skole. Det ville imidlertid være en stor fordel å finne en person som gradvis kunne bidra til å gjennomføre den normaliseringen man hadde tatt sikte på. Som det skulle vise seg, fant de den rette. Vårt unge kongepar hadde ikke de beste forutsetninger for på egen hånd å bedømme de forskjellige alternativer man kunne velge mellom.

Sigurd Halling

Kong Haakon hadde gått på skole i Danmark og dronning Maud i England. Derfor søkte de råd blant mennesker de stolte på. Mange av barna til kongeparets begrensede omgang, gikk på Hallings skole. Det bidro sikkert til valget av Sigurd Halling som kronprinsens private hovedlærer. Men det var også andre faktorer som særlig kong Haakon hadde lagt vekt på.

Sigurd Halling var sønn av den kjente presten Honoratus Halling. Han ble født i 1866, og var således litt eldre enn både Maud og Haakon. Etter artium, tok han forberedende prøve, og teologisk eksamen i 1892. Etter å ha undervist noen år, fortsatte han studiene og tok i 1903 filologisk embetseksamen. Da han ble valgt til kronprins Olavs privatlærer, hadde han allerede ervervet seg et godt navn som pedagog og var bestyrer for den senere så navngjetne «Hallings skole for den høiere utdannelse» som sto åpen både for gutter og jenter.

I løpet av sin utdannelse gjennomførte Halling hele fire studieopphold i Tyskland hvor han studerte språk, litteratur, pedagogikk og tysk folosofi. Da han i 1911 feiret 25-årsjubileum som student, skrev han bl. a. følgende om seg selv:

«Jeg har, fra jeg var gutunge, desværre alltid hat mange interesser. Musik og kunst idetheletat har hat den største plads næst min virksomhet: men jeg har holdt de æstetiske interesser stangen ved at følge min trang til sport og friluftsliv og praktisk bedrift, og efterhvert er interesserne, de religiøse, de æstetiske og de kropslige løpet sammen i den pædagogiske virksomhet jeg har reist, og som jeg vil vie resten av mit liv, saalangt og saalænge jeg kan.»

Kong Haakon følte seg sikker på at Sigurd Halling ville oppdra den unge kronprins til troskap mot tradisjonen og de etablerte institusjoner. En mann med en slik bakgrunn, ville neppe føre sin elev på ville veier eller oppmuntre til noen form for upassende opprør. Alt man visste om ham virket betryggende.

Det tok imidlertid mange år før Kronprinsen ble tilnærmet heldagselev ved Hallings skole. Først skulle han gjennom flere ensomme skoleår sammen med sin lærer.

Det kan ikke være tvil om at skolebestyrer Sigurd Halling var en heller overklassebevisst og autoritetstro skolemann. Erik Anker, kong Olavs nære venn, som selv gikk på Halling, karakteriserer skolen som «litt av en snobbeskole, noe Halling selv ikke hadde det ringeste imot». Men han sier det med overbærende kjærlighet til den gamle skolebestyrer som til tross for sin dyktighet og sine etiske normer ikke var ganske fri for den smule menneskelig narraktighet de fleste av oss kan risikere å henfalle til. For Halling var fristelsen til å sole seg i glansen av det kongelige oppdrag han hadde fått særlig stor.

Privatundervisningen foregikk ikke bare på Slottet, men også på Kongsgården og på Kongsseteren, avhengig av årstidene og hvor Kongefamilien bodde. Det var på Kongsseteren Kronprinsen fikk sin første stiloppgave som karakteristisk nok het «For første gang». Da var han tolv år. Da skrev han om første gang han hoppet i Hyttlibakken. Det er i dobbelt forstand et stort sprang i en ung skiløpers liv.

I de nærmeste årene gjennomgikk Kronprinsen en rivende utvikling både psykisk og fysisk. Friluftsliv og idrett satte sine spor. Han fikk utvidet fagkrets og nye lærere. Han var på alle måter inne i en sterk vekstperiode da han i 1917 skulle fremstille seg til sine første offentlige eksamener i naturfag og religion. De passerte han med glans.

Gymnastikk på Slottet

Olav savnet, som tidligere sagt sårt jevnaldrende kamerater og en større omgang. Hans klasseværelse i annen etasje i Kongens private leilighet var noe ganske annet enn det rike sosiale samvær et vanlig klasseværelse har å by på. Kong Haakon forsto godt hvordan hans sønn hadde det. Derfor innredet man en gymnastikksal i tredje etasje i Slottet. I forståelse med skolebestyrer Halling ble det sørget for at en del barn fra Hallings skole regelmessig marsjerte til Slottet for å ha gymnastikktime sammen med prinsen. Det åpnet en helt ny verden for ham, selv om samværet med de nye kameratene ble både regulert og begrenset.

Kong Olav husket godt de få gangene han som liten gutt fikk anledning til å være sammen med noenlunde jevnaldrende. Det var sjeldne anledninger som han husket hele livet.

Heldagselev ved Hallings skole ble Kronprinsen først i avgangsåret. For ham ble denne skolegangen det første møte med en større krets av vanlige mennesker, et langt skritt i demokratisk og folkelig retning. Skolen representerte riktignok ikke noe tverrsnitt av befolkningen, men både lærerstab og elever var likevel så allsidig sammensatt at de bidro til å legge grunnlaget for det samspill mellom kongehus og folket som senere skulle utvikle seg. Det hadde sin egenverdi at klassekameratene hans hadde den bakgrunn og sosiale sikkerhet som trengtes for å kunne omgås prinsen på en naturlig måte, at de turde å ta igjen med ham og utfordre ham. Det hendte det gikk på nevene løs. Ved et par anledninger var prinsen ikke snauere enn at han røk opp i reale slagsmål, som gutter flest. Ved en anledning, skriver skolebestyrer Halling i sine erindringer, kastet prinsen et par av sine klassekamerater nedover trappen. Dette var noe kong Olav ikke hadde noe imot å bekrefte riktigheten av. Allerede den gangen fikk omgivelsene merke at han hadde temperament og reaksjonsevne.

«I frikvarterene kunne det gå nokså hardt for seg,» fortalte han. «Da var vi gutter, som alle andre, som hadde behov for å avreagere alt vi gikk og bar på i den alderen. Senere har vi vært tvunget til å reagere mindre voldsomt. Men den gangen var det sikkert bare bra å få slippe ut litt damp.»

Både under privatundervisningen og i den senere skolegang fulgte kong Haakon nøye med. Med jevne mellomrom forsikret han seg om at Olav lærte det han skulle, og at fremgangen var tilfredsstillende. Han konfererte stadig med Halling og påpekte det han ville ha annerledes. På sett og vis ble kong Haakon en slags skoleinspektør som holdt et våkent øye med både lærer og elev. Det forekom til og med at kong Haakon skriftlig bekreftet overfor Halling hvordan han ønsket det hele skulle legges opp.

Kong Olav lot meg ane at det ikke bare hadde vært idyll. Vi må ikke glemme at det foregikk en verdenskrig i årene 1914-1918. Sigurd Halling, som var sterkt påvirket av tysk litteratur og tenkning, kunne nok lett komme på kant med den kongelige familie som var utpreget anglofil og antitysk. Det foreligger ikke noe håndgripelig bevis på at det oppsto alvorlige vanskeligheter. Likevel kan det ikke være tvil om at Hallings «tyske legning» bidro til å kjøle ned forholdet mellom lærer og elev; i hvert fall i visse perioder. Prinsen selv var glødende opptatt av krigen og helt ut på engelsk side. Allerede den gangen tok han sine reservasjoner overfor den tyske militærtradisjon. Dem beholdt han livet ut. Det er likevel helt på det rene at kong Haakon i ett og alt stolte fullt ut på Sigurd Halling, som viste seg tilliten verdig.

Da Olav slet med middelskoleforberedelsene, var tysk det dominerende fremmedspråk i undervisningen. Det likte kongefamilien dårlig. Da annen verdenskrig var over i 1918, var Olav 15 år. Han var som sine foreldre like lite begeistret for det tyske språk som for Tyskland. Det han lærte seg av språket var nødt og tvungent. Det viste seg ikke å være så farlig. De kongelige over hele verden snakket engelsk med hverandre. Hans forbindelser med den tysktalende verden ble forøvrig aldri særlig omfattende, noe kong Olav fant seg vel til rette med.

De siste par årene før Kronprinsen begynte på gymnaset, var det flere enn Sigurd Halling som sto for undervisningen, bl. a. i skjønnskrift og tegning. Engelsklærer trengte han ikke. Til gjengjeld fikk han spesialundervisning i fransk. Det var den senere professor Selmer som hadde den tvilsomme fornøyelse å ta seg av denne undervisningen.

«Resultatet sto ikke i forhold til innsats og anvendt tid,» tilsto kong Olav. «Fransk fikk jeg aldri noe særlig tak på, selv om lærerne og jeg ga oss konversasjonen i vold i hver eneste fransktime. Når det gjelder fransk, er jeg som nordmenn flest. Jeg går over til engelsk så fort jeg kan,» la han til.

Beste karakter i middelskolen

Kronprins Olav tok i 1918 middelskoleeksamen med beste karakter til heder både for seg selv og sin privatlærer. Deretter begynte tilpasningen til deltagelse i en normal gymnasklasse. En del av fagene ble han undervist i hjemme, mens han i andre fag gradvis ble innført i den undervisning som foregikk på skolen. Kjemi- og fysikkundervisningen foregikk på Universitets institutter.

Overgang fra all undervisning på Slottet til deltagelse i klassen på Halling var således meget langsom og forsiktig. Det begynte med bare en time om dagen på skolen. Resten av undervisningen fikk han på Slottet. Da han gikk i avgangsklassen på gymnaset, ble fortsatt ca. halvparten av undervisningen gitt på Slottet. Derfor er påstandene om at han gikk på gymnaset på samme måte som alle andre, atskillig overdrevet, selv om han fullt ut deltok i de sosiale samvær og i mange av de aktiviteter som fant sted utenfor klasseværelset.

Blant de lærerne Kongen husket fra gymnasietiden nevnte han bl. a. Arthur Thuesen. Det var en festlig og spennende mann. Han var amanuensis ved Universitetet og en fremragende pedagog. Fredrik Wildhagen var lærer i nynorsk. Klassens inspektør het Løchen og var offiser. Han var en mann etter den unge prinsens hjerte. Han var realist, en dyktig lærer og godt likt av alle. «Vi kalte ham for cosinus. Det er jo et velkjent matematisk begrep fra trigonometrien for alle som har gått reallinjen. Cosinus var liten og tett. Han vi hadde i fysikk var svært lang, nesten 2 meter. Han ble kalt Cotangens, et annen like velkjent trigonometrisk begrep.» Dette fortalte kong Olav da han gikk i sitt 88-ende år – et godt eksempel på en enestående hukommelse, men også et bevis på hvordan skoleårene og det som hender i unge år blir husket, mens mange viktige hendelser som ligger nærmere i tid kan bli glemt.

Olav var praktisk talt hver eneste lørdag med på gymnasiesamfunnets møter hvor han med iver og bravur deltok i mange heftige debatter. Han ble formann, og senere også æresmedlem. I tillegg var han en stund nyhetsredaktør i gymnasiesamfunnets avis. De tillitsverv han fikk, kom ikke på noen måte av seg selv. Det sto strid om vervene, og diskusjonens bølger gikk høyt blant kameratene om hvorvidt han skulle velges eller ei. Det var nemlig ikke hver gang han fikk støtte. Noen særbehandling ville man ikke vite noe av.

I sitt første møte med litteraturen var det Ludvig Holberg han festet seg ved. Hans komedier som med vidd og folkelig humor gikk til felts mot tidens «honette ambisjoner» gjorde inntrykk. Kong Olav tok på sin måte opp arven etter Holberg og førte hans kamp mot forfengelighet og narraktighet videre. Det var tilbøyeligheter som stred mot hans natur.

Senere konsentrerte han hele sin interesse om Henrik Ibsen som han allerede i gymnasietiden ble sterkt grepet av.

Kong Olav selv karakteriserte Sigurd Halling som en fremragende pedagog. Han ble en sentral personlighet i den unge kronprinsens liv. Også kong Olav hadde merket seg Hallings selvbevissthet og sosiale oppdrift, uten at han holdt det imot ham. Kongen var overbevist om at han hadde hatt fordel av å ha en lærer som hadde store ambisjoner og høye idealer. Av ham lærte han arbeidsomhet og disiplin. De arbeidsvaner man legger seg til i ungdommen er grunnleggende for resten av livet. Han ga Halling en stor del av æren for de gode karakterene han fikk til examen artium.

Kong Haakon var en bestemt oppdrager, men ikke direkte

streng. Han la stor vekt på å være rettferdig, men forlangte nok mer enn vanlig av sin sønn. «Det har jeg ikke hatt noe vondt av,» forsikret kong Olav. «Mine foreldre forlangte at jeg skulle være selvhjulpen og holde styr på meg selv og mine eiendeler, slik som andre barn; men jeg tror ikke jeg var blant dem som regelmessig ryddet mitt eget rom. Det ble heller ikke forlangt av meg.»

I likhet med andre barn måtte Olav innhente sine foreldres tillatelse til å være med på forskjellige slags aktiviteter utenfor hjemmet. Det var ikke alltid han fikk den frihet han ønsket, men det synes vel ikke andre ungdommer heller, så det behøvde jo ikke skyldes at han var kronprins.

På møtene i gymnasiesamfunnet fikk han lov å være alene. Men han fikk ikke bli der så lenge han ville. Når tiden var ute, kom det noen fra Slottet for å se prinsen vel hjem. Da vandret de to til fots.

Kongen fortalte at klokken ikke pleide å være så mye etter kl. 21.00 før han ga seg på hjemvei. Dette hadde imidlertid aldri plaget ham.

«Vi var en ryddig husholdning som førte et meget regelmessig liv. Jeg kom inn i rytmen ganske tidlig og fant meg vel til rette med det.»

Russetid og slottsball

«Det var annerledes i russetiden,» fortalte kong Olav. Da fikk han flere ganger anledning til å feste så lenge han ville. «Men det ble aldri noen knuter av det,» tilføyde Kongen.

«Når det gjaldt interesser og valg av omgang, var det noe min far ikke blandet seg opp i. Kanskje det kom av at jeg aldri var sammen med noen han mente jeg ikke burde omgås,» la kong Olav ettertenksomt til. «Som ung hadde jeg vanskelig for å bli kjent med folk. Jeg var genert, og følte meg ofte klossete og usikker.»

Et av de fagene kong Olav kom opp i til muntlig artium, var historie. Det var han mer fornøyd med enn de andre i klassen som led samme skjebne. Han fikk sitt yndlingsfag. Det var en loddtrekning som falt i smak.

Kongen fortalte at han aldri var i tvil om at han burde velge reallinjen. «Det var realist jeg var, ikke språkmann. Det viser karakterene,» sa han med et smil. «Det var bare jenter på engelsklinjen, guvernantelinjen, som vi kalte den. De to guttene som gikk den linjen, påsto derfor at de var guvernører, en tittel vi andre på real- og latinlinjen nektet å godkjenne.»

«Det ble ikke så mye festing i russetiden,» fortalte Kongen, men han fikk da være med på en del uten for mye oppstyr og oppsyn. Foreldrene hadde allerede da full tillit til at han visste å ta vare på seg selv.

Kong Olav tenkte med glede tilbake på det store ballet han fikk lov å invitere hele Halling-russen til, på selveste 17. mai. I klasseværelsene hadde Olav selv skrevet med kritt: «Velkommen til ball på Slottet 17. mai kl. 19.30.»

Det var alltid livlig omgang mellom dem som gikk på real-, latin- og engelsklinjen. Det var bare en klasse av hver. Blant realistene befant det seg bare tre damer, husket kong Olav. I tillegg til alle i de tre klassene, ble det invitert noen ekstra «damer», slik at alle kunne delta i dansen på samme gang og ikke behøvde vente på tur. 17. mai varte festen lenger enn vanlig. Da festet de helt til soloppgang og danset til levende musikk. «Jeg ble aldri noen danseløve,» fortalte kong Olav. Han følte seg keitet, klosset og beglodd. Ikke var han spesielt musikalsk heller. Dessuten var det vanskelig å engasjere den ene fremfor den annen. Han hadde lettere for å slå seg løs over et glass øl i vennekretsen, enn i valsetakt på dansegulvet. «Vi møtte i korrekt blådress. Damene hadde vakre kjoler. Det er litt annerledes nå,» smilte Kongen, men kunne forsikre om at de hadde det minst like moro den gang som nå, selv om feiringen hverken var så omfattende eller voldsom som den ble senere.

Det var svært få personer – egentlig alt for få etter dagens krav – kronprins Olav kom i nærmere berøring med i barndommen og i den tidlige ungdomstiden. Siden de var så få, fikk hver enkelt av dem en desto større mulighet til å øve innflytelse på ham. Kong Haakon ble i hele denne tiden den dominerende skikkelse i hans liv sammen med dronning Maud. Siden det var så få andre utenom foreldrene ble både Miss Butler og frk. Bomhoff nesten enerådende i sine muligheter for påvirkning av det unge barnesinnet i de mest grunnleggende årene, hvor de etter tur hadde hovedansvaret for ham. Da Sigurd Halling overtok som privat hovedlærer, var han heldigvis ikke hele tiden fullt så enerådende som det kunne virke.

Dronning Maud var oppdratt i den sportsmannstradisjon som er så typisk for engelsk overklasse. Også kong Haakon forsto fullt ut betydningen av å holde seg i god fysisk form, selv om han ikke – slik som dronning Maud – fikk sportskulturen inn med morsmelken. Kong Haakon sørget selv for å holde kondisjonen i orden. Han spilte tennis, red, syklet og gikk daglige raske spaserturer.

Likevel hadde han ikke slik som mange andre fedre den samme mulighet til å ta seg av sin sønns fysiske fostring. Prinsen hadde heller ingen eldre eller jevnaldrende kamerater å lære av og trene sammen med. Hvis kronprins Olav ikke skulle bli dårligere stillet enn sine jevnaldrende, måtte man sørge for å skaffe noen som kunne ta seg av hans idrettslige utfoldelse og som samtidig kunne legge til rette for alle de varierte fritidsaktiviteter som hører med i en ung gutts liv.

Nicolai Ramm Østgaard

I samråd med Sigurd Halling valgte derfor kong Haakon den 28 år gamle kaptein Nicolai Ramm Østgaard til prinsens sportslærer. Det skjedde i 1914 da Olav var bare elleve år gammel. Men det kan ikke være tvil om at det allerede da var et behov for å utvide det begrensede miljøet han befant seg i.

N. R. Østgaard ble ikke bare et nødvendig supplement til Sigurd Halling. Han ble også i kraft av sin personlighet en verdifull motvekt. Det er ikke sunt for et ungt og ubefestet sinn å være under innflytelse av bare en eller to sterke personligheter. Det var et klokt trekk å sørge for at det ble flere idealer og forbilder i den unge prinsens tilværelse.

Kong Haakon, Sigurd Halling og N. R. Østgaard delte de samme grunnleggende verdiene og tuftet sitt virke på sammenfallende etiske normer. Som mennsker og personlighetstyper var de likevel vidt forskjellige. Det passet nok kong Haakon svært godt at prinsens to hovedlærere var utdannet som henholdsvis teolog og militær. Begge to var dyktige og respekterte personer som opptrådte med selvfølelse og autoritet. De sto som garantister for det bestående og de grunnsolide institusjoner.

Halling dyrket tysk, filosofi og den tyskpåvirkede skoledisiplinen. Østgaard var militær og hadde sluttet orden og presisjon som fag. En slik kombinasjon kunne lett bli for mye av det gode. At den ikke ble det, skyldes først og fremst Kronprinsen selv. Likevel kan det overhode ikke være tvil om at hans hovedlærere med røtter i teologi, historie, idrett og forsvar, bidrog til å utvikle kong Olavs naturlige legning. Det er nettopp disse områdene som kom til å bli hans dominerende hovedinteresser senere i livet.

Teologi og militær disiplin kan bli hard kost for sarte unge sinn. Vi har mange eksempler på at unge mennesker som blir kjørt for hardt i stramme tøyler kan bli nokså uregjerlige når grepet løsner. Hvis rutinene blir for fastlåste og rigorøse, kan det lett vekke til live motforestillinger. Dersom prestasjonspresset og kravene blir for store, kan det en vakker dag ende med forferdelse. Slik gikk det ikke. Først og fremst fordi Kronprinsen var ærlig og oppriktig interessert i sin utdannelse og fordi han *ønsket* å ha plikter og å innfri krav.

Personlig tror jeg den viktigste grunnen til at det gikk så bra, var at Kronprinsen hele tiden fikk lov til å tenke selv, fikk lov til å prøve og feile, og å prøve igjen. Det er grunn til å tro at man i samtiden ikke helt ut forsto å verdsette N. R. Østgaards innsats i denne perioden av hans liv. Den kan vanskelig overvurderes. Han hadde menneskelige kvaliteter som ga ham evne til innlevelse i hva en liten norsk prins tenkte, håpet på og undret seg over. Det er mange ubesvarte spørsmål for en elleveåring som det ikke er så lett å gå til sine foreldre med. Østgaard forsto hva han trengte. Han var ikke bare en lærer som ga ham omsorg og støtte, som styrket selvtilliten og motet. Han ble også en venn og fortrolig som han kunne åpne seg for og betro seg til.

Nå er det jo ikke slik at den omstendighet at man er kongelig gjør et ungt menneske i puberteten mindre sårbar og undrende. Man har et like stort behov for å bli innført i livets mysterier og alt det som har med forholdet mellom kjønnene å gjøre. «Dette var min far fullt oppmerksom på,» fortalte kong Olav. «Han ga meg på en passende måte det råd å lese de bøkene han i sakens anledning hadde skaffet til veie. Han mente nok at det temaet det dreiet seg om, egnet seg best for selvstudier i enerom.» Også sånne ting kunne han snakke med Østgaard om.

N. R. Østgaard forsto seg på gutter, særlig på norske idrettsgutter. Han lærte sin elev mer enn å hoppe på ski. Han lærte ham redelig og real atferd både på og utenfor idrettsarenaen. Han forberedte ham på å møte hele det mylder av uventede og ulike situasjoner tilværelsen er så full av. N. R. Østgaard skjønte at ikke alt her i livet kunne læres på skolebenken, men at livet selv var den beste læremester. Derfor lot han prinsen komme virkeligheten på nært hold. Østgaard fikk et fremragende råstoff å arbeide med som han bidro til å foredle. Det oppsto et vennskap som varte helt til Østgaards bortgang i 1958 i en alder av 72 år.

Konfirmasjon

I desember 1918 ble kronprins Olav konfirmert. Både konfirmasjonsforberedelsene og selve konfirmasjonen kom til å bety meget for ham. Han var på mange måter en alvorlig gutt som ikke bare beveget seg på overflaten. Det var sogneprest Herman Lunde som leste med ham. Han sluttet seg til rekken av de varmhjertede og menneskelige lærerskikkelser som ble hans veiledere i de årene da han var mest mottagelig for impulser og åpen for påvirkning. Herman Lunde bekreftet det inntrykket både hans foreldre og Sigurd Halling hadde gitt ham av kristendommen som en byggende og normativ kraft som ville være til glede og velsignelse for ham og for alle andre som kom det kristne budskap imøte.

Sogneprest Herman Lunde var ikke bare en kirkens mann. Han var også en klok pedagog som bidro til å forberede sine konfirmanter for det de ville møte, ikke bare i det hinsidige, men også i den verdslige verdens virkelighet.

«Konfirmasjonen betød meget for meg. Det løfte jeg avga har jeg hele mitt liv tatt alvorlig,» sa kong Olav.

Skal man tro referatene fra konfirmasjonen, imponerte han storlig den ærverdige forsamling av innbudte sivile og militære øvrighetspersoner «som efter Tilsigelse mødte i Formiddagsantræk».

Det var nemlig ikke noen lettvint seremoni den femten år gamle gutten skulle igjennom.

Det hele begynte med en særdeles inngående overhøring som var langt mer omfattende og krevende enn det noen av de tilstedeværende innbudte hadde måttet gjennomgå.

Da Kronprinsen hadde lest opp et avsnitt av Lukas-evangeliet, spurte sogneprest Lunde om det var noe særlig i dette evangelium han hadde merket seg. Til dette svarte Kronprinsen: «Jo, evangeliet viser at Lukas har undersøkt forholdene mere historisk enn de andre.» Det var ikke bare et riktig svar, men nok en bekreftelse på Kronprinsens tidlige utviklede historiske bevissthet.

Etter konfirmasjonen fant det sted en kort mottagelse i Slottets røde sal. Der mottok det stolte foreldrepar gjestenes lykkeønskninger både med konfirmanten og med Kronprinsens utfyllende og innsiktsfulle svar som hadde imponert alle. En av gjestene antydet at ingen av de tilstedeværende, kanskje bortsett fra stiftsprost Gleditch, ville vært istand til å svare like godt.

Det må ha vært en stor påkjenning for Olav å skulle «debutere» offentlig som taler og konfirmant med et så scenevant og krevende publikum. Også da han sto til konfirmasjon, var han alene på arenaen, uten andre og jevnaldrende kamerater ved sin side. Hele oppmerksomheten var rettet mot ham, høytidelighetens eneste konfirmant. Avisreferatene kunne også bekrefte at han virket litt nervøs og preget av stundens alvor da han skulle besvare det første spørsmålet. Men det fortok seg hurtig. Han svarte sikrere og mer utfyllende enn selv presten hadde ventet. Han kunne nok ha regnet med en viss overbærenhet hvis han hadde svart ufullstendig eller hadde gått i stå. Men det var ikke overbærenhet han ønsket, men å gjøre sine ting grundig og ordentlig så godt han var istand til. Kong Olav så tilbake på konfirmasjonen som noe viktig som han hadde hatt glede av og som også hadde gjort hans foreldre tilfreds. Også dette minnet har vært med på å påvirke kong Olavs holdning til kristendommen og det kirkelige liv.

Liv og lære

Vi blir ikke bare formet av det som bor i oss selv, men også av omgivelsene og det nære miljø. Alle dem som viste vei for ham, ga bidrag til de moralbegreper kong Olav levde etter. Det gjaldt hele rekken, kong Haakon, dronning Maud, Miss Butler, frk. Bomhoff, Sigurd Halling, N. R. Østgaard og til sist den varmhjertede og fine sognepresten Herman Lunde som rundet det hele av.

Alt tyder på at den unge prinsens moral også ville tålt et møte med andre personligheter som kunne hatt mindre heldig innflytelse på ham. Men slik det nå en gang ble, slapp han mange av de anfektelser og tvil som unge mennesker kan få nå de får motstridende og forvirrende signaler fra den personkretsen som opptrer som oppdragere.

I kong Olavs tilfelle ble de første entydige signalene forsterket av den påvirkning og de impulser som kom senere. Han fikk en kjærlig oppdragelse uten tvang. Det han mottok av foreldre og lærere ble retningsgivende for resten av livet. Den standard de levde etter ble en del av hans natur. Det er mange som kan gjøre krav på delaktighet i det vellykkede resultatet. Det er imidlertid ikke tvil om at både samtiden og ettertiden har kommet i skade for å undervurdere dronning Mauds ualminnelige gunstige innflytelse. Hun, fremfor noen, lærte ham ærefrykt for livet. Det preget hans menneskesyn og humanistiske grunnholdning. Det var hans mor som fra første stund satte ham på rett spor. Et spor han trofast fulgte livet ut.

Som kronprins tok han alt som det kom, og gikk ut fra at det han ble bedt om å gjøre var riktig og nødvendig. Han hadde ikke anlegg for å problematisere tilværelsen hverken for seg selv eller sine nærmeste. Han nektet i virkeligheten å la slike tanker slippe til. De vanskelighetene han møtte var en del av virkeligheten og som han fikk lære seg å meste uten andres hjelp. Han var tvers igjennom sunn. Like fullt kan det ikke være tvil om at han mange ganger følte seg både usikker og utilpass. I ungdommen hadde nok hans glade latter et ikke ubetydelig anstrøk av nervøsitet og kunne vitne om at den indre balansen ikke var så overbevisende.

Selv om han gikk til alle sine plikter med den selvfølgelighet som god oppdragelse og disiplin kan dressere en til, hadde han det ofte vanskelig i sitt møte med nye mennesker og andre miljøer. Men han nektet å la det bli til et problem. Han virket ukomplisert, ryddig og målbevisst fra det tidspunkt han fullt ut forsto hva han var eslet til. Det hjalp sikkert at han hadde en umåtelig stor respekt for sine foreldre. De var selvfølgelige autoriteter for ham – ikke bare som foreldre, men også i kraft av den omstendighet at de var respektive konge og dronning.

Han kunne ikke unngå å bli påvirket av den måten alle andre behandlet hans foreldre på. Han hadde mye lettere for å akseptere foreldreautoriteten enn sine klassekamerater og medstudenter. Det hans foreldre bestemte, lå fast. Da var det en fordel at han hadde den vidunderlige evnen til å avfinne seg med forholdene, og å være tilfreds med det han til enhver tid ble satt til. Da satte han igang for fullt, uten tanke på at det kanskje kunne være noe annet han heller ville bruke tiden til.

Det betød ikke at han hadde det lett med seg selv. Han hadde nok en urolig fornemmelse av at det fantes en annerledes virkelighet som det ikke var så lett å få øye på fra slottsbalkongen. Dette forholdet førte ifølge kong Olav selv til visse kontaktproblemer til et stykke ut i tyveårsalderen. Han var i og for seg lett å komme inn på, men var selv forsiktig med å nærme seg andre. Så enkel og liketil som han etter hvert ble, var han i yngre år preget av en viss dobbelthet uten at det utviklet seg til noe varig fenomen.

Kong Haakon var utvilsomt en dominerende farsfigur for den lille gutten. Det kan likevel ikke være tvil om at kong Olav ganske tidlig ble klar over at hans far var en meget forsiktig, nesten engstelig mann som ikke alltid var helt sikker på om han handlet rett. Kong Haakon var nemlig en mann med selvkritisk sans, som kjente sine begrensninger, men som samtidig var uhyre samvittighetsfull og pliktoppfyllende, en mann med æresfølelse, fedrelandssinn og gudsfrykt. Som til tross for sin medfødte beskjedenhet og ikke altfor store selvfølelse, viste seg å være en usedvanlig modig mann, som aldri vek tilbake for sin plikt. Mot er å handle, til tross for frykten; frykter man intet, kreves det lite mot. Det er all grunn til å betrakte hans handlemåte, dømmekraft og fasthet da mest det gjaldt – som enestående og særlig bemerkelsesverdig.

Den unge kronprins kom ganske tidlig til å forstå sin far svært godt. De betydde meget for hverandre. Det var ikke bare sønnen som støttet seg til ham. Det dreide seg også om en far som trengte støtte fra sin sønn. Det bidro utvilsomt til kong Olavs modningsprosess og følelse av medansvar.

For mange er ungdomstiden en vanskelig periode. Man skal velge for livet, i hvertfall når det gjelder utdannelse og yrke. Man er full av komplekser, anfektelser og tvil. Man stiller seg de store spørsmål om meningen med livet. Om kjærligheten, om helvete og himmel, om fortapelse og et evig liv. Det later til at kong Olav elegant gikk tvers igjennom disse så vanlige utbredte ungdomsproblemene. Han kom forbausende hel og harmonisk gjennom den vanskelige overgangen fra ungdom til voksen mann.

Som enebarn sto han selvfølgelig i en særstilling i forhold til hoffet og den øvrige omgang. Men det ville ha vært oppsiktsvekkende om han i det miljø han var omgitt av skulle falle på å sette spørsmålstegn ved Kongens autoritet eller å velge en annen vei på tvers av Kongens vilje.

Slikt var simpelthen ikke aktuelt. Det har sikkert gjort tilværelsen både bedre og betydelig mindre komplisert enn den ville vært dersom han var blitt oppdratt etter prinsippene om fri barneoppdragelse. Den fasthet og forutsigbarhet som preget hans liv i de første årene, var godt tilpasset hans natur og legning. Det kan likevel ikke være tvil om at hans barndom og tidligste ungdom ble sterkt preget av isolasjon og ensomhet til tross for kjærlige foreldre og omsorgsfulle barnepleiersker og lærere. Det er nesten som et paradoks at en liten gutt som til de grader befant seg på avstand fra vanlige mennesker senere i livet skulle makte å komme sitt folk nærmere enn noen annen konge vi kjenner – og dette greide han uten et øyeblikk å tre ut av rollen som konge og statsoverhode. Det var han nemlig hele tiden. Men barndommen hadde nok et anstrøk av kongelig isolat som det skal en robust mental helse til å komme igjennom uten å få merker av det.

Little Alexander.
Maud
Carl.
1903.

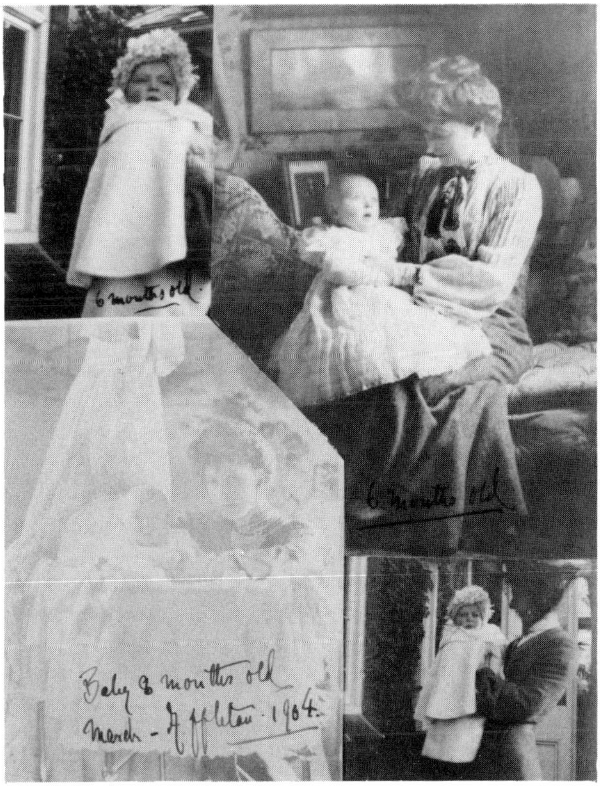

Der det hele startet: Appleton House ved Sandringham, Norfolk; eiendommen som Mauds foreldre, Edvard VII og dronning Alexandra av England skjenket henne til bryllupet med prins Carl av Danmark i 1896.
Til v.: Den 2. juli 1903 nedkom Maud med en sønn, som etter sine britiske og danske aner fikk navnet Alexander Edward Christian Frederik.
Til h.: En side fra et av dronning Mauds mange private fotoalbum. Prinsen er blitt åtte måneder gammel.

Til v.: Far og sønn i leiligheten i Bredgate, København, 1904.
Over: Våren 1905 var prins Carl og prinsesse Maud invitert på cruise i Middelhavet med den engelske kongefamiliens skip «Victoria & Albert», hvor lille prins Alexander ble bortskjemt med denne flotte lekebilen.
Til h.: Meny med karikaturtegning av prinsen.

Til v.: Fra Stiftsgården i Trondheim, 1906. *Over:* På armen til kommandørkaptein S. E. Petersen, som hadde ansvaret for kronprinsen under kroningsreisen. Bildet er tatt et sted i Gudbrandsdalen. *Under:* Følget har stoppet i Lillehammer, og kronprinsen er det selvfølgelige midtpunkt. Særlig damene til venstre ser henrykte ut.

Dronning Maud var en meget habil – og produktiv – amatørfotograf. Hun klebet selv inn store mengder bilder i omfangsrike album. Kronprins Olav var naturlig nok favorittmotivet.
Til v.: Her er han avbildet mens han leker gardist på Kongsseteren; *til h.:* lekselesende på Bygdøy Kongsgård; *under:* i skogen på Bygdøy og *under til h.:* på skøyter i Slottsparken.

Til v.: Kronprins Olav i stram givakt i midten, flankert av fetterne George, senere hertugen av Kent (til høyre), og John Alexander, som døde bare 14 år gammel. På Sandringham, 1908.
Under til v.: Sammen med mormoren, dronning Alexandra.
Til h.: Kronprins Olav 11 år gammel.
Under: Trolig fra et besøk på jubileumsutstillingen på Frogner, 1914. Om bord i karusellen er kong Haakon, kronprins Olav og N. R. Østgaard.

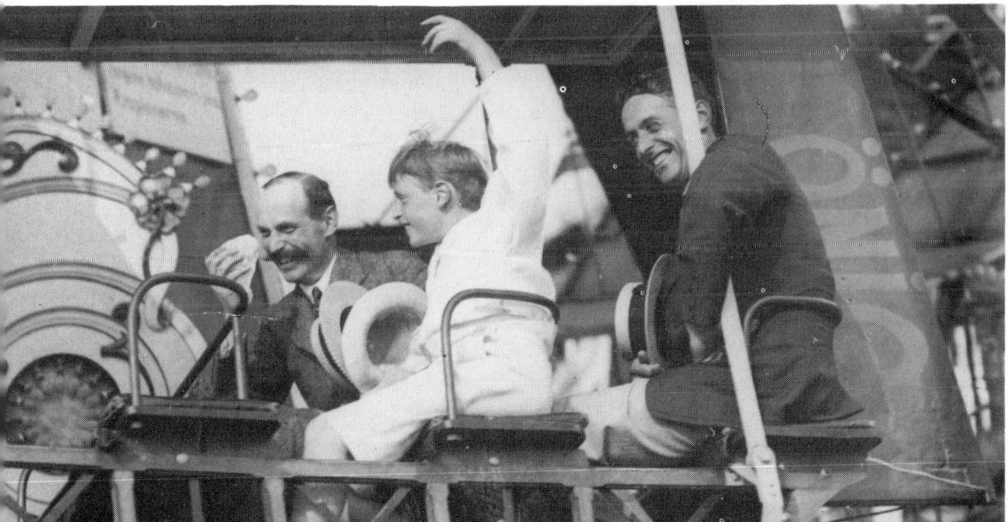

Over: Olav var ikke bare å se på ærestribunen. Her er han ute i løypa under Holmenkollrennene 1916, antagelig med N. R. Østgaard.
Til v.: I hagen på Bygdøy Kongsgaard. Portrett signert A. B. Wilse 1917.
Til h.: På besøk i England ca. 15 år gammel. Sandringham i bakgrunnen.

Båndene til den kongelige familie var sterke og nære fra barndommen av. Her promenerer han med tante Victoria, datter av Edvard VII og dronning Alexandra. «Toria» som hun ble kalt, hadde et særlig godt forhold til de unge i familien. Bildet er tatt ved Marlborough House desember 1918.

Øverst: Om bord i sin første seilbåt «Teddy» ved Oscarshall i Frognerkilen 1918. *Til v.:* Med prins Gustav av Danmark, kong Haakons bror, på Bygdøy mai 1919. *Til h.:* «Da kronprins Olav og jeg var klassekamerater paa Halling skole» har Per Aabel skrevet med blyant over dette portrettet, som han tegnet i 1918.

UT I VERDEN

«Ikke en eneste dag var bortkastet.
Vi lærte hele tiden.»

Soldaten

SKOLEGANGEN VED HALLING SKOLE BLE AVSLUTTET UMIDDELbart før St. Hans. Det gikk ikke mer enn drøye to uker før kronprins Olav i juli begynte på sin militære utdannelse ved Krigsskolen i Oslo. Han hadde altså ikke hatt mer enn fjorten dagers ferie etter endt skolegang før han måtte igang med neste fase av utdannelsen. Det plaget ham ikke det ringeste. Tvert om. Med utålmodig forventning hadde han sett frem til den dagen han endelig kunne starte det som han ville skulle være hans yrkesutdannelse.

Mange har undret seg over at kong Olav valgte Hæren fremfor Marinen. Det har sikkert sammenheng med at kong Haakon som ung utdannet seg til sjøoffiser og forøvrig tok sikte på en videre yrkeskarriere i Marinen. Det var jo ikke noe som lå i kortene at han senere skulle bli konge i Norge. Kronprinsens lidenskap for seiling talte jo også for at han skulle velge Sjøkrigsskolen.

Kongelige familier er alltid blitt oppfattet som å ha en særlig sans for kontinuitet og tradisjon. I mange dynastier har det vært et særkjenne at sønn følger i fars fotspor. Det kan på mange måter minne om arvelige rettigheter og arvede forpliktelser – et uttrykk for troskap mot slektleddene foran.

Men det var langt fra mangel på sans for tradisjon og kontinuitet som førte til at Hans Majestet valgte Hæren. Det var et bevisst selvstendig valg basert på et sterkt personlig ønske. Det var aldri på tale å velge noe annet. Det var heller ingen som foreslo eller antydet at Marinen hadde vært et mere naturlig valg. Kongen kunne forøvrig bidra med den overraskende opplysning at han hadde ualminnelig lett for å bli overstadig sjøsyk; riktignok ikke i åpen båt og under seilas. Da meldte sjøsyken seg aldri – men alltid ellers.

«Det er ingen tilfeldighet at Kongeskipet svært ofte lå fortøyet i smult vann og beskyttet mot høy sjø og vind. Jeg likte meg svært godt om bord så lenge det ikke bølget,» smålo Majesteten, vel vitende om at hans sjøsyke ikke var alminnelig kjent. Kong Olav nevnte også et annet forhold som uten videre utelukket Marinen. Det var nemlig slik at det krevdes 21 måneders fartstid for å bli opptatt ved Sjøkrigsskolen. En slik tjeneste var neppe forenlig med de krav som ble stillet til den unge kronprins som hadde foresatt seg å bruke de unge år til å skaffe seg en omfattende og allsidig utdannelse. Det var dessuten ikke mulig å være henimot to år til sjøs av hensyn til de forpliktelser og gjøremål som var en naturlig følge av den spesielle posisjon han befant seg i.

Men det som til syvende og sist var avgjørende, var at han selv ønsket å bli utdannet for Hæren.

Krigsskolen førte med seg en helt ny tilværelse som han følte seg umåtelig vel til rette med. Han startet på en målrettet utdannelse som han gjennom hele skoletiden hadde sett frem til å komme igang med. Det ble en givende tid med stort faglig utbytte. Ikke bare det. Det ble en krevende og utviklende periode som fikk betydning langt utover det selve studietiden førte med seg. Krigsskoleårene bidro til å utvikle den kongepersonlighet vi senere skulle lære å kjenne.

En ny og utvidet krets av kamerater, nye lærere, en ny rytme, en annen livsform. Virkeligheten fikk en ny dimensjon. Her kom hans evne til å ta tingene som de kom, godt med. Riktignok var det tre av hans klassekamerater fra Halling som begynte samtidig med ham, men ellers var personkretsen ny.

Det er sjelden de tanker man gjør seg på forhånd om hvordan skolegang og studier vil arte seg blir bekreftet. Virkeligheten er nesten alltid helt annerledes. Kong Olav fikk også erfare at Krigsskolen på mange måter var annerledes enn han hadde tenkt seg, både på godt og ondt, uten at han i ettertid fant grunnlag for noen form for kritikk eller gjorde noe nummer av ting han kunne ha ønsket seg annerledes.

«Krigsskolen var mitt eget valg – det var dit jeg ville,» kom det med ettertrykk.

Det lot til at familien og myndighetene var vel fornøyd med det.

Kongen husket at det i avisene den gang fra enkelte hold kom til uttrykk et ønske om at han skulle studere teologi siden Kongen ifølge Grunnloven også skulle være overhode for kirken. «Det teologiske studium tror jeg ikke ville passet så godt for meg,» sa Kongen. Men han fortalte at han hadde hatt stor glede av å lese i Bibelen. Der hadde han funnet mye klokt og samtidig både god moral, fine formuleringer og litterære perler.

«Det går jo an å lese Bibelen, uten å være teolog,» sa Kongen, «den er heldigvis til disposisjon for alle. Og jeg har alltid vært opptatt av kirken og kristendommen.» Men det var offiser, ikke prest han ville bli.

Nye klassekamerater

Tiden på Krigsskolen ble innledet med alminnelig rekruttskole som fant sted i Stavern. Den varte i 60 dager. Han kom dit i midten av juli og opplevde en fin sensommer og høst i den idylliske og tradisjonsrike garnisonsbyen, som den gang Olav kom dit, fortsatt het Fredriksvern. Det var en by rik på historiske minner og gamle, ærverdige bygninger fra den tid byen tjente som orlogsstasjon. Stedet er nevnt i litteraturen allerede på 1600-tallet – da Ulrich Frederik Gyldenløve bygde befestningen på Citadelløya.

Det var på alle måter omgivelser som passet Olav godt. En

gammel marineby, full av historiske tradisjoner, appellerte til den unge aspiranten og inspirerte til ekstra innsats.

Rekruttutdannelsen ble avsluttet med deltakelse på skyteskolen på Terningmoen ved Elverum. Aspirantene deltok deretter i Krigsskolens marsj tilbake til Kristiania som vår hovedstad den gangen het. Det var strevsomme, men også lange, glade dager etter Kronprinsens hjerte, på vandring gjennom de frodige Romeriksbygdene.

Under den siste bivuakken kom selveste dronning Maud på besøk for å hilse på sin sønn. Da hun spurte etter Kronprinsen, materialiserte det seg en uflidd soldat i islender som det lyste velvære av, en ung mann som stortrivdes i det fellesskapet han var blitt en del av. Dronningen syntes kanskje at hans rufsede apparisjon var litt vel meget av det gode, men kunne ikke annet enn å glede seg over sin sønns lykkelige tilfredshet. Han hadde fått det som han ville og godt var det.

Kongen hadde vært svært spent da han for første gang skulle møte sine nye klassekamerater. Det begynte et meget stort antall elever samtidig i nedre avdeling, henimot 100 mann. Han kjente bare noen få på forhånd. Han var riktignok forhåndsorientert om lærerstaben. Den bestod naturlig nok av offiserer. Noen av dem hadde han så vidt støtt på tidligere. De fleste elevene kom direkte fra årets artiumskull, noen få var litt eldre.

Så relativt liten andel av ungdommen som tok artium i 1921, lot det seg ikke nekte at rekrutteringen ble beheftet med sosiale skjevheter. Det var ytterst få, om noen i det hele tatt, som kom fra arbeider-, bonde- eller håndverksmiljø. Den skjevheten ble Olav tidlig klar over. De unge menn som tok høyere utdannelse i den tiden, hadde en sterk tendens til å velge samme vei som sine fedre. Derfor var det ikke så merkelig at dette også gjorde seg gjeldende ved Krigsskolen. Ved en så tradisjonsrik institusjon, var det i grunnen ikke annet å vente. Der slo tilbøyeligheten til å følge i sine fedres fotspor enda sterkere ut. «Nå eksisterer det i hvert fall ikke noen klasseskiller eller påviselige sosiale forskjeller,» konstaterte Majesteten med tilfredshet.

Som de andre kadettene fikk Kronprinsen 90 kroner måneden i lønn. Den skulle gå til å dekke løpende utgifter, bl.a. kjøp av uniformer. Det var ingen som kunne greie seg med mindre enn 3-4 sett, husket kong Olav. Man skulle ha arbeidsuniform, gallauniform, skoleuniform og feltutstyr. «Vi møtte i uniform hver dag. Slik var jeg også kledd når jeg var hjemme.» Kongen fortalte at han ikke hadde sivile klær på seg noen gang i løpet av de tre årene han gikk på Krigsskolen. Noen mente det var en urimelig påkjenning å gå i de samme klærne i så lang tid.

«Det gjorde ikke meg det spor,» sa kong Olav. «Jeg trivdes i uniform. Slik gikk jeg kledd i tilsammen 8 år. Tre år på skolen og fem år under krigen. Da behøvde jeg ikke tenke på hverken hva slags slips eller hva slags skjorte jeg skulle ha på meg. Det eneste jeg bryr meg om når det gjelder klær er at de er rene og at jeg er korrekt antrukket.»

Våpen og ryggsekk ble utlevert. Standard utstyr var et vanlig Krag-Jørgensen gevær som de måtte passe godt på.

De kadettene som bodde i Kristiania eller i den nærmeste omegn bodde hjemme i de tre årene skoletiden varte. De som kom utenbys fra måtte skaffe seg hybel, eller bo hos slektninger eller familiens venner. Det var ikke alltid like lett, kunne kong Olav fortelle.

«Det var aldri noe problem med permisjoner. Etter endt skoletid kunne vi alle gå hjem, dit vi bodde. I week-endene gjorde vi som vi ville. De varte riktignok bare fra endt skoletid lørdag til man måtte møte opp mandag morgen. Men for oss som bodde hjemme, ble det god anledning til å være sammen med familien og eventuelle venner.»

Forlovet bort

Det ble ikke så mye selskapelighet og sosialt samvær i den tiden Olav gikk på Krigsskolen. Det naturlige høydepunktet var det årlige kadettball.

«Da fikk jeg problemer,» fortalte kong Olav. «Man var jo nødt til å invitere med seg en dame, og det var slett ikke så enkelt for meg. Bare jeg viste meg sammen med en av det annet kjønn, ble jeg straks forlovet bort. I hvert fall var det noe på gang, kunne jeg lese i avisene. De norske avisene kunne enda gå an, men de svenske var helt håpløse.»

Det var naturlig nok forskjellige damer han valgte å be med seg. Han hadde ikke vanskelig for å forestille seg hva som ville bli skrevet dersom han viste seg offentlig med samme dame mer enn en gang. «Noe stort problem ble det ikke. Det hadde vært verre hvis jeg hadde vært personlig interessert i noen av dem som ble med meg. Allerede da var jeg mer opptatt av en jeg ikke kunne ta med meg,» sa kong Olav.

Selv om det ikke utspant seg et altfor spennende og nært sosialt samvær i krigsskoletiden, valgte man en uhøytidelig og direkte tiltaleform. Olavs medstudenter og lærere tiltalte ham i du-form. Lærerne brukte ellers stort sett etternavn når de henvendte seg til kadettene. Det var jo ikke så lett i det foreliggende tilfelle. Derfor ble Olav rett og slett kalt Kronprins. De andre kadettene brukte fornavn.

Krigsskolen var en krevende utdannelse. Men måtte arbeide hardt for å komme igjennom med brukbare resultater. Derfor var det ikke mye Olav og hans kullkamerater fikk tid til i tillegg i skolen.

Den eneste store avvekslingen i løpet av det første kadettåret var vinterøvelsene på Heistadmoen i nærheten av Kongsberg. Da fikk Kronprinsen god bruk for sine ferdigheter på ski. Manøvren ble avsluttet med marsj på ski over Eikern til Drammen, med to overnattinger underveis. Det hadde vært bitende kaldt, i nærheten av 30 kuldegrader på det laveste. Men til tross for strabasene og en del forfrysninger, syntes Kongen det hadde vært en strålende tur som han så tilbake på med glede.

Da kullet vel var ferdige med det første året, gikk turen tilbake til Fredriksvern på forsommeren 1922 for et flere måneders langt opphold som de alle sammen nøt i fulle drag. Også i annet skoleår var det vinterøvelser på Terningmoen med lange, avsluttende marsjer.

I skoleåret 1923-24 befant Kronprinsen seg i 3. klasse. Da ble han utnevnt til den fremskutte og overordnede posisjon som kullets kommandersersjant. Ordningen med kommandersersjant ble senere avskaffet.

De som hadde kommet så langt som til krigsskolens øverste klasse ble automatisk befalingsmenn og gjorde sitt beste for å avtvinge frykt og respekt blant de yngre kadettene som de følte en viss glede ved å behandle overlegent og iskaldt. Kadett-sersjantene tok oppgaven som foresatte for de øvrige kadetter med stort og begjærlig alvor.

Det var ikke helt fritt for at de nyutnevnte sersjantene bruste aldri så lite ekstra med fjærene der de spankulerte med sabel og nylig ervervede epåletter.

De eldste, som befant seg i det tredje året, hadde egne rom. Kommandersersjanten hadde sitt rom i den ene enden av brakken, de fire andre eldste sersjantene hadde rom i den andre enden. Disse var alle sammen valgt innen kullet og plukket ut etter dyktighet og kompetanse. Det var forøvrig hard konkurranse kadettene imellom. Noe særlig privatliv ble det hverken tid eller anledning til under slike forhold. Man var i hard fysisk trening inntil 8 timer om dagen.

Så lenge de tre årene varte, gikk det mer eller mindre i ett, bare avbrutt av 14 dagers ferie i september hvert år.

De daglige rutinene var greie, fortalte kong Olav. Det var oppstilling kl. 07.45, deretter vanlig skolegang fra kl. 08.00 til kl. 14.00, bare oppdelt av vanlige frikvarter. Gymnastikktime hadde de hver dag, samt en del timer i fekting.

Noen særlig skytetrening ble det ikke anledning til, alt for lite etter kong Olavs mening. «Ikke fikk jeg skyttermerket heller,» kunne han fortelle. Idrettsmerket derimot hadde overhodet ikke bydd på problemer.

En rik og krevende tid

Krigsskolen ble en rik og krevende tid for Kronprinsen. Der fikk han venner for livet. Kong Olav var fullt oppmerksom på at det hadde reist seg kritiske røster mot at en så stor del av hans omgang var offiserer. Han var imidlertid en mann som var uhyre trofast mot sine venner. De ville han ikke frivillig gi slipp på. Det var knapt noe Hans Majestet satte høyere enn det trofaste livslange vennskap. Han var villig til å ofre seg helt ut for kongegjerningen, men forbeholdt seg retten til samtidig å være menneske.

Denne kritikken forstummet etterhvert. Kong Olavs interesse for kulturlivet og de skjønne kunster, var velkjent. Han var levende opptatt av utdannelse og forskning. Idretten omfattet han med kjærlighet. Han møtte alle overalt. Den omstendighet at han var til stede på hvert eneste møte i Militære Samfund så sant han kunne, kom aldri i stedet for hans nærvær andre steder, men i tillegg.

Kong Olav mintes krigsskoletiden med glede og takknemlighet. Han mente samtlige lærere hadde vært meget dyktige offiserer selv om ikke alle var like gode pedagoger. Noen spesiell ville han ikke fremheve. Det var han alltid ytterst tilbakeholden med. Det var likevel en mann han ville nevne, den senere general Arne Dahl.

«Han var løytnant og sjef for aspirantavdelingen i de årene jeg var der. Det er han som har betydd mest for min militære utvikling. Det var en offiser jeg satte høyt. Han er også borte nå,» sa kong Olav som hadde sett den ene etter den andre av sine offiserskamerater falle fra.

De ikke-militære fagene kronprins Olav likte best var matematikk og mekanikk.

«Vi hadde jo også franskundervisning. Der gjorde jeg det dårlig. Det fremkommer også med all tydelighet av karakterkortet mitt,» humret kong Olav.

Da jeg sa at jeg hadde hørt ham snakke fransk flere ganger uten at det lot til å være ham til besvær, bare lo han. «Ja, jeg hører noen sier at jeg taler fransk, men det er jeg langtfra sikker på at jeg gjør. Jeg leste fransk i mange år med særdeles dårlig utbytte. Hvis De, herr President, mener å ha hørt meg tale fransk, må det bety at heller ikke De behersker språket,» sa han. Det hadde han helt rett i.

Når det gjaldt undervisningen på Krigsskolen la kong Olav først og fremst vekt på de militære fag. De rent soldatmessige ferdigheter mente han også var viktige. Det ble holdt regelmessige prøver. Konkurransen mellom kadettene var stor fra første dag. Det var spenning knyttet til både prøver, tentamener og eksamener. Ved avslutningen av det tredje året, skulle man opp i alle fag, og dem var det mange av.

Kong Olav var ikke i tvil om at Krigsskolen og det han lærte mens han gikk der, hadde kommet ham til nytte fra første dag som konge. Der lærte han betydningen av å være pliktoppfyllende og pålitelig.

«Ikke en eneste dag var bortkastet. Vi lærte hele tiden. Det skulle vise seg at min militære utdannelse kom godt med,» la han til.

Krigshistorie var blant de fagene han følte seg sterkest tiltrukket av. Men han var misfornøyd med at så mange av de felttog de gjennomgikk helt fra 1600-tallet, var så kjedsommelig like. Da han snakket om det, var han fortsatt irritert over hvordan det hadde vært for nærmere 70 år siden på Krigsskolen.

«Alt foregikk langs svenskegrensen, de samme dalene, de samme åsene, elvene, broene og gårdene. Det ble det samme om igjen og om igjen. Der lå de samme avdelingene på de samme stedene hver gang vi hadde en manøver. Hvem i all verden kunne tenke seg at vi i vår tid skulle gå til krig mot Sverige? Manøvrene var det lite fantasi over,» sukket kong Olav som nesten aldri ellers ga uttrykk for den minste kritikk. Men dette engasjerte ham.

«Man hadde ikke den nødvendige sans for mobilitet. Selv om man skulle gå til fots, var det jo mulig å flytte seg. Da krigen kom, var det jo ikke mangel på kjøretøyer,» påpekte han. «Da brukte man sin rett til å rekvirere. Det var ikke biler, men gode nok veier som var problemet under felttoget i Gudbrandsdalen.»

Det var ikke bare den faglige lærdommen kong Olav hadde hatt utbytte av. På Krigsskolen hadde han, slik han selv uttrykte det, fått «kraftige doser» om betydningen av militær tjenesteplikt og viktigheten av lojalitet og lydighet. «Det var i det militære jeg fikk sansen for presisjon. Der lærte jeg klokken om igjen på en helt ny måte. Det er intet som gjør meg mer opprørt og irritert enn upresise mennesker. Da har jeg vanskelig for å temme mitt temperament,» medga han. Det har i parentes bemerket alle de fått føle som på en eller annen måte har bidratt til forsinkelser eller uregelmessigheter.

Krigsskolen var hardt arbeid hele tiden. Det var noe Olav hadde anlegg for og trivdes med. Han var fast overbevist om at gode arbeidsvaner og utholdenhet er like viktige egenskaper som gode evner og særlige anlegg. Kombinasjonen av gode evner og arbeidsinnsats ga i dette tilfelle utmerkede eksamensresultater.

Kronprins Olav fikk 1,67 i hovedkarakter og ble nummer fire av sitt kull. Han fikk ingenting gratis. Det var nemlig anonym bedømmelse av alle de ca. 15 skriftlige eksamener han måtte igjennom.

Det viktigste av alt på karakterkortet var en disiplin som ble kalt «Militært forhold». Karakteren man fikk, baserte seg på en vurdering av elevens militære ferdigheter og oppførsel under alle forhold.

I dette faget fikk Kronprinsen den uhyre sjeldent oppnåelige rene ener, som sto der og lyste på karakterkortet til hans store glede. Han hadde satset så hardt, særlig på de militære fag. Nå kom belønningen.

Årene ved Krigsskolen hadde vært rike og gode år. De skulle vise seg å komme bedre til nytte enn noen kunne ane.

Studenten

I OKTOBER 1924 DRO KRONPRINS OLAV TIL ENGLAND FOR Å INNlede to års studieopphold ved Balliol College, universitetet i Oxford. At Kronprinsen skulle studere ved dette universitetet hadde vært planlagt gjennom flere år. Alt i 1920, året før Kronprinsen tok artium, hadde skolebestyrer Halling rettet en underhåndsforespørsel til Balliol College om to elever ved Hallings skole kunne bli opptatt der. Den ene var kronprins Olav.

Det var slett ikke uvanlig at norske studenter dro utenlands for å studere i 1920-årene. Men det var den gang ganske uvanlig at norske studenter dro til britiske universiteter, bortsett fra de som skulle lære om skipsbygging. De fleste reiste til Tyskland. Og slik var det lenge. For Kronprinsen ville det ha vært helt utenkelig å reise til Tyskland for å studere, så kort tid etter første verdenskrig. Verdenskrigen hadde knyttet sterke bånd mellom Norge og Storbritannia, og skipsfartslandet Norge hadde gjennom mange tiår vært tett knyttet til England som den ledende shippingnasjon. (Den andre av Hallings elever som reiste til Oxford var typisk nok skipsredersønn.) Valget av et britisk universitet var derfor både betinget av politiske forhold, og selvfølgelig ut fra kongefamiliens nære tilknytning til Storbritannia.

Det var kong Haakon som hadde bedt Sigurd Halling å finne et velegnet college i England hvor Olav kunne studere. Slik de eldste engelske universitetene i Oxford og Cambridge er organisert, må studentene søke om å bli opptatt ved ett av de forskjellige collegene som til sammen utgjør universitetet. Colleget var fra gammelt av et tett fellesskap av studenter og lærere, hvor man bodde, arbeidet og spiste sammen. Fellesskapet omfattet også fritidsaktiviteter, særlig idrett, hvor de engelske universitetene har lange tradisjoner. Colleget var rammen om studentenes faglige og sosiale liv gjennom studietiden, og i college-kameratene fikk studentene sin krets av venner og forbindelser for resten av livet. Colleget gav en tilhørighet og en identitet som varte livet ut. Å velge sitt college var derfor – og er den dag i dag – et viktig valg for en engelsk student, og det var ikke mindre viktig for Norges kronprins.

De forskjellige colleger har sine egne tradisjoner og særlige ting de er kjent for. Balliol, grunnlagt i 1263, er det nest eldste college i Oxford. Halling hadde sterke grunner til å velge Balliol som studiested for Kronprinsen: «Et college med større tradisjoner og ærerikere historie finnes ikke,» skrev Halling noen år senere. Det var kjent som «de gode hoders college», med strenge faglige krav både til studenter og lærere. Dessuten hadde det ord på seg for å være det mest demokratiske: «Dets demokratiske tradisjoner fra gammel tid er uavkortet overholdt. Hit til dette lærdomssetets open scholarships (stipendier) søkte studenter hvis eneste arv var glimrende evner og skarp forstand. Dets utstyr er spartansk. All luksus er bannlyst som den åndelige sundhets verste fiende . . . Her er enhver student god nok i sig selv.»

Slike overveielser lå bak Hallings valg av Balliol. Collegets rektor svarte på Hallings henvendelse på en måte som bare kan ha bestyrket ham i valget: Colleget ville se det som en ære å hjelpe til med å utdanne en mann som skulle få et så stort ansvar for et helt folk, men forutsetningen måtte være at Kronprinsen kunne oppfylle de strenge faglige krav til opptak som gjaldt for alle studenter ved colleget, uansett bakgrunn. En annen forutsetning var at Kronprinsen ville ønske å delta i collegets virksomhet på like fot med de andre studentene. De faglige kravene var ingen hindring for Kronprinsen. Colleget kom heller ikke til å kreve noen formell opptaksprøve. Da Kronprinsen først tok en god artium og deretter fikk en utmerket eksamen ved Krigsskolen, mente Balliol College at dette var tilstrekkelig dokumentasjon for at opptakskravene var oppfylt. Det andre kravet, at prinsen skulle dele kår med enhver annen student, var helt i tråd med hva både Sigurd Halling og Kronprinsen selv ønsket.

Studentene måtte arbeide

Kronprinsens engelske familie hadde andre meninger om hvilket college som var passende for en tronarving. Noen år tidligere hadde Kronprinsens fetter, Prinsen av Wales (den senere kong Edvard VIII), studert ved universitetet i Oxford. Det var ellers litt uvanlig i den engelske kongefamilien; den hadde stort sett sendt sine sønner til det andre av Englands berømte, eldste universiteter: Universitetet i Cambridge. Der hadde Kronprinsens to andre fettere tilbragt en tid. Prinsen av Wales hadde meninger om hvor hans norske fetter burde tilbringe studietiden. Ved juletider 1923 tok han saken opp med kong Haakon og dronning Maud. Heller enn å dra til Balliol, burde Kronprinsen velge Magdalen College, hvor Prinsen av Wales selv hadde studert. Magdalen var også et av de eldste colleger i Oxford, og uten tvil fullt verdig til å motta en tronaving, britisk eller norsk. Men kong Haakon holdt på Balliol. Det han oppgav som grunn for dette, sier adskillig om hvilke tanker han hadde om sin sønns utdannelse: For det første var Balliol anbefalt av Halling – som kong Haakon hadde full tillit til. For det annet, skrev Kongen, var Balliol kjent som et college hvor studentene måtte arbeide, og slik Kongen så det, måtte det «være en klar forutsetning at når Prinsen blir sendt til et engelsk universitet, er det for å arbeide».

Våren 1924 inntraff en begivenhet ved Balliol College som kunne ha snudd opp ned på planene. Det skulle velges ny rektor ved Balliol, og den som ble valgt var filosofiprofessoren Alexander Dunlop Lindsay. Det var et kontroversielt valg. Lindsay hadde riktignok mange år bak seg som respektert lærer ved Balliol, men han var kjent som en politisk radikaler og var medlem av det britiske arbeiderpartiet. En sosialist som Master ved ett av Englands eldste college, ved universitetet i Oxford, en av de mest tradisjonsbundne institusjoner i landet. Det var en sensasjon. Var det tilrådelig å utsette kronprins Olav for en slik påvirkning? Kong Haakon tok det med fatning, selv om han var litt bekymret for at «gutten kanskje fikk sosialistiske ideer der». Men Kongen undersøke saken og kom til at den nye Master ikke hadde for vane å presse sine egne oppfatninger på studentene. Det var derfor ingen grunn til å endre planene om å sende Kronprinsen til Balliol.

11. oktober 1924 kom kronprins Olav til Oxford, uten adjutant eller annet følge hjemmefra. Fra London hadde han følge med Henry Peter Hansell, som han kjente fra barndomsbesøkene i England, dengang Hansell var huslærer for Kronprinsens engelske fettere. Hansell var selv gammel Oxford-student og hadde vært privatlærer («tutor») for Prinsen av Wales da han studerte i Oxford. Det var mye hans fortjeneste at Prinsen hadde valgt Oxford, og kong Olav mente at Hansells råd nok hadde veiet også for at Oxford ble hans universitet. Hansell hadde påtatt seg å hjelpe Kronprinsen med å finne seg til rette der. Ved Balliol ble Kronprinsen og Hansell tatt imot av den nye rektor og noen av lærerne, men uten noen form for seremoni. Så ble Kronprinsen forestilt for «the Head Porter». «Det er den viktigste person i Oxford,» sa kong Olav med et smil. «Takler man ham fornuftig, kan man få et meget godt oppholdt.» Head Porter betyr direkte oversatt sjefsportvakt. Det var han som sørget for innkvartering og hadde ansvaret for ro og orden på collegets område – og det var han som våket over hvem som gikk ut og inn av porten. I første omgang sørget han for at Kronprinsen fikk flyttet sakene sine inn i de to værelsene han skulle bo på i

colleget. Så stilte Kronprinsen seg opp for pressefotografene som var møtt frem, i studentuniform – «cap and gown» – den korte, sorte kappen og den karakteristiske firkantede, flate hatten, som alltid bæres i hånden og aldri på hodet. Deretter gikk Kronprinsen i følge med Hansell en første spasertur for å bli kjent med Oxford. Kronprinsen hadde selv ønsket å bli mottatt som enhver annen student, og slik ble det. Hansell dro tilbake til London etter få dager, og Kronprinsens liv ble heretter en ordinær studenttilværelse på linje med livet til de drøyt 240 andre studentene ved Balliol College. «Jeg kjente jo ingen på forhånd,» sa Kongen. «Og det tok tid å bli ordentlig kjent. Men det gikk greit.»

Den fagkretsen som kronprins Olav hadde valgt, var sosialøkonomi, statsrett og nyere politisk historie. Studiene gikk ikke inn i en vanlig embetseksamen – en bachelor's degree som normalt tar tre år. Det studiet Kronprinsen påbegynte, skulle lede frem til et «Diploma in Economics and Political Science». Det var nærmest et påbygningsstudium som var friere lagt opp enn et vanlig embetsstudium. Emnene hadde Kronprinsen valgt selv. Diplomstudiet krevde to års arbeide, og det ble avsluttet med en grundig eksamen.

Det hadde som sagt vært forutsetningen at Kronprinsen skulle arbeide seriøst ved colleget, og slik ble det. Balliol var kjent som et college hvor lærerstaben tok undervisningen ytterst alvorlig, og det ble krevet at studentene fulgte med. Undervisningsformen var lagt opp etter det engelske mønsteret med «tutorials», det vil si at studentene skrev oppgaver over oppgitte temaer fra pensum, som så ble gjennomgått med faglæreren, «tutor». Oppgavene ble kritisert, og «tutor» anbefalte videre lesning. Slike «tutorials» var det hver uke. Som regel var Kronprinsen alene med sine lærere, men noen ganger kunne det være noen få studenter sammen i en gruppe, sjelden mer enn tre. Gruppene var forskjellige etter hvilke temaer som ble tatt opp. Det var ikke faste klasser eller grupper. På denne måten ble det en svært individuell form for undervisning, med personlig oppfølgning av hver enkelt. Det var lett å avsløre dem som sluntret unna. Det førte til en stram disiplin og respekt for arbeide.

En radikaler som rektor

Lindsay engasjerte seg som rektor ved Balliol også sterkt i selve undervisningen, både ved store fellesforelesninger og som «tutor». Kronprinsen hadde faste ukentlige «tutorials» med ham. For Lindsay var filosofien knyttet nært sammen med statsrett og historie. Gjennom ham fikk Kronprinsen en grundig innføring i engelsk statsskikk og politisk tenkning. Perioden som ble dekket var fra slutten av 1600-tallet, fra begynnelsen av det moderne britiske parlamentariske demokrati.

«Lindsay var en meget begavet og en meget betydelig akademiker,» fortalte kong Olav. Det finnes mange utsagn om det inntrykket hans forelesninger gjorde på de unge studentene på tilhørerbenkene. I Balliols og Oxford-universitetets historie er han en ruvende skikkelse. Da Lindsay og Kronprinsen møttes i 1924, var de begge i sitt første semester – Lindsay som rektor og Kronprinsen som student. Lindsay var en mann på 45 år, ungdommelig og atletisk å se til, til forskjell fra andre av collegets lærere som i det ytre bar preg av lærdom og stillesittende studier. På mange måter var Lindsay en fremmed fugl i den gamle Oxford-kulturen som Balliol var en del av. Han var skotte og en religiøs puritaner med en fast personlig kristentro. Det hendte han selv holdt preken på søndag i Balliol-kapellet.

Det har vært sagt om Lindsay at han aldri følte seg helt hjemme i Oxford, selv om han senere ble valgt til rektor («vicechancellor») for hele universitetet og forble der til pensjonsalderen. I hvert fall hadde han hele livet gjennom et sterkt engasjement for en radikal endring av det engelske undervisningsvesenet bort fra det tradisjonelle sterkt klassedelte systemet, hvor rikmannssønner fra de dyreste kostskolene fylte opp plassene ved de fremste collegene. Lindsay var tidlig med i opplegg for voksenopplæring av folk som ikke hadde fått anledning til universitetsutdannelse som unge, og han engasjerte seg i fjernundervisning hvor Oxford-universitetet stilte sine ressurser til disposisjon for studenter som ikke hadde mulighet til å komme til universitetet. Etter pensjonsalderen ble Lindsay overtalt til å bli leder av et helt nytt universitet i Nord-Englands industristrøk, og her var han med på å bygge opp et miljø preget av den sans for likeverd og alle menneskers like rettigheter som betød meget for ham.

Lindsay ble en foregangsmann for å åpne Oxford for studenter fra annen bakgrunn enn overklassen og pengemakten, og han hadde uttalt forakt for den nokså arrogante oppførselen som rikmannssønnene kunne tillate seg i universitetsmiljøet.

Men allerede før Lindsays tid var Balliol et college som fikk mange studenter uten overklassebakgrunn. «Balliol var ganske demokratisk. Det var få meget rike mennesker der,» fortalte kong Olav fra sin tid. Begavede studenter uten midler kunne søke stipendier, som ble delt ut etter faglige kvalifikasjoner. Stipendiene var ganske små, akkurat til dekning av de nødvendige oppholdsutgiftene, så mange av Kronprinsens medstudenter førte en nokså smalhans-tilværelse i studietiden. Mange utlendinger – fra Amerika og fra det dengang fortsatt så store britiske imperium – søkte seg til Balliol. Det fantes egne stipendier som studenter fra imperiet kunne søke på. Det gav Balliol en kosmopolitisk atmosfære, hvor det ble lagt vekt på å behandle alle likt.

«Vaskevandsstellet er likefrem tarvelig»

Utenpå Kronprinsens dør sto det «Crown Prince of Norway», men ellers var det ikke noe ved hans værelser som skilte seg fra en vanlig students. Kronprinsen hadde en leilighet med to små rom, soveværelse og kombinert arbeidsværelse og dagligstue. Eget bad hørte ikke med. Det var felles baderom i gangen. Møbleringen i rommene var enkel – «med en spartansk tarvelighet, som man kun skulde tro forenlig med studenterhybler i en hovedstads bakgater», rapporterte Morgenbladets utsendte medarbeider, som hadde tatt værelsene i øyesyn før Kronprinsen flyttet inn. – På soveværelset var det en jernseng, vaskestell, speil og en kommode. «Vaskevandsstellet er likefrem tarvelig,» mente Morgenbladets medarbeider, for ikke å nevne «en kommode, som en moderne tjenestepike vilde protestere mot». Oppholdsrommet var noe bedre utstyrt, med sofa og lenestoler foran kaminen, i tillegg til skrivebordet. «Ja, og så var det bokhylle. Og et stort skap – som man kunne ha flasker i,» la Kongen selv til. Det var ikke noen luksuriøs leilighet, og slik var det heller ikke meningen at det skulle være. Men med kronprins Olavs erfaring fra norske militærbrakker var det ikke vanskelig å finne seg til rette.

I disse rommene innrettet Kronprinsen seg etter sitt eget hjerte, og det var lett å se hvilken retning det trakk i. Dikteren Nordahl Grieg var på besøk i 1925 for å skrive reportasje i en Oslo-avis og beskrev det slik: «Hans rum er præget av Norge i forunderlig grad; overalt paa væggene hænger der billeder av norsk vinter, av norske skoger og tjern og fjeld, næsten hver ting i værelset bærer bud om Norge og kjærlighet til Norge. Et amatørfotografi over et av bordene forestiller kadetkompaniet paa marsj nedover Karl Johan, kadet nr. 1 og kameratene . . .»

Det var forresten ikke *bare* Norge det var minner fra i rommet. Så man bedre etter, var det på skrivebordet et fotografi av to unge piker. «Hvem det er? Det er to kusiner,» skal Kronprinsen ha sagt når noen spurte. Bildet forestilte de svenske prinsessene Astrid og Märtha.

Kronprinsens dag i Balliol fulgte et fast skjema. Klokken syv ble studentene vekket, og klokken åtte var frokosten satt frem på buffeten i spisesalen. Alle måltider var felles ved colleget

– både studenter og lærere deltok. Lærerne hadde faste plasser, mens studentene slo seg ned sammen med hvem de ville. Det var strengt med frokosttiden. «De stengte døren klokken ti. De som ble i sengen for lenge, fikk ikke frokost. Det ble ført inn i en bok, så det var greit nok. Vi betalte jo for hvert måltid. Det satt en mann og sjekket om vi kom eller ikke. Han satte sin ære i at han aldri spurte noe mer enn en gang hva de het,» fortalte kong Olav.

Men allerede før frokost var det stor aktivitet ved Balliol. Nordahl Grieg har beskrevet hvordan morgenstillheten i den gamle byen plutselig ble brutt av «et lite regiment av unge mænd med nakne ben og roerbukser og skjerf rundt halsen. I rasende fart lægger de ivei opover mot parkene . . . Det er roerne fra de forskjellige colleges som er ute paa morgentur. They are doing the parks, som det heter i Oxford.» Blant disse unge menn var kronprins Olav, deltager på Balliols annet åtterlag. Treningen startet tidlig, og den ble fulgt opp med en solid frokost. Roerne fikk sin egen «rowing breakfast», – havregrøt, egg og bacon eller fisk, med te og melk til. «De blir formelig stappet med mat, med fisk og frukt og egg, til de vakler fra bordet, fuldproppede som Strassburgergjæss,» skriver Nordahl Grieg. «End ikke den cigaret som gjør øieblikket efter frokost værd at leve, blir dem forundt.» Kongen bekreftet dette i våre samtaler: «Jeg røkte ikke de siste tre ukene før regattaene. Og da fikk vi også dobbelt så stor frokost.»

Etter frokost begynte arbeidet ved colleget – lesing og skriving og møtene med tutor. Det hendte forresten at slike møter var tidligere. «Jeg hadde et semester hvor jeg hadde en tutor som jeg møtte klokken syv om morgenen,» fortalte Kongen. «Det var meget viktig, for han var helt eksepsjonell. En lærd mann vi lærte mye av.» Det intellektuelle arbeidet fortsatte til lunsj, da man igjen samlet seg i spisesalen. «Det var alltid noe varmt, kanskje en tallerken suppe. Men ellers var det koldt kjøtt, som engelskmennene har slik forkjærlighet for. Hva man skulle drikke til, var ganske åpent. Øl var det alminneligste, som i England for øvrig. Høy og lav, alle drakk øl. Så kunne vi kjøpe kaffe. Røke fikk vi ikke lov til i spisesalen, ikke før etter middag.»

Roing og andre idretter

Etter lunsj var det slutt på arbeidsdagen: «Etter lunsjen skulle vi hvile litt, og jeg tror ikke det var noen som arbeidet etter kl. 13.00. Så måtte man skaffe seg noe å gjøre. De fleste drev en eller annen form for idrett. Jeg rodde, og det gjorde jeg hver dag.» Rosporten har en helt særegen tradisjon ved de engelske universitetene, med den mer enn hundreårgamle regattaen mellom Oxford og Cambridge som høydepunktet. Til denne regattaen blir det tatt ut spesielle lag som trenet for seg selv. Ellers kunne man melde seg som roer ved sitt college, som Kronprinsen gjorde. «Rosporten krever mye. Den krever masse tid og masse krefter, men mest tid, i grunnen,» fortalte Kongen. Derfor ble det et ganske intenst treningsopplegg – og etter hvert ganske sammensveisede lag. Kronprinsen fant seg greit til rette i roermiljøet, som var internasjonalt på samme måte som colleget for øvrig.

Kronprinsen deltok på Balliol's åtter i to av roerukene i Oxford – «the Torpids». Det er den store robegivenheten i semesteret, med stor tilstrømning av deltagernes slekt og venner. Kronprinsen rodde også firer i andre regattaer. Idrettskonkurranser spilte i det hele tatt en stor rolle i universitetslivet. Cricket og rugby hørte med. Kronprinsen spilte rugby, men ikke cricket. Derimot engasjerte han seg sterkt i fektesporten. Nordahl Grieg fulgte Kronprinsen på en to timers treningsøkt med åtterlaget foran «the Torpids». Når treningen er slutt, går de fleste roerne «til sin te og sin flammende kamin og gir sig det absolutte velvære ivold. Kronprins Olav gaar til fekteklubben, hvis slips han forøvrig hædrer ved at bruke det daglig, og først efter at ha tumlet sin utmerkede sabel der en stund, gaar han tilbage til Balliol». Fekting hadde Kronprinsen hatt som fag på Krigsskolen, og i Oxford der han tok det opp på frivillig basis: «Jeg valgte sabel jeg, da, som offiser.» Sabel er det tyngste fektevåpenet. Kong Olav var godt fornøyd med fektemiljøet i Oxford. Fekteklubben hadde en god instruktør, fortalte han.

Kronprinsens ferdigheter i våpenbruk førte til at han ble tatt ut til å representere Balliol i Oxford-mesterskapet – mot de andre collegene – og Balliols 2-mannslag med Kronprinsen som den ene deltageren gikk av med seieren i 1925. Kronprinsen ble også tatt ut til Oxford-universitetets fekterlag i den årlige konkurransen mot Cambridge.

Konkurransen innen idrett mellom Oxford og Cambridge drives på en rekke områder, ikke bare roing og fekting. Ett av oppgjørene mellom de to rivaliserende universitetene som Kronprinsen egentlig var tatt ut til å delta i, måtte han melde forfall til. Det var konkurransen på ski, som ble holdt i Sveits i juleferien 1925. Rett før jul døde bestemoren, dronning Alexandra, og hoffsorgen som fulgte forbød Kronprinsen å delta i en idrettskonkurranse. Det var sikkert leit for Oxford-laget, som nok hadde store forventninger til hva en erfaren norsk skiløper kunne ha bidratt med. Her var jo den norske Kronprinsen nesten for profesjonell å regne i forhold til engelskemennenes nokså dilettantiske ferdigheter.

Heller ikke fikk Kronprinsen stor anledning til å drive sin favorittsport, seiling, under Oxford-oppholdet. Riktignok drev studentene med litt seiling i småbåter på elven – the Isis som Themsen kalles ved Oxford – men det var lite imponerende for en seiler av Kronprinsens format: «De seilte med joller på Themsen. Jeg var borte og så på dem, men jeg syntes ikke det så særlig spennende ut.» Seilsporten dyrket Kronprinsen desto mer intenst under oppholdene i Norge i sommerferien.

Etter treningsøktene var det middag – som ble servert i «the

Hall» klokken åtte, og den var ganske formell. Alle måtte møte i kapper. Om alle studentene og de fastboende lærerne deltok, var det nesten tre hundre til bords. Det var ikke obligatorisk å møte frem til middag. «Søndag middag var det helt fullt. Man måtte melde fra hvis man ikke kom, men søndag middag pleide alle å komme.» Hvis man ikke spiste middag i colleget, – eller gikk ut etterpå – var det adskillig man kunne oppleve i Oxford. Hva gjorde Kronprinsen på lørdagskveldene? «Det hendte at vi gikk på kino en gang imellom,» sa kong Olav. «Det var noen som gikk på pub, naturligvis. Men det gjorde ikke jeg. Jeg var lite på pub. Og jeg var ikke på restaurant omtrent hele den tiden jeg var der. Det var brukbar mat på colleget, og vi var vel fornøyd med det.»

Ingen natterangler

Om natten var collegeporten stengt. «De begynte å stenge portene klokken halv ti. Da var det stengt på den måten at det ble notert når man kom inn og ut, men selve portene var åpne til klokken tolv. Da låste de. Senere kunne man komme inn, men da måtte man betale for å få låst opp. To pence. Det var ingen kontroll i og for seg – så lenge man førte en noenlunde passende livsførsel.» Men Kronprinsen var ingen natterangler. Stort sett var han i seng tidlig. Det passet best når man skulle tidlig opp neste morgen.

«Det må sies å ha vært et sunt liv. Tidlig i seng og tidlig opp,» sa Kongen. «Jeg tror nok delvis det la grunnlaget for helsen senere i livet.» Slik beskrev Kongen sine to år i Oxford, to år som han stadig kom tilbake til som betydningsfulle år i hans liv. «Det var en modningsprosess,» sa han.

Tilbakeblikkene tegner bildet av en ung mann som gleder seg over møtet med kunnskapen og kameratskapet. Det var selvsagt noe befriende for Norges kronprins å leve et helt normalt liv, rimelig upåaktet annet enn av dem han knyttet vennskap og kameratskap med gjennom arbeid og idrett. Noen spesiell oppsikt blant studentene vakte ikke den unge kronprinsen. De visste hvem han var, men gjorde ikke noe særlig ut av det. Her var man en elite, og man var seg det bevisst. En utenlandsk slektning av kongehuset gled naturlig inn. Dessuten ville en «Balliol man» ikke ha sittende på seg at han jaktet på medstudenter med titler. Så Kronprinsen ble akseptert som den han var, og han fikk gode venner blant medstudentene, – vennskap som skulle vare lenge utover i livet.

Oxford-oppholdet var Kronprinsens første lange, sammenhengende fravær fra hjemmet og fra foreldrene og den første store utenlandsreisen på egenhånd, – det var et stort skritt inn i en selvstendig tilværelse som voksen. Dessuten var han langt fra de nysgjerrige og vaktsomme øynene som alltid fulgte ham i Norge. Hans hjerte lå nok i Norge og i hjemmet, men den frie omgangsformen i colleget og møtene med studenter fra alle kanter av verden åpnet nye perspektiver. Dessuten fikk han fri anledning tkl å øse av kunnskapens kilder innenfor de fagen han selv hadde valgt, ved et av de beste universiteter i verden. Kong Olavs beretning fra Oxford var farvet av gleden over å kunne slukke kunnskapstørsten, over å kunne ta opp betydningsfulle spørsmål til en omfattende og innsiktsgivende drøftelse.

Fra andre kilder har vi mange beretninger om hvordan studentlivet artet seg i Oxford på den tiden kronprins Olav var der. Mange av studentene ble senere berømte menn, som selv skrev memoarer og som det er skrevet mange og lange bøker om. Følelsen av frihet, – dette å være tiltrodd for første gang i livet å føre sitt eget liv uten den tette oppfølgning i familie eller på kostskole – denne frihetsfølelsen går igjen i mange av beretningene. Men slett ikke alle benyttet seg av den nyvunne friheten på samme måte som kronprins Olav. Friheten kunne også benyttes til utsvevelser av forskjellig slag, og særlig alkoholen spiller en stor og viktig rolle i mange Oxford-beretninger. Graham Greene

– den senere berømte forfatter – var ved Balliol samtidig med kronprins Olav, og han skriver rett ut i sine memoarer at deler av Balliol-tiden står for ham i en eneste tåke av alkohol. «Ett semester gikk jeg beruset til sengs hver kveld og begynte å drikke igjen så snart jeg våknet.» Greenes beskrivelser kan suppleres med mange andre. Kong Olavs egen fetter, Edvard VIII, uttalte mange år etter sin egen tid ved Oxford at «der hadde vi det fint, for der var vi fulle hele tiden».

Et felles fag å lære

Vi får vel tro at noen av beskrivelsene er overdrevne. Men vi må huske på at i de engelske kretsene som sendte sine sønner til Oxford, var det ikke alltid så sterke motforestillinger mot et høyt alkoholforbruk. Dessuten skulle man lære også dette, å omgås alkohol med respekt. Det var forventet av en britisk gentleman at han greide det, og collegemiljøet var et sted å prøve seg ut. Graham Greenes tutor ved Balliol sa det slik til sine studenter: «Gentlemen, dere er kommet til dette tradisjonsrike universitet for å lære høyst forskjellige fag. Vi skal gi dere de beste forutsetninger for å studere dem. Men det er ett fag som dere vil ha felles, og som vi skal lære dere i vårt college. Det er å nyte alkohol som gentlemen.»

Kong Olavs liv ved Balliol College står i slående kontrast til disse beskrivelsene av universitetslivet. Ikke sånn å forstå at Kronprinsen fulgte en fullstendig avholdslinje. Øl og vin ble servert både til lunsj og middag i colleget selv. «Men jeg kan ikke huske at jeg var overstadig beruset, iallfall,» sa Kongen selv. Dette var en form for frihetsutøvelse som Kronprinsen tydeligvis ikke følte noe behov for. Her skal vi huske på at Kronprinsen var 21 år da han kom til Oxford, og han hadde allerede Krigsskolen bak seg. Han var på mange måter en voksen mann, beredt til å møte friheten med det ansvar som følger med. De engelske studentene var gjerne 18 år når de kom til college. De tre årene gjør stor forskjell. Det ble avstanden mellom en russ og en krigsskoleoffiser. For mange av de engelske studentene ble universitetsoppholdet en forlenget russetid.

Kong Olav husket forresten godt Graham Greene fra Balliol. «Men det var jo ingen som la merke til ham dengang,» sa Kongen. Det kan ikke ha vært så mye som kunne ha bragt Kronprinsen og den vordende forfatteren sammen. «Min far valgte Balliol College for meg fordi colleget var alt annet enn idrettsvennlig» («anti-athletic»), skriver Graham Greene. Som vi har sett, gikk kronprins Olavs fritid ved colleget stort sett med til idrett. Akkurat idrettsfiendtlig var vel heller ikke Balliol College. Den «offisielle» Balliol-historien skriver det på en litt annen måte om 1920-årene: «Sporten blomstret, men fikk aldri dominere colleget. Triumfer for enkeltmenn og for lag ble feiret i fellesskap uten unødig oppstuss. Dels fordi colleget hadde så mye annet å være stolt av . . . Men også fordi en generelt liberal holdning gav enhver frihet til å gjøre som han ville innenfor rimelige grenser, uten noe press om å delta i fritidsaktiviteter som ikke passet for den enkelte.»

En viss strenghet hang fortsatt igjen over Balliol. En slik ting var at det ikke var tillatt å reise fra college i helgene, uten å søke rektor om tillatelse på forhånd. «Vi var det eneste colleget som praktiserte dette, – vi var strengere enn de andre i Oxford. Søndag var det gudstjeneste om formiddagen, og da var det forventet at man møtte frem i kapellet. Ellers skjedde det ingenting på lørdag og søndag. Ja, som sagt hendte det jo vi gikk på kino på lørdag kveld.» Men etter hvert kunne Kronprinsen komme seg litt rundt på egenhånd. I byen syklet eller gikk man, men det andre året i Oxford hadde Kronprinsen også bil til sin disposisjon. «Det var en Morris Oxford, hvis det interesserer,» sa kong Olav. «Morris var en god bil den gang. Nå er den som regel ikke noe verd. Sjefkonstruktøren for Morris var norsk og het Landstad og var sønnesønn av salmeboken. Han ville vært lei seg i dag om han hadde visst hvordan det er gått.»

Kontakten med familien i Norge var ikke så stor i semestrene i Oxford. Det ble skrevet litt brev. «Jeg snakket aldri med Norge i telefonen. Det var den gang så pass uvanlig at man ikke gjorde det.» Ble det mange dager med hjemlengsel? «Nei, – forutsatt at man ikke akkurat sammenlignet tilværelsen her og der,» svarte Kongen på mitt spørsmål. «Man var jo så engasjert i det som foregikk der, så det var ikke noe problem.» Ble det anledning til å skrive til prinsesse Märtha? «Ja, det hendte nok, dét og.» Og kom det svar? «Ja.»

Med Kronprinsens engelske familie var det adskillig kontakt under oppholdet. Kronprinsen var flere ganger i London. «Kong Georg insisterte på at jeg skulle bo hos ham. Når jeg skulle til London bodde jeg på Slottet, på Buckingham Palace. Det var mange fordeler ved det, men mangler også.» Det var langt fra den anonyme studenttilværelsen i Oxford til det stive seremoniellet på Buckingham Palace. En annen ulempe var sikkert pressefotografene som fulgte de britiske kongelige hvor de gikk og sto, – den gang som nå. Kronprins Olavs bilde dukket også fra tid til annen opp i de engelske avisene, – bilder fra roingen i Oxford eller sammen med det engelske kongeparet. Kronprinsen hadde også noen få mer offisielle oppdrag i England som representant for den norske kongefamilien. Han nedla grunnstenen for den nye norske sjømannskirken i London, og holdt 17.mai-tale i Den Norske Klub.

«It is his father»

Avstanden fra Oxford til Appleton House var ikke så veldig lang, og når dronning Maud var på sine høstbesøk, kunne Kronprinsen treffe henne der. En gang kom også kong Haakon over og besøkte sin sønn. Kongen kom uanmeldt i slutten av et semester, for å følge Kronprinsen hjem til Norge. «Det var ingen som visste om det. Det eneste de hadde oppfattet, var at de skulle sende en mann bort for å hente meg. Jeg bodde nokså langt fra porten. Da min far ble spurt, hadde han sagt: «Tell him it is his father.» Mere var det ikke.»

Kong Olav lo godt da han tenkte tilbake på det. Kong Haakon ble en times tid og inspiserte forholdene, – som han fant i orden, og så dro far og sønn sammen hjem til Norge. Kronprinsen var hjemme i Norge i påske- og sommerferiene. Sommerferiene var ganske lange – fra juni til oktober.

Det faglige utbyttet av Oxford-oppholdet var betydelig, mente kong Olav selv, og det var viktig for hans utvikling og senere virke: «Jeg ble etter hvert ganske god i engelsk politisk historie, og den har jo preget norsk historie, og særlig norsk konstitusjonell historie i ganske stor utstrekning.» Storbritannia hadde den lengste tradisjon i noe land for konstitusjonelt monarki. Ikke noe sted kunne grunnlaget for et moderne demokrati studeres bedre og mer inngående enn ved et engelsk universitet, og i professor Lindsay fant Kronprinsen en læremester han tydeligvis følte seg godt på bølgelengde med. Men var ikke Lindsay den farlige radikaler kong Haakon var blitt advart mot? «Han hadde ordet på seg for å være radikal, men jeg oppfattet ikke at han virkelig var det. I forhold til kollegene, kanskje. Men i forhold til vår statsminister Gunnar Knudsen var han meget konservativ.» Kongens svar på mitt spørsmål sier vel adskillig om forskjellen mellom det dengang temmelig klassedelte britiske samfunnet og det nye norske demokratiet med sine likhetsidealer.

Mye å lære for en som fulgte med

Det som utspant seg på den politiske arena i Storbritannia i de årene Kronprinsen var i Oxford, var dramatisk og mye å lære av for en som fulgte nøye med i pressen, – og det gjorde både Kronprinsen og hans medstudenter. 1920-årene var en urolig politisk tid i Storbritannia som i Norge, preget av krisen som rammet verdensøkonomien etter verdenskrigen og den kortvarige «jobbetiden» etterpå. I 1924 hadde kronprins Olavs onkel, kong Georg V, utnevnt den første regjering fra Labourpartiet. Den satt noen få måneder. Mellom den liberal-konservative regjeringen som da overtok under Baldwins ledelse, og arbeidernes fagorganisasjoner ble det rene krigstilstanden. Som så mange ganger i britisk historie var det kullgruvearbeiderne som førte an. Våren 1926 vedtok fagorganisasjonene samlet å gå til generalstreik i hele Storbritannia for å få sine krav gjennom. Streiken brøt ut i mai, og arbeidet ble lagt ned i hele landet. Regjeringen satte hardt mot hardt, erklærte unntakstilstand og innkalte militære og frivillige til å greie de mest livsviktige oppgavene.

«Generalstreiken var en voldsom opplevelse,» sa Kongen – som fulgte den på avstand, fra Oxford. Mange Oxford-studenter reiste inn til London for å melde seg som frivillige. Situasjonen var ytterst spent. Det var nærmest en tilstand av borgerkrig. Erkebiskopen av Canterbury forsøkte å opptre som megler, men ble nektet å legge frem sine synspunkter i BBC. Lindsay var en av dem som støttet erkebiskopens meglingsforsøk, – og ble stående ganske alene blant universitetslærerne i Oxford for dette synspunktet. Også mange Balliol-studenter ønsket å melde seg som frivillige, og måtte søke Lindsay om permisjon. Lindsay var skeptisk til å bruke studenter som streikebrytere, men han hindret ingen i å dra. Slik var hans syn på menneskets ansvar. Enhver fikk gjøre som han selv mente var rett, ut fra sin egen, indre overbevisning.

Generalstreiken var over etter elleve dager, og endte med en full seier for regjeringen. Men det gikk lang tid før sårene grodde. For kronprins Olav var det en unik anledning til å skaffe seg førstehånds innsikt i hvordan kompromissløs politikk kunne splitte et folk, – og i hvilket mot som skal til for å stå alene og tale forsoning. A. D. Lindsay ble et forbilde for Kronprinsen.

«Lindsay har betydd mer for meg enn man har vært klar over,» fortalte Kongen selv.

Slik også andre har beskrevet ham, fremstår Lindsay med en uvanlig sterk moralsk tyngde, – som en rettlinjet karakter båret av en sterk følelse av personlig ansvar, av medfølelse med de underlegne og av en uttalt vekt på «noblesse oblige»; at adelskap forplikter. Lindsay foreleste over Marx, men var ingen marxist. For ham var det utenkelig at abstrakte samfunnsmessige lover skulle bestemme historiens gang. Samfunnsutviklingen bestemmes av hva hver og en foretar av egne valg, og dette ansvar kan ingen samfunnsborger løpe fra. Aller minst den eliten som Lindsay hadde som oppgave å undervise.

Mange år etter Oxford-oppholdet ble kong Olav bedt om å skrive forordet til en biografi over Lord Lindsay (han ble adlet etter krigen av Labour-regjeringen), laget av hans datter. Kongen skrev der:

«Jeg tenker svært ofte tilbake på de lykkelige årene jeg tilbragte ved Balliol College, og dypt preget i min erfaring er Lord Lindsay – hans varmhjertethet, hans nære kontakt med sine studenter og det inntrykk han alltid gav av å være *the* Master. På hans minnetavle i Balliol-kapellet står skrevet: «Blant menn en filosof, blant filosofer en mann.» Slik vil jeg alltid huske ham.»

Kronprins Olavs Oxford-opphold ble avsluttet med eksamen i juni 1926, og kort etter dro han tilbake til Norge. Båndene til Balliol ble likevel aldri helt brutt. I 1927 ble Balliols roerlag invitert til regatta i Oslo på Kronprinsens initiativ. Senere i livet var kong Olav ofte gjest ved sitt gamle college, som også gjorde stor heder på sin tidligere student. I 1937 ble han kreert til æresdoktor ved universitetet i Oxford og æres-fellow ved Balliol. I dag finnes det et eget «Norway Room» på Balliol, og kong Olavs portrett henger på veggen i the Hall. Båndene mellom Balliol og den norske kongefamilien ble enda tettere da kronprins Harald i 1960 reiste til Balliol for å studere. «For meg betød Balliol så meget at jeg lot min sønn studere ved det samme college. Det skulle vel være et godt nok bevis på hvor høyt jeg verdsatte tiden der,» sa Kongen til slutt.

Kong Olav hadde en historisk innsikt langt utenom det vanlige. Den sa kanskje mest om hvilket utbytte han som kronprins hadde hatt av studiene i Oxford. Studiene hadde gitt ham muligheten til å gå i dybden når det gjaldt det engelske statsstyret, – fra Stuart-tiden og frem til i dag – og analysere utviklingen i langt perspektiv. Han visste alt om hvordan man hadde vært istand til å avvikle det britiske imperium, mens man samtidig satte kreftene inn på å utvikle en moderne, demokratisk stat. Impulsene han hadde fått på Balliol og den oversikten han der hadde ervervet seg, gav ham helt særlige forutsetninger for å følge de lange linjer i en nasjons liv.

For ham var det ikke nok å kjenne historiens fakta. Han visste hvilke drivkrefter som hadde vært i virksomhet, hva som lå bak begivenhetene, og hva de hadde ført til. Jeg er overbevist om at han kunne ha vært en fengende statsvitenskapelig foreleser for historiebevisste studenter. Han hadde i hvert fall adskillig å lære meg som jeg ikke tidligere visste eller hadde tenkt på. En ting er å vite hva som faktisk hendte; noe annet er å forstå hva det som hendte førte til.

Hans historiske analyser var ikke bare bygget på kunnskap og studier, men i like høy grad på selvstendig tankegang og forståelse av historiske sammenhenger.

Idrettsmannen

DET VAR IKKE LANGT HVERKEN TIL LYSAKERFJORDEN ELLER Frognerkilen, fra der han bodde om sommeren, og ned til sjøen var veien kort. Ikke så rent sjelden kunne forbipasserende nede ved «Dronningen» observere en liten lyslugget gutt som med lengtende blikk fulgte seilbåtene når de lettet anker, la seg opp mot vinden og sto utover for fulle seil.

Tidlig ble han utsatt for de uforklarlige og magnetiske sjøkreftene som lokker og drar. Bølgene, skumtoppene, vinden og de hvite seilene ble en eventyrlig utfordring. Den ensomme gutten fornemmet at sjøen hadde en frihet og en spenning i seg som sprengte de rammene han ellers måtte holde seg innenfor.

Sjøen kom det våkne, levende guttesinnet i møte. Den ga næring til fantasien. Den førte ut i verden, til ukjente strender. Sjøen hadde trolldomsmakt i seg. Den fanget en prins.

Men det var først da han ble 15 år at han fikk sin første båt i fødselsdagsgave, bygget av Johan Anker ved hans verft. Samme året meldte han seg inn i KNS (Kongelig Norsk Seilforening) der han mange år senere skulle bli formann.

Mange har trodd at han oppkalte sin første seilbåt «Teddy» etter den amerikanske president Theodore Rosevelt, som han hadde lært å kjenne og ble glad i som liten gutt. Kong Olav kunne imidlertid opplyse at dette ikke var annet en fri fantasi.

«Det er så mange som leter etter en eller annen forklaring på alt det man sier og gjør,» sa han. «Sannheten er såre enkel. Jeg hadde sett navnet i forbindelse med en annen båt som jeg likte.

Det var ikke et gjennomtenkt og begrunnet valg med noen spesiell forhistorie. Jeg likte rett og slett navnet. Derfor valgte jeg det. Jeg har til og med sett et sted at båtnavnet skulle ha noe å gjøre med mitt valg av sigarettmerke. Den gangen jeg røkte, kjøpte jeg nemlig alltid Teddy. Det er ikke ende på hvilke sammenhenger enkelte fantasifulle skribenter er istand til å finne; også der ingen sammenheng er,» smilte Kongen.

Med den båten han hadde, kunne ikke prinsen hevde seg som regattaseiler de første årene. Den var bygget med størst vekt på soliditet, sikkerhet og sjødyktighet og var i realiteten sjanseløs mot de nyere og mer hurtigseilende konkurrentene. Kong Haakon fortalte om dette i 1923: «Den opgave jeg stillet til Anker dengang Olav skulde ha båt, var at båten skulde være slik at masten gik før båten, om det kom en byge. Derfor kunde jeg sitte så trygt på Bygdø når Olav var ute og seilte og om der kom en byge og dronningen var engstelig, så kunde jeg bare si at der var ingen fare påferde.»

De første årene førte derfor med seg mange nederlag og skuffelser. Det tok han med fatning. Men han resignerte aldri. I den tiden lærte han å bli en god taper som forsto å anerkjenne konkurrentenes prestasjoner. Til tross for de ulemper han hadde å stri med, gjorde han alltid sitt ytterste for å vinne selv om sjansene var aldri så små.

Hans glede over seilingen ble ikke mindre av den motbør han møtte gjennom de første årene som konkurranseseiler.

Men i 1921 ble det annerledes. Da fikk han ny båt. Den første «Teddy» ble byttet ut med «Teddy II», som skulle vise seg å være en godt seilende 22 kvadratmeter krysser. Det året deltok han i ni regattaer og fikk premie i syv av dem.

Seiling en lidenskap

1922 ble et gjennombruddsår. Da var han med i seks regattaer. Han vant fem av dem og ble nummer to i den sjette. Det gikk så bra at han ble betrodd sin første store representasjonsoppgave. Han og båten ble tatt ut til å representere KNS i den årlige regattaen om Bergenspokalen. Den erobret han for sin forening både i 1923 og 1924.

Johan Anker var kong Olavs første store forbilde og seilerideal. Det var en fremragende seiler og båtbygger som konstruerte alle Kongens båter i en årrekke. På verftet hos Anker og Jensen på Vollen i Asker var han ofte på besøk. Han kom og gikk som han ville uten oppstyr av noe slag. Der ble båtene bygd og der lå de i opplag.

I den tiden ble det bygget ny båt annethvert år. Den eldre Johan Anker og den unge seilerprinsen hadde en løpende dialog om hvordan neste båt skulle se ut, hvilke egenskaper de ville prøve å utvikle og hvordan nye tekniske finesser skulle innarbeides. Kronprins Olav var i utgangspunktet den unge, lovende og vitebegjærlige elev. Senere skulle han komme med mange fornuftige forslag og gode råd. Med årene utviklet det seg et solid vennskap til tross for aldersforskjellen.

Kronprins Olav hadde som kjent ingen teknisk utdannelse, men avslørte et forbløffende talent. Han ervervet fort stor innsikt, blir det fremholdt fra kompetent seilerhold. Det gjaldt ikke bare selve båtkonstruksjonen, men også den vrimmel av tekniske detaljer som har betydning for manøvrering, fart og sikkerhet.

Kong Haakon, som selv var sjøoffiser med forstand på seiling og sjømannskap, hadde fra første stund fulgt sin sønns utvikling som seiler og bistått både med ris, ros og gode råd. Som seilersportens høye beskytter var han alltid til stede under regattaene i Oslofjorden og fulgte ivrig med fra sin dampjakt «Stjernen». På Dronningen kunne man jevnlig se den gamle marinemann ifølge med sin seilende sønn. Begge to trivdes aldeles storartet i det frodige seilermiljøet. Og kong Haakon var mektig stolt av sin sønn, ikke minst når han i hardt vær, uvøren og søkkvåt kom inn som nummer én.

Olav slo seg imidlertid ikke til ro med å være blant landets fremste juniorseilere. Han ville videre, til den edle og sagnomsuste 6-meterklassen der landets beste seilere satte hverandre stevne. Nå hadde Olavs seilerinteresse utviklet seg til den rene lidenskap, som holdt seg like sterk livet ut.

Han ble satt på sin første store prøve under landsregattaen i 1925, som den gang fant sted i Stavanger. Blant deltakerne befant seg også Sveriges beste seilere. I seilerkretser går det fortsatt gjetord om Kronprinsens seilerbragder ved den anledning.

Det blåste så hardt at en av dommerne fant det utilrådelig å sende båtene til havs. Han mente man burde velge en bane i mer smult farvann. Likevel ble regattaen gjennomført etter den opprinnelige plan. Og det var værforhold etter kronprins Olavs hjerte. Jo hardere det blåste, jo bedre seilte han. Det skal ha vært et uforglemmelig syn da Kronprinsen førte sin 6-meter «Oslo» over mål milevidt foran konkurrentene i skyhøye bølger som uten stans slo inn over båten.

Etter at man hadde lagt sammen resultatene fra samtlige seilaser, kunne man fastslå at Kronprinsen hadde vunnet en knusende overlegen seier. Den prestasjonen innbragte ham Kongepokalen for annen gang.

I årene som fulgte var han ikke bare en årviss deltaker i landsregattane. Han deltok også med heder utenlands, i Cowes i 1927 og i Sandhamn i 1928. I Cowes, hovedarenaen for engelsk seiling, erobret han to førstepremier og en annenpremie i konkurranse med Englands beste seilere. Også i Sverige hevdet han seg blant de beste.

Olympisk gull

Den av Olavs seilerbragder som har gitt størst gjenklang både ute og hjemme er nok seieren og gullmedaljen under Olympiaden i Amsterdam i 1928.

Det er kanskje noen som kan falle på den tanke å tro at han ble uttatt til å representere Norge i kraft av sin kongelige posisjon. Men det var ikke på noen måte tilfelle. Han hadde kvalifisert seg gjennom de uttakningsseilaser som hadde funnet sted. Ingen av hans konkurrenter hadde gitt ved dørene ved den anledning.

Kronprins Olav kom i siste øyeblikk til at oppgaven som rormann burde overlates til hans eldre venn, forbilde og læremester Johan Anker, som etter Olavs mening var landets beste rormann. Kronprins Olav ble mannskap sammen med Haakon Bryhn og Erik Anker.

Det var slitsomme dager. De sto opp hver morgen kl. 07.00, gjorde sine forberedelser og seilte hele dagen til de trette, sultne og søkkvåte vendte tilbake ved 19-tiden om kvelden.

Etter de første dagene satte Kronprinsen seg imot at Johan Anker, som var atskillig eldre, skulle stå like tidlig opp som de andre. Derfor ble det til at han og kameratene sørget for å bringe båten ned slusene der de plukket opp sin rormann.

Det var Olav selv som hadde trimmet «Norna», som var i utmerket stand og viste seg fra sin beste side. Nordmennene kunne innkassere en solid seier. Avisene var fulle av lovord og kunne fortelle at «den eneste båt, hvor rormann, mannskap og båt var stemt sammen til et harmonisk hele, var den norske «Norna», hvor Kronprins Olav var mannskap. De bar tydelig preg av langvarig samarbeide og felles trening».

Sannheten var en annen, kunne kong Olav berette. Da de kom til Amsterdam hadde de aldri seilt sammen. Som mannskap i samme båt var de på det tidspunktet relativt ukjente for hverandre. De ble imidlertid enige om å gjøre gode miner til slett spill og unnlot å korrigere de panegyriske skildringene av det godt sammensveisede mannskapet som hadde trent sammen gjennom lang tid. Kong Olav hadde tydelig glede av å fortelle hvordan det faktisk hang sammen. Han syntes det var på tide å si det som det var. Det gjør jo i virkeligheten seilerprestasjonen enda større.

Siden er det blitt en lang rekke regattaer gjennom alle år, og mange store triumfer i inn- og utland. Det vil føre for langt å liste opp alle hans plasseringer og premier. Det ville bli et kapitel for seg – slik hans premiesamling har fylt både hyller og skap.

Som seiler hadde han 75 års erfaring ved sin bortgang. Det fantes ingen andre her i landet som hadde vært aktiv like lenge og kunne vise til slike resultater. Aktiviteten dekket både lederfunksjoner, administrative oppdrag og selve seilingen. På alle områder deltok han både nasjonalt og internasjonalt.

Hans fremragende seilerbragder er vel kjent. Hva som ikke er like kjent utenfor seilermiljøet, er hans store arbeid innenfor de organer som steller med seilingens internasjonale regelverk. Da han ble konge, frasa han seg tillitsvervet som viseformann i Det internasjonale seilerforbundet. Noen år senere ble han imidlertid anmodet om å la seg utnevne til ærespresident i forbundet, og det sa han ja til. Siden den gang har han med iver deltatt i de årlige møter i London.

Det var den egentlige hovedbegrunnelse for hans årvisse novemberbesøk i England, har kong Harald fortalt. Den klubben han mest regelmessig vanket i der borte var Lord Thames, der det engelske seilerforbundet holdt til. Ellers hadde han en viss svakhet for Claridges. Der inntok han alltid minst ett måltid under sine London-opphold. Dit hadde han pleid å gå under krigen og det fortsatte han med.

Det forekom for øvrig praktisk talt aldri at kong Olav gikk glipp av anledningen til å se minst en fotballkamp under sitt årlige opphold i England. Da oppsøkte han fortrinnsvis de arenaer i London hvor hans favorittlag hadde hjemmekamp. Storfavoritten var nok Arsenal, men han hadde også et godt øye til Tottenham. Han var storfornøyd hver gang en av hans favoritter hadde gått seirende ut av dysten.

Men det var og ble seilingen og hans gamle seilerkamerater som kom til å bety mest for ham på det personlige plan. De representerte en viktig del av hans liv – det livet som ikke var knyttet direkte til kongeverdigheten.

Den av de gamle seilervennene som etter alt å dømme sto ham nærmest var Carl Bache. I den tunge tiden etter kronprinsesse Märthas bortgang var Carl Bache til uvurderlig hjelp og støtte for sin gamle venn. Under påskudd av å skulle ordne med biblioteket på Skaugum, passet han på at hans venn ikke skulle bli overlatt til seg selv. Han vek ikke fra hans side.

En annen av de nære, gamle seilervennene var Håkon P. Bryhn, populært kalt «Piren». Kong Olav var også svært glad i og knyttet til sin båtmann Ole Andersen på Hankø. Han var ansatt av Kongen for å stelle med båtene, men ble med tiden mer venn enn ansatt medarbeider.

Da disse hans eldste seilerkamerater ble for gamle til å være med ombord, ble Kongen mismodig og rådløs. Han var oppriktig lei seg og følte at hans eget, personlige seilermiljø ikke lenger var det samme som før. Fellesskapet, spenningen og kameratskapet ombord betydde etter hvert mer for Kongen enn topplasseringer i regattaene.

De gamle seilerkameratene fra den første aktive tiden ble venner for livet. De som seilte med ham senere, og det var mange, fikk han aldri det samme personlige forhold til. Aldersforskjellen ble etter hvert for stor.

Det ble ikke så lett å starte med nye mannskap. Etter hvert ble det mange som skiftet om å være med. Mange kunne nevnes, og det må være lov å trekke frem Peder Monsen og Steff Herbern spesielt. Det var Herbern som overtok etter Anker & Jensen da det ble nedlagt. Han tok seg av Kongens båter, ordnet alt det praktiske, sørget for båttransport når det trengtes og var med som mannskap. Han var i det hele tatt en mann Kongen satte særlig pris på.

«Fenomenal på ski»

Kong Harald var en stor beundrer av sin fars seilerferdighet. Men da vi snakket om kong Olavs skiløping gikk beundringen over til den rene ærefrykt.

«Det er ikke for å skryte, men min far var fenomenal på ski, mye bedre enn folk er klar over,» sa kong Harald under en samtale. «Han kunne gjort det enestående godt i kombinert, dersom han hadde fått tid og anledning til mer målrettet trening.»

Kong Harald hadde selv ikke sett sin far utfolde seg før han var nærmere 50 år gammel. Da hadde han fortsatt vært «rågod».

Til langt opp i tenårene hadde han hatt sin fulle hyre med å følge sin far når han i elegant diagonal-gang langet ut for alvor. Han behersket også skismøringens vanskelige kunst, helt fra de dager da Østbys Mix og Bratlies «for tørr nysne» var uunnværlige. Han lærte selv alle sine tre barn hvordan skiene skulle prepareres. Det var først på sine eldre dager han overlot smørejobben til andre.

Selv om han var levende opptatt av skisportens utvikling og de forbedringer man fant frem til i skiutstyr og antrekk, beholdt han selv sine gamle tunge hickory-ski med tupp. Han tilhørte generasjonen som tviholdt på anorakken og eplenikkersen.

Kronprins Olav fikk sine første ski bare vel tre år gammel. Kaptein Karl Roll som selv var en kjent skihopper fra flere renn i Husebybakken, ble Olavs første skilærer. Han skal ha fortalt at den lille prinsen var så ivrig at han, etter å ha boltret seg i Slottsparken, labbet innover i Slottets korridorer med skiene på. Da N. R. Østgaard overtok den idrettslige utdannelsen, ble lekeskiene byttet ut med hoppski av hickory.

Olav var ofte på ski etter skoletid. Han og skolekameratene deltok regelmessig i et improvisert kappløp for å nå Holmenkolltrikken kl. 14.30 fra Majorstuen. Da kom de stormende inn på perrongen med alt sitt utstyr og de tunge hoppskiene på skulderen. Nordre Hytli, Husebybakken på Smestad og andre bakker oppover Holmenkollåsen ble flittig brukt.

Hytlibakkene, som ligger der den dag i dag, var der de som oftest endte opp. Det var den gangen man brukte god gammeldags skismøring som det luktet tjære av. Skulle man ha riktig god fart på hoppskiene, brukte man parafinvoks. Den ga god glid.

De hoppet ikke så langt den gang som nå, men tar vi i betraktning utstyret og hoppbakkens forfatning, kan vi ikke unngå å bli imponert over motet de viste. Hverken ovarenn eller unnarenn var skikkelig preparert, målt etter dagens krav. Det var rart at det gikk så bra som det gjorde. Guttene falt jo like ofte som de sto.

I 1918 meldte Kronprinsen seg inn i Lyn, der N. R. Østgaard lenge hadde vært medlem.

Kong Olav hadde merket seg at kongelitteraturen inneholdt utførlige omtaler av alle de skirenn der han hadde gjort det godt og vunnet premie. «Alle de gangene jeg datt på baken er ikke blitt gjenstand for samme oppmerksomhet,» sa han på sin lune måte. Han hadde også vært med i mange renn uten å hevde seg så særlig godt. Han hadde nemlig en lei tendens til å satse kraftigere enn han var god til. Han hadde ikke tall på de gangene iveren hadde tatt overhånd i annen omgang. Han ønsket å overgå både sitt eget og andres resultat fra første omgang, noe som altfor ofte endte med knall og fall. Han hadde ikke sans for å sikre seg ved forsiktige lusehopp.

Kong Olav mente at det ble gjort alt for mye vesen av hans deltagelse i Holmenkollen. «Jeg hoppet der fire ganger og falt to ganger, det er ikke så mye å skryte av. Det var vel helst det at jeg var Kronprins og hoppet i kadettuniform,» sa han.

Da vi sammen beundret det velkjente fotografiet av det kongelige Holmenkollsvev, kunne han fortelle at den usannsynlig perfekte skiføringen ikke skyldtes hans egen skiferdighet, men en dyktig og velmenende fotografs retusj.

«Jeg hadde «saks» gjennom store deler av svevet. Det var svært mange som ønsket å gjøre meg bedre enn jeg var. I virkeligheten gikk det temmelig opp og ned hele tiden.»

Når sant skal sies, oppnådde han resultater som egentlig var langt bedre enn Kongen på sine eldre dager hadde gitt inntrykk av. I løpet av sine fem aktive ungdomsår fikk han bl.a. følgende premier som fortjener å bli nevnt:

I 1918 fikk han 2. premie i Lyns klubbrenn i gutteklassen. I landsrennet for gutter samme år erobret han en imponerende 3. premie. I 1919 ble det ikke så stor uttelling. Da ble det bare 26. premie i et gutteskirenn, samt 4. premie i påskerennet på Finse. Men han tok sitt monn igjen året etter med en lang rekke premier, bl.a. ekstrapremie for lengste stående hopp. I 1922 ble det sjetteplass i klubbrennet, 3. premie i Drammensrennet og i det årlige hopprenn arrangert av «Norske Studenters Idrettsforening».

Ski-ambassadøren

Mens Kongen fortsatte å seile regattaer hele livet, avsluttet han sin karriere som skihopper så tidlig som i 1923, bare 20 år gammel. Det året feiret han sin største skitriumf som konkurranseløper.

Etter å ha gjort det godt i flere renn skulle sesongen avsluttes en senvintersdag med hovedlandsrenn i Songebakken utenfor Risør, der Kronprinsen var påmeldt. Dette var en nasjonal mønstring tilsvarende våre dagers Norgesmesterskap. Kronprinsen var en av de mange lovende juniorer som hadde ambisjoner.

På grunn av skiftende vær hadde føreforholdene blitt de aller verste. I unnarennet var det grønnblå holke. Underlaget var så tynt at man kunne skimte småstein, kvist og kvast. Både arrangører og løpere var i tvil om det var tilrådelig å gjennomføre rennet.

N. R. Østgaard var meget betenkt. Som Kronprinsens sportslærer var han alltid til stede der han deltok. Han følte ansvaret tynge. Hvis Kronprinsen satte utfor og falt og kanskje slo seg helseløs, ville det være en stor skandale og til ubotelig skade. Men det ville kanskje være enda uheldigere for Kronprinsen og kongefamilien hvis det ble kjent at han på grunn av faren måtte trekke seg fra et renn der andre deltok.

Kronprins Olav avgjorde selv saken. Han hoppet så det suste, uten noe forsiktig forbehold. To kraftfulle hopp på 34,5 og 36 meter ga ham en høyst fortjent 4. plass i sin klasse.

Slik var han, i alle år, robust og seig. Han sparte seg ikke. Ikke sjelden la han ut på fjellturer på både fire og fem mil sammen med gode venner. Han kunne være farlig uvøren og hensynsløs mot seg selv.

Kongen hadde mange gode minner fra tiden som juniorhopper. Da møtte han jevnaldrende fra miljøer han ellers ikke ville lært å kjenne. Han følte seg temmelig sikker på at de som i likhet med ham selv hadde drevet hoppsport i gamle dager, hadde hatt det atskillig morsommere enn dagens halv- og helprofesjonelle utøvere som ikke kan unngå nerver, gravalvor og prestasjonsangst – og som daglig opplever presset fra pågående sponsorer som vil ha valuta for pengene.

«Jeg sluttet med konkurranser i tide,» slo Kongen fast.

Men ikke som skiløper. Han var dessuten slett ikke bare skihopper. Han var rask og utholdende i sporet og en uforferdet utforkjører. Det kunne kong Harald innestå for.

De som var med på kronprinsparets store Amerikareise i 1939 hadde også sitt å fortelle. Det inngikk blant annet i programmet å foreta en oppstigning til en av de snøbelagte høydene i et av fjellområdene de kom til, slik at de kongelige norske gjester skulle få anledning til å bruke skiene. De lokale arrangører hadde fått beskjed om at nordmenn var ukjent med slalåm og utforkjøring. Blant amerikanere het det seg at nordmenn hoppet og gikk langrenn og intet annet. Derfor måtte man sørge for å unngå bratte bakker og noe som kunne ligne utforkjøring på nedturen.

Da ble de himmelfalne arrangørene, som selv gikk på slalåmski, vitne til en norsk kronprins som tverrvendte og uvørent pigget seg rett utfor i halsbrekkende fart på de forholdsvis smale turskiene. Nærmere et kvarter senere kom vertskapet og det øvrige følget ned i dalen, der Kronprinsen etter å ha skiftet, ganske uanfektet hadde satt seg behagelig til rette og nøt sin sigarett i solskinnet.

Kong Harald har for øvrig fortalt at han for noen år siden hadde til hensikt å ta med kronprinsesse Sonja og barna for å gå på ski i Alpene, slik at de alle sammen fikk oppleve hvordan det var der de alpine skirenn først utviklet seg. Det frarådet kong Olav sin sønn på det innstendigste. Selv hadde han opplevd, da han under sitt studieopphold i England 1924-26 ble tatt ut på Oxfords skilag, som skulle møte Cambridge til dyst i Alpene, at det ble ramaskrik i Norge. Det var uhørt at en norsk kronprins skulle reise til Mellom-Europa for å gå på ski. Det var Norge som var det eneste aktuelle og førende vinterland. Dronning Alexandras død rett før jul 1925 gjorde det forøvrig umulig for kong Olav å delta, og det var nok best at det gikk slik.

Kong Olav var alle sine dager sterkt opptatt av Norges renommé som skinasjon. For ham var Vinter-Norge et nasjonalt anliggende, men også et engasjement båret oppe av hans egne rike skiopplevelser gjennom et langt liv.

Over til v.: Kronprins Olav fotografert på Østbanen i 1921, på vei til sin første dag på Krigsskolen, ledsaget av N. R. Østgaard.
Lengst til v.: Det berømte bildet fra Holmenkollbakken, hvor kronprinsen er fanget i svevet med saks og kadettuniform. Saksen ble senere retusjert vekk.
Til v.: Kongefamilien portrettert av Wilse i 1921, på Maud og Haakons sølvbryllupsdag.
Over: En kullkamerat har foreviget kronprinsen på brakkeveggen. 1924 var avgangsåret for Olav på Krigsskolen.
Til h.: I helfigur med sigarett, 1923.

«Et college med større tradisjoner og ærerikere historie finnes ikke.» Dette var i korthet skolestyrer Sigurd Hallings begrunnelse for å anbefale Balliol College for kronprinsens videre utdannelse. *Over:* Olav deltok på Balliols åtter i to av roerukene i Oxford – «the Torpids» (nummer fem bakfra på bildet).

Olav var også aktiv fekter, her med lagkameraten C. E. Simpson i juni 1926.

I 1925 døde dronning Alexandra, og kronprins Olav var selvsagt tilstede i sin avholdte bestemors begravelse. Fra venstre: prinsen av Wales, senere kong Edvard VIII, kong Georg V, kronprins Olav, hertugen av York – kronprinsens forlover, og prins Henry av Gloucester.

Over: Badeliv på Bygdøy, med kronprins Olav på taket av badehuset, sommeren 1927. Kongen var en habil, men ikke særlig ivrig svømmer.
Til h.: Om bord i båter behersket han imidlertid elementene suverent. Blant hans mange bragder på sjøen rager nok OL-gullet i seiling fra Amsterdam 1928 aller høyest.

Over: To skritt bak sin far ved Stortingets åpning.
Til v.: Portrett i galla, foto Wilse 1924.
Til h.: Kong Haakon og kronprins Olav forlater Stortinget etter den høytidelige åpning i 1930.

EN LYKKELIG TID

«Aldri siden har jeg levd så fullt, helt og så nært de menneskene jeg var mest glad i.»

En kjærlighetshistorie

Da kronprins Olav dro til Amsterdam for å delta i sommerolympiaden, hadde han planene klare. Det var mere enn gullmedalje og seierspall han hadde i tankene. På den turen erobret han sin barndoms drøm og vedvarende kjærlighet til odel og eie. Det fikk selv hans store sportslige triumfer til å blekne.

Under oppholdet bodde han som seg hør og bør sammen med det øvrige seilermannskapet. Foran konkurransene var det travle dager. Samhold og nærhet var viktig for lagånden. På et annet hotell i byen bodde hans slektninger, prins Carl, med sine tre døtre. De hadde kommet for å følge regattaene, het det seg.

Etter endt seilas en av de første dagene, ba Olav seg unnskyldt. Han forklarte seilerkameratene at han måtte besøke noen slektninger som befant seg i byen.

Erik Anker, som tilhørte mannskapet og for øvrig ble kong Olavs venn livet ut, husket godt den kvelden og kunne fortelle at han sjelden hadde sett sin venn gjøre så omhyggelig toilette. Han virket opprømt og fraværende på samme tid.

Det var prinsesse Märtha han skulle møte. Det dreide seg ikke om noen påtvunget høflighetsvisitt hos mere eller mindre likegyldige slektninger.

Kong Olav fortalte at de hadde gått i timevis langs de historiske kanalene. De hadde snakket og snakket. De var ikke turister i byen som fulgte brosjyrene og de vanlige broene. Den kvelden – og natten krysset de den viktigste av alle broer.

De fulgte de gamle vei- og vannårene som skar seg gjennom bykjernen og hadde nesten gått seg vill. Langt ut i de små timer da de hadde funnet hverandre, fant de omsider veien tilbake. Da var det meste sagt. Det kom for en dag at Märtha hadde vært forelsket i ham lenge før. Slik hadde det vært med Olav også.

De hadde kommet hverandre nær ved flere anledninger enn folk flest og pressen visste. Olav hadde blant annet reist til England høsten før for å besøke sin mor, men stakk derfra ubemerket over kanalen til Belgia, der Märtha var på besøk hos sin søster. De to var dessuten observert sammen ved tidligere regattaer, bl.a. i Sandhamn, der seilervenner og andre ikke kunne unngå å registrere at noe var på gang. Likevel var det svært lite offentligheten visste.

Også Märtha var blitt utsatt for forlovelsesrykter. Begge var i gifteferdig alder. Ikke til å undres over at det ble spekulert. Først ble Märtha koblet sammen med prinsen av Wales, deretter med kronprins Leopold, som for øvrig noe senere ble gift med hennes søster, prinsesse Astrid.

En rekke ubegrunnede rykter gikk på kryss og tvers uten noen annen foranledning enn tilfeldige møter. Ryktene gikk det saktens an å leve med. Det var slike vilkår kongelige måtte avfinne seg med.

Men til tross for at de to alltid hadde følt seg trygge på hverandre, gjorde det begge godt å få alt på det rene mellom seg. Olavs uoffisielle frierferd den natten i Amsterdam ble den endelige og avgjørende bekreftelsen.

Allerede som barn møttes Märtha og Olav i fødselsdagsselskapene til sin felles bestemor dronning Louise i København, som fylte år 31. oktober. Da var de, denne ene gangen i året, sammen i to-tre dager.

Fra første gang de så hverandre søkte de sammen. De var begge to så unge at ingen av dem tenkte på kjærlighet og ekteskap. De visste knapt nok hva den slags innebar. Men det eksisterte mellom dem en forståelse som ble stadig sterkere. Da de ble gamle nok til å definere sitt forhold og sine følelser, var ingen av dem i tvil om at de hørte sammen.

Märtha var et savn for Olav også før de giftet seg – det skjønte han da han fikk henne ved sin side. Da først forsto han hva han inntil da hadde måttet være foruten. Hun ble det menneske som fremfor noen virket forløsende for hans personlighet. Han ble rikere, mer harmonisk, mer åpen, frimodig og utadvendt.

Hans gamle venner kunne ikke unngå å legge merke til at han som yngre kunne være både klossete og keitete, ja, bent frem sjenert; ikke minst i kvinnelig selskap. Denne usikkerheten og tilbakeholdenheten avtok merkbart da Märtha for alvor kom inn i hans tilværelse. Tidligere hadde det vært noe uforløst ved den personlighet han viste omgivelsene og offentligheten. Det var liksom noe som holdt ham tilbake. Da han kom sammen med Märtha ble det annerledes. Det var noe som slapp taket i ham.

Hun gjorde noe for ham og med ham som hverken kjærlige foreldre eller gode kamerater var istand til.

Prinsesse Märtha

Da Märtha Sofia Dagmar Thyra ble født 28. mars 1901, var hun både svensk og norsk prinsesse med dansk blod i årene! Hennes mor prinsesse Ingeborg var datter av kong Frederik VIII og dronning Louise av Danmark. Prinsesse Ingeborgs eldste bror ble kong Christian X av Danmark, hennes nest eldste bror, prins Carl, ble norsk konge.

Märthas far, prins Carl, var kong Oscar II's tredje barn. Hans eldste bror var kong Gustav V av Sverige.

Søsknene til Märthas foreldre var med andre ord konger i alle de tre skandinaviske land på samme tid. Bedre og mer solid familiebakgrunn var det overhodet ikke mulig å ha. Märtha arvet og tok vare på det aller beste i nordisk kongetradisjon – og bragte det med seg til Norge.

Det var god ballast med tanke på det fremtidige ansvar og den betydning kronprinsesse Märtha skulle få for vårt kongehus i en periode som skulle vise seg å bli krevende og vanskelig både for det norske folk, for henne selv, og for kongehuset.

Selv om «Märtha» er en omskrivning av navnet Margaretha, ble navnet først og fremst valgt fordi hennes far likte det så godt. Og navnet har slått rot i Norge og blir båret videre av vårt nye kongepars egen datter.

Märthas foreldre, Ingeborg og Carl, nød en enestående popularitet. De var enkle og likefremme, hadde sosiale interesser, og oppdro sine døtre til ansvarsbevisste kvinner som følte ansvar også for andre enn seg selv. Foreldrene hadde likevel ingen problemer med å opptre med kongelig verdighet. De var vakre og staselige mennesker som utstrålte stor personlig sjarm. Prins Carl, som var kavallerioffiser, fikk ikke uten grunn det romantiske tilnavn «den blå prins». Han var en besnærende skikkelse som både unge og gamle falt for.

Prinsesse Ingeborg var en sterk personlighet. Hun utmerket seg for øvrig under den andre verdenskrig ved å være den mest tyskfiendtlige av alle i den svenske kongefamilien.

Under krigen lå boligen til Märthas foreldre rett overfor den tyske ambassade i Stockholm. Den dagen Norge og Danmark ble okkupert, dro hun demonstrativt og resolutt ned samtlige rullegardiner i de vinduene som vendte mot ambassaden. De forble nedrullede helt til Hitler-Tyskland var definitivt slått. Den øvrige svenske kongefamilie ga aldri noe tilsvarende uttrykk for anti-tysk holdning. Mange mente nok at de til og med var litt for «nøytrale» i gal retning.

Det hjelper imidlertid lite «av godt folk vera fødd», hvis man ikke selv holder mål og utvikler seg som selvstendig individ. Det gjorde kronprinsesse Märtha til gagns.

Hun hadde et solid grep både på seg selv og tilværelsen, og lot seg ikke i utrengsmål plage av anfektelser og innbilte problemer. Hun var direkte, varm og avvæpnende. Sammen med henne var det aldri nødvendig å tildekke seg som menneske, eller trekke seg tilbake til forsvarsverkene. Hun beseiret all motstand uten å angripe.

Hennes åpenhet befordret en tilsvarende åpenhet hos kronprins Olav. De hadde ikke noe å skjule for hverandre, og ønsket heller ikke å ha det. De vokste begge i hverandres nærvær og i gjensidig påvirkning.

Bryllupsfesten

Olav og Märtha greide å holde sin «hemmelige forlovelse» skjult helt til den ble offentliggjort i den store stil.

13. januar 1929 steg kronprins Olav på nattoget til Stockholm. Hans trofaste følgesvenn N. R. Østgaard reiste sammen med ham. Inkognito og uten oppstyr av noen art gikk den anonyme passasjer av i Södertälje. Han ankom «bakveien» til Stockholm. Og så, den 14. januar, ble det flagget. Forlovelsen mellom de to var bekjentgjort.

Selvsagt ble det festivitas, pomp og prakt. Men ennå var det skjær i sjøen. Onde tunger og folk som mente de visste bedre, ville ha det til at de to var altfor nære slektninger til at det gikk an å tenke på ekteskap. Dette hadde ingen av de to den minste tro på. Ikke desto mindre følte kronprins Olav et sterkt behov for å få bekreftet sin oppfatning. Det ville være ytterst uheldig om det skulle skumles om et slikt spørsmål. Derfor tok han personlig kontakt med våre fremste arvelighetsforskere, som kunne forsikre de to unge om at de trygt kunne gifte seg med hverandre og sette barn til verden. Da det ble klart, kastet de ikke bort tiden. Det kunne kong Olav forsikre meg om.

Bryllupsdagen ble fastsatt til 21. mars. Stort raskere var det ikke mulig å gjennomføre et så stort og omstendelig arrangement som naturlig nok kom til å involvere mange mennesker både innenlands og utenlands.

Dronning Maud satte meget inn på at bryllupet skulle finne sted i Oslo, selv om svensk opinion og offentlighet hadde regnet med at det kongelige bryllup skulle finne sted i Stockholm. Ved denne anledning viste den svenske kongefamilie stor forståelse, og dermed ble det som dronning Maud ville. Det var på alle måter en klok avgjørelse. Dessuten – dronning Maud skulle man være forsiktig med å skubbe seg på. Hun kunne være meget bestemt når det var noe hun insisterte på.

Det hadde gått 340 år siden en prinsesse sist hadde holdt bryllup i Norge.

Det var en varm, vakker og inntagende ung kvinne som tok den norske hovedstaden med storm denne tidlige vårdagen. Hun utstrålte lykke, livsglede og sunnhet. Ingen skulle tro at hun hadde vært jevnlig plaget av sykdom i yngre år. Bare 20 år gammel pådro hun seg dessuten skarlagensfeber under et opphold i Paris. Intet ga allikevel noe forvarsel om de svære plager og prøvelser hun skulle få å stri med i årene som lå foran henne.

Kronprinsesse Märtha fikk en overveldende mottagelse. Oslo var vakkert pyntet og hele byen sto på ende. Begeistringen var stor i alle lag av folket. De eneste som ennå ikke var helt med på notene, var Arbeiderpartiets ledelse. De nedla nemlig et bestemt forbud for de av partiets stortingsrepresentanter som kunne tenke seg å overvære vielsen i Vår Frelsers kirke. Og på soareen som fant sted på Slottet kvelden før, så man bare én som hadde våget å trosse partiledelsen. Det var høyesterettsdommer Dahl, som representerte Arbeiderpartiet i Oslo bystyre. Men han kunne jo unnskylde seg med at han møtte som medlem av Høyesterett; ikke som sosialdemokrat.

Det var ingen lett situasjon for Arbeiderpartiet den gangen. Selv om de i og for seg likte de kongelige aldri så godt, var de jo tross alt republikanere som attpå til hadde et svært reservert forhold til kirken.

Men i Oslos store, opprømte og bølgende folkehav som hyllet de unges kjærlighet og beruste seg i festligheter, pomp og prakt, fantes det knapt noen som betraktet det å være med i feiringen som tegn på manglende politisk rettroenhet.

Unge elskende

Rent personlig kan det neppe være tvil om at bryllupsreisen kom til å bety mer for hovedpersonene enn selve bryllupet, selv om også det mer enn svarte til forventningene.

For brudeparet gikk det hele så altfor fort. Det gikk ikke mange timene mellom vielsen kl. 12.00 med etterfølgende bryllupslunsj på Slottet, til de forlot Oslo Østbanestasjon med ekstratog kl. 18.15.

Hele tiden hadde de vært omgitt av familie, venner, øvrighetspersoner og jublende menneskemengder. Også lenge etter at de selv hadde forlatt Oslo, danset og festet det bedrestilte borgerskap til den lyse morgenen. På alle de store restaurantene var det fulle hus, det ble servert festsupeer og folk skålte seg gjennom natten til brudeparets pris. Men for de nygifte var tiden inne til å være sammen med hverandre.

I seks uker skulle bryllupsreisen vare. Eventyret startet i Nord-Frankrike. Dit var Olavs bil blitt transportert sjøveien, og derfra la de ut på en i alle deler improvisert biltur gjennom hele Frankrike til Middelhavs-kysten og tilbake igjen til kanalkysten.

Olav var en ivrig, uredd og rask bilist som behandlet sitt kjøretøy med stor dyktighet. I tidligere år hadde han til og med kjørt sin egen store Harley Davidson motorsykkel med sidevogn. Ved en anledning hadde han på vei hjem fra Vinstra stoppet for en intetanende ung jente som ble nokså forfjamset da hun plutselig befant seg i sidevognen til kronprins Olav. Men nå var han altså i Frankrike med sin Märtha, som også hadde tatt sertifikat, hvilket for kvinners vedkommende hørte til sjeldenhetene i de dager.

De reiste inkognito. Ingen kjente dem. Reiseruten var heller ikke planlagt på forhånd. De spiste på små idylliske bevertningssteder i landsbyene de kom til, drakk husets vin, opplevde den franske våren og det landlige franske kjøkken. De fant sine vertshus hvor de kunne overnatte uten forhåndsbestilling. De nøt en ny og ukjent frihet og henfalt til en ansvarsløs livskunst for første og siste gang.

«Det hele var nesten som en inter-rail,» sa kong Olav, «bare med den forskjell at reisen foregikk med bil.»

Ingen visste hvor de var. De henga seg til alle de barnslige og berusende påfunn som er unge elskendes privilegier. De tok imot naturen, kjærligheten og livet med åpne sanser – helt sikre på at ingen andre i verden kunne ha opplevd noe lignende.

«Jeg glemte til og med at jeg ikke kunne fransk og egentlig var reservert overfor franskmenn,» sa kong Olav. «Men min hustru ordnet opp, hun kunne fransk for oss begge og mere til.» Det kunne han trygt si. Märtha behersket ikke bare svensk, dansk og norsk, men snakket også engelsk, tysk og fransk flytende. Hun var også betydelig mer bereist enn sin mann og hadde tidligere vært både i Italia, Østerrike, Sveits, Belgia og Frankrike. Hun kunne til og med litt italiensk.

Omsider nådde de Rivieraen der de badet, seilte, danset og dinerte. Der gikk de turer langs stranden, tok om hverandre, gikk arm i arm slik unge par alltid har gjort. De trengte nærheten, følte seg nye, rike og sikre.

Det var ikke så mye mer det gikk an å ønske seg. I tre uker levde de etter innfallsmetoden, uten å planlegge noe på forhånd. Det var i virkeligheten ganske fremmed for Olavs natur. Han likte ikke overraskelser og improvisasjoner. Alt skulle være programmert, oversiktlig og forutsigbart. Det gjaldt i hele hans regjeringstid. Men ikke under bryllupsreisen.

Etter å ha besøkt Wedel-Jarlsberg, Norges ambassadør i Paris på hjemveien, gikk ferden til England, der de nygifte skulle hilse på familien. Dronning Maud var for anledningen på Appleton for å vise sin svigerdatter stedet der Olav ble født.

De vendte lykkelige tilbake til Norge. Sammen med dronning Maud tok de Bergensbåten hjem slik at de kunne være på plass til 17. mai. Da de gikk i land i Bergen 16. mai, ble de møtt av en beveget kong Haakon.

Hjemme hadde myndighetene vært ute av stand til å løse kronprinsparets boligproblem. Man diskuterte i det vide og det brede. Da var det at minister Wedel-Jarlsberg, som de nylig hadde besøkt, overraskende telegraferte Kongen og tilbød sin store eiendom Skaugum i Asker som gave til de unge. I september overrakte Wedel-Jarlsberg dem gavebrevet på eiendommen.

En lykkelig familie på Skaugum

Den 20. mai 1930 brant Skaugum ned. Da hadde de ikke rukket å bo der mer enn et halvt år. Den dagen kunne kong Olav aldri glemme.

Å se sitt nye hjem brenne ned til grunnen, var en uhyggelig og rystende opplevelse som gikk like sterkt inn på dem begge. Brannen startet ovenpå og utviklet seg forholdsvis sakte. Kongen husket med takknemlighet elevene ved Sem Landbruksskole som raskt kom til stede og ivrig deltok i arbeidet med å få ut innbo og så mange av de personlige eiendelene som det var mulig å redde.

Han var også selv med i redningsarbeidet og gikk flere ganger inn i huset mens brannen raste.

«Jeg gikk formodentlig i veien slik alle huseiere har lett for å gjøre i en slik situasjon,» innrømmet kong Olav, som fortalte at det ikke eksisterte noe stort brannkorps i Asker den gangen. Det fantes to fast ansatte, de øvrige var frivillige blant bygdefolket.

Hverken Haakon, Märtha eller Olav var i tvil om at huset

skulle bygges opp igjen. – Det var der det unge kronprinspar ønsket å bo. Stedet lå i ideell avstand fra Slottet. Omgivelsene var svært vakre og minnet Märtha om hennes foreldres eiendom Fridhem og om mange lykkelige år. I de dager var Asker en utpreget velstående og fruktbar landkommune. «Det var den gang man måtte være bonde for å kunne bli ordfører der,» sa kong Olav.

Det ble arkitekt Arnstein Arneberg som fikk i oppdrag å tegne det huset som skulle bygges opp igjen: «Men vi var tre om planleggingen. Den som bokstavelig talt bestemte hvor skapet skulle stå, var min hustru,» sa Kongen.

Kronprinsparet hadde stiftet bekjentskap med arkitekt Arneberg både som fagmann og menneske da han etter utlyst konkurranse ble arkitekt for restaureringen av Akershus Slott og festning.

«Han viste respekt for våre ønsker og vi viste ham respekt som fagmann. Min kone brukte en stor del av sin tid på å følge med i byggeperioden. Hun hadde en utpreget praktisk sans og hadde adskillig å bidra med helt frem til huset sto ferdig. Hun tilbragte mange dager der ute og ble godt kjent med både byggmester og de forskjellige håndverkerne som snekret, murte og malte.»

Byggeperioder har som kjent vært en stor påkjenning for mange parforhold. Særlig hvis man har god tid og lite annet å tenke på. Kong Olav mente selv at han nettopp i den perioden hadde atskillig tid til overs. Det er ikke av det gode for en som er vital, pliktoppfyllende og arbeidsvillig. Han hadde mer enn gjerne påtatt seg flere offisielle oppgaver og mer representasjon.

Når man går slik delvis på tomgang, kan selv de minste bagateller mellom to som har funnet hverandre utløse uoverenstemmelser som før en vet ordet av det kan vokse til helt urimelige dimensjoner.

Men heller ikke i denne vanskelige perioden oppsto det noen

gang antydning til gnisninger. Kronprinsparet samarbeidet utmerket med arkitekten og med hverandre.

«Vi ble ganske enkelt enige med hverandre om alt. Slik vi hadde det mellom oss, ville noe annet ha vært unaturlig,» sa kong Olav.

«Vi var en meget lykkelig familie på Skaugum,» fortalte Kongen. Han hadde vanskelig for å tro at det var vanlig å ha det slik som de hadde det.

Han var selvfølgelig klar over at familien i materiell henseende var privilegert. Det var ikke det han tenkte på, men det usedvanlig harmoniske familielivet han fikk oppleve. Familien ga ham det han hadde savnet. Han hadde en hustru som hadde nok kjærlighet i seg til både mann og barn.

«Siden har jeg fullt ut forstått hvor lykkelige vi var. Vi nøt samlivet og familieatmosfæren i fulle drag. Aldri siden har jeg levd så fullt, helt og så nært de menneskene jeg var mest glad i. Vi var en ny og annerledes generasjon og kom hverandre nær på en måte som var ny for meg.»

Dette var uvanlig sterke ord og mer direkte tale enn kong Olav pleide å benytte seg av.

Kjærligheten

Ved siden av sine menneskelige kvaliteter bidro Märtha til å utvikle et usedvanlig vakkert forhold de to imellom. Men ikke bare det. Hele Märthas bakgrunn, legning og utdannelse var som skapt for å være husfrue, mor og vertinne. Hun hadde alle de faglige forutsetninger og mer til som trengtes for å lykkes fullt ut.

I de dager var det ikke så ofte at unge kvinner tok en utdannelse med sikte på et yrke utenfor hjemmet. Det hadde heller ikke Märtha gjort, selv om hun på en rekke felter holdt profesjonelt nivå. Gjennom hele to år hadde hun lært seg barnepleie, hun hadde gått på malerskole og lært seg porselens- og silkemaling. Hun hadde en omfattende utdannelse i kjolesøm og grundig og langvarig husholdnings-opplæring.

Helt til sin siste dag omtalte kong Olav sin hustru, ikke bare med varme og ærefykt, men også med noe som kunne minne om barnslig stolthet.

«Hun forsto seg på alt. Hvis en rett vi fikk servert ikke smakte som den skulle, visste hun presis hva som var gjort galt, og ga nyttige tips til alle som ville lære. Hun likte å bake, koke og steke for familien og nære venner,» fortalte Kongen. «På Skaugum fungerte alt. Det sørget min hustru for.»

Olav var seg helt fra bryllupsdagen klart bevisst at han var en av de få som opplevet alle kjærlighetens og samlivets berikende fasetter. Han visste at kjærligheten mellom dem var hel og uten forbehold, og forsto hvilken rik gave forsynet hadde velsignet ham med.

Selv de mest jordnære av oss kan nok ha hatt en følelse av å sveve fritt blant stjernene når den store kjærligheten tar tak i en. I Olavs tilfelle ble den første store kjærligheten også den eneste og siste. Den forble like dyp til det siste, selv om den skiftet karakter etter Märthas bortgang.

Gjennom de tunge krigsårene gikk det lang tid mellom hver gang de kunne treffes, men bevisstheten om at Märtha var sammen med barna i USA ga styrke og fortrøstning. Så sterke som båndene var mellom de to ble også *tanken* på hverandre til hjelp i tilværelsen, at de eksisterte for hverandre – uavhengig av den fysiske avstanden.

Det er vel en nokså alminnelig menneskelig erfaring at det er oppmuntring og helsebot i å tenke på de gode tingene i livet. Det er ikke bare en belastning å vedkjenne seg savnet og det man må være foruten. Like ofte gir det både styrke og fornyet kraft å ha noen å tenke på som man er glad i, og som gjengjelder kjærligheten. Man blir utholdende og målbevisst og har noe stort å se frem til. Slik var det for kong Olav gjennom mange lange trøstesløse og delvis uvirksomme dager under krigsårene i London.

I hver eneste samtale vi hadde, ble kronprinsesse Märtha nevnt direkte eller indirekte. Det var nesten som om hun var til stede og deltok i samværet.

En gang sa kong Olav like ut: «Det var bare én kvinne i mitt liv. Tro det eller ikke. Jeg har aldri hatt noe intimt forhold til noen annen enn min hustru.»

Dette utsagnet har jeg fortalt alle hans tre barn om. Ingen av dem var det minste forbauset over at han hadde hatt det slik. Det eneste de ikke hadde ventet, var at han hadde funnet det nødvendig å si det. Men det skyldtes nok at ingen av dem hadde hørt hvor nærgående, nesten provoserende mine spørsmål hadde vært. Det var imidlertid ingen av dem som hadde noe imot at jeg hadde til hensikt å gjøre hans utsagn kjent.

Når vi kom inn på de lykkelige årene med Märtha, ble han fjern i blikket, og likevel nær. Han opplevde på ny noe som hadde vært og som fortsatt levde i ham.

Det kan kanskje virke underlig å skrive det. Men Kongens omtale av Märtha, beskrivelsen av alle de spesielle tildragelser, minner og fellesopplevelser, ga et betagende inntrykk av at han satt og holdt sin avdøde hustru i hånden, og at han aldri ville slippe taket. Hun var med ham og i hans bevissthet til hans siste dag. Det var av og til som om hun var til stede og hørte på det som ble sagt. Han sa aldri noe som han kunne tenke seg Märtha ville tatt anstøt av.

Selv om jeg aldri så dem sammen, ble jeg vitne til en så hel og overbevisende kjærlighet at den fylte meg med ydmykhet og ærefrykt.

I gode og onde dager

Hva svært få visste var at den sjarmerende Kronprinsessen med de skinnende, helt spesielle øynene, helt siden et besøk i Roma i 1923 hadde vært konstant plaget av hodepine. Det var først i hennes siste leveår da hun bodde like meget på Rikshospitalet som hjemme på Skaugum, at den uutholdelige migrenen slapp taket.

Men uansett hvor store smerter hun hadde, utførte hun sine offisielle og familiære plikter som om hun ikke hadde en eneste plage i livet. Hun hadde en jernvilje og en sterk karakter – adskillig sterkere enn helsen. Ingen hørte henne noensinne klage. Sine lidelser holdt hun for seg selv, men for øvrig forstilte hun seg aldri.

Slik forholdet var, ble naturlig nok Märthas lidelser også Olavs lidelser.

Hennes legemlige prøvelser begrenset seg ikke «bare» til den uvanlig kraftige migrenen med stadig hyppigere anfall. Høsten 1945 fikk hun også store ryggsmerter som økte etter hvert. Før årsskiftet kunne legene på Rikshospitalet konstatere at det dreide seg om isjias som følge av en skade på en hvirvelskive.

I to år ble hun henvist til å gå med de smertefulle isjiaslidelsene. Det er nesten utrolig at hun greide å bevare sitt stabile og lyse humør også i denne perioden. På toppen av det hele utviklet hun sommeren 1946 en regulær lungebetennelse som ikke skulle bidra til å gjøre tilstanden lettere. Vinteren 1947 ble isjiassmertene så uutholdelige at man bestemte seg for operasjon. Den fant sted i Boston, dit kronprins Olav fulgte med.

Operasjonen var vellykket, men medførte et langt og besværlig sykeleie. Gjennom hele denne tiden mobiliserte hun sine store psykiske ressurser og kom gjennom rekonvalesenstiden som et helt menneske, glad og tilfreds. Så fulgte to år hvor hun kjente seg frisk og følte seg i bedre form enn noen gang tidligere. Hun var lykkelig. Olav og barna delte gleden med henne. For første gang på lenge kunne hele familien nyte livet sammen.

Den sammenhengende rekken av sykdommer og anfall hadde vært en kolossal psykisk påkjenning også på Kronprinsen, selv om han i hvert fall ikke utad lot seg merke med hvor påvirket han var av Märthas lidelser.

Nå skulle det bli annerledes – trodde man. Det skulle imidlertid ikke gå svært lang tid før en ny og skjebnesvanger sykdom slo til.

Sommeren 1950 var kongeskipet «Norge» på tur langs kysten, helt opp til Kirkenes. Under denne reisen fikk Kronprinsessen voldsomme anfall av kvalme og hodepine. Ved anløpet i Bergen ble det slått fast at hun led av en fullt utviklet gulsott som tvang henne til sengs. Selv om hun ble bedre utpå høsten og alt så lysere ut, kunne man ikke på noen måte regne med at sykdommen hadde sluppet taket for godt.

Like fullt gjenopptok Kronprinsessen sine representasjonsplikter. Det skulle dessverre ikke vare lenge før sykdommen slo til igjen. Allerede i februar 1951 måtte hun atter en gang søke tilflukt til Rikshospitalet.

Kronprinsessen var alvorlig syk og led vondt. Det gjorde Olav også. Han følte en nagende uro som aldri slapp taket. Han fant ikke hvile, hverken fysisk eller psykisk. Han unngikk å se fremover og la ikke flere planer enn det som var nødvendig. Det krever en nesten umenneskelig selvdisiplin å skyve de tunge tankene på sykdom og de skremmende konsekvenser fra seg. Ingen av de to hadde anlegg for å flykte fra realitetene. Likevel klamret de seg begge til det håp den minste bedring kunne gi grunnlag for – falske håp kan hende, men det var det eneste de hadde å holde seg til.

De to gikk og så på hverandre. Hun ville så nødig ta håp og mot fra sine nærmeste. De på sin side ville ikke gjøre den syke enda mer fortvilet og mismodig. Man ble henvist til en gjensidig oppmuntring som man fornemmet at det ble stadig mer sviktende grunnlag for.

De skiftende stemningene mellom fortvilelse og nytt håp tæret på kreftene for hele familien.

Yngstebarnet, Harald, hadde det på mange måter særlig vanskelig i denne tiden. Han var sterkt og inderlig knyttet til sin mor. Han følte med henne, delte hennes angst og fryktet dagene som skulle komme. Han var i den vanskelige, mest sårbare alderen, og trengte sin mor enda mer enn sine to eldre søstre.

Kronprinsesse Märtha hang ved livet. Stedig, viljesterk, men i virkeligheten ikke til å redde. Den kjernesunne kronprins Olav med den robuste helsen som tålte alt, fikk til slutt magesår. Bekymringen, smerten og frykten for det som kunne skje, ble for meget for ham. Han visste nok hvilken vei det bar. Det legene hadde å fortelle, var i virkeligheten klar beskjed.

Kronprinsessen ble stadig svakere. Det ble mange dager med nedsatt bevissthet. Siste gang hun ble innlagt på Rikshospitalet var den 14. mars 1954. Helt frem til da hadde hun med oppbydelsen av krefter hun egentlig ikke hadde, deltatt i en mangeartet og krevende representasjonsvirksomhet.

En uke etter innleggelsen, den 21. mars, feiret hun sin sølvbryllupsdag ved å se seg istand til å sitte litt mer oppreist i sengen en kort stund.

Det skulle ikke gå mange dagene før full bevisstløshet inntrådte. Natten til 5. april, kl. 4.28, trakk kronprinsesse Märtha sitt siste åndedrag.

Hun hadde fortjent å bli dronning. Det var slik hun opptrådte. Hun etterlot seg en utrøstelig ektemann som følte større avmakt enn noen gang før.

En familie og et folk i sorg

I likhet med alle andre begivenheter i den kongelige families liv kunne heller ikke Märthas begravelse bli et privat anliggende bare for familien. Kronprins Olav og barna befant seg på to forskjellige plan på samme tid. De eksisterte både i en privat og en offentlig sfære.

Fra vuggen til graven blir alle de store merkedager markert i offentlighetens skarpe søkelys. Dåp, konfirmasjon, bryllup og begravelser er begivenheter som hele folket etter gammel skikk tar del i.

Kronprins Olavs inntog i Oslo sammen med sin forlovede, Märtha, i 1929, og bryllupet som fulgte dagen etter, samlet større og mer jublende menneskemasser enn noen tidligere begivenhet. 25 år senere opplevet nordmenn, og særlig Oslos befolkning atter en gang en kongelig familiebegivenhet.

Kronprinsesse Märthas gravferd 21. april 1954 samlet et folk i dyp sorg – og sto i slående kontrast til de skinnende dagene da bryllupet ble feiret.

Stille og tett i tett samlet folk seg langs ruten der sørgeprosesjonen passerte forbi, fra Slottet til Domkirken og videre til Akershus festning. Gravferden fulgte det samme enkle og verdige seremoniell som det norske kongehus hadde valgt ved Dronning Mauds gravferd i 1938. På et fløyelstrukket militærkjøretøy ble Kronprinsessens båre bragt til Domkirken under åndeløs stillhet. Bak fulgte en kort prosesjon. Det eneste som kunne høres var skrittene mot brolegningen – og sørgemarsjen.

Rett bak båren gikk kronprins Olav i gallauniform, og prins Harald i sort frakk. Den eldste ensom og alene – den yngste ulykkelig og forlatt.

Kronprins Olav gikk den tunge gangen verdig og alvorlig. Han bar sin sorg i full offentlighet med krefter nok til å vise kontroll og selvbeherskelse – og samtidig uten å tildekke en synlig sorg som risset seg inn i mange nordmenns bevissthet. Og ved siden, Harald, en følsom og vår 17 års gutt, som kjempet med gråten, som hadde vært nært knyttet til sin mor, som han kom til å savne sårt i alle år. Også han besto prøven.

Siden har kong Harald latt oss se sin sorg enda tydeligere ved sin fars død. Et helt folk ble ham takknemlig fordi han ikke holdt oss på avstand, men stolte på at vi ville forstå ham. Det knyttet de første sterke båndene mellom den nye kongen og folket.

Det som gjorde Kronprinsessens gravferd så gripende, var at alle forsto hvor ubarmhjertig, umenneskelig og hardt det måtte være å måtte bære sin sorg til offentlig skue.

Kronprinsesse Märtha døde ikke fordi alderen krevet sitt. Hun måtte alt for tidlig late livet etter å ha kjempet mot sin dødelige sykdom. Familien og folket sto samlet i sorg.

Minnenes kraft

Hvor dypt ned i den nattsorte fortvilelsen kronprins Olav sank da Märtha måtte gi opp sin tapre kamp for livet, ja, det er det aldri noen som får vite. Men ingen som kom ham tett inn på livet i de dagene, da atskillelsen ble beseglet og endelig, kunne forbli anelsesløse om den nesten lammende tomheten han ble grepet av. Hverken hans gudstro eller hengivne barns kjærlighet og omsorg kunne fylle tomrommet.

Utad opptrådte han med stødighet og beherskelse. Dramatiske følelsesutbrudd var ham fjernt. Han avskydde teatralsk føleri. Fasaden fortalte lite om det som rørte seg i hans indre. Så nær depresjonen hadde Olav aldri vært; ikke før, heller aldri senere. Han måtte sette inn hele sin viljestyrke og plikttroskap for å berge seg igjennom sitt livs største sjelelige påkjenning.

Langsomt fikk han et fastere grep om seg selv og tilværelsen. Han måtte erkjenne at livet fortsatte å gå sin vante gang, selv om alt for ham var blitt annerledes og skulle forbli det alle hans dager. Tanken på alt det de hadde gjort sammen, slapp aldri taket. Etter en tid var det det han fant styrke i. Han forsto at han hadde fått del i noe dyrebart og meget sjeldent som bare blir de færreste forunt.

Etter kronprinsesse Märthas bortgang ble Kongen en enda mer regelmessig kirkegjenger enn tidligere. I den tiden var han et dypt ulykkelig menneske som trengte noe kjent og kjært utenfor seg selv å finne trøst og støtte i.

Den tro han var blitt oppdratt i, hjalp ham til å avfinne seg med det uerstattelige tapet han hadde lidd; men helt å forsone seg med det, maktet han ikke før svært lenge etterpå. Etter hvert kom også tiden som gikk, ham til unnsetning. Sorgen og savnet ble mer avdempet og til å leve med selv om det aldri helt slapp taket i ham.

I de senere årene foretrakk han å be sine bønner i Slottskapellet. Det var på alle måter enklere å gå til gudstjeneste innenfor Slottets fire vegger. Kirkegangen betydde meget for Kongen. Derfor kunne det være godt for ham å få gå i kirken uten alt oppstyret det automatisk ville utløse om han skulle delta i gudstjenesten i Asker kirke eller i Oslo Domkirke for den del. Også en monark kan ha behov for de stille, ensomme stunder med sin Gud, seg selv og sine minner.

Både glemselen og erindringen er viktige i menneskets liv. Ofte blir glemselen til hjelp for erindringen. Man glemmer det uvesentlige og de tusen detaljer uten betydning. Det skjer en utvelgelse av hva man gjemmer på. Tiden er en sorteringsmaskin. Minnene om det viktigste blir igjen.

Gjennom minnene og det som hadde vært, fikk kong Olav styrke til å gå videre. For ham ble kronprinsesse Märtha en byggende kraft også etter sin bortgang. Og det var mange stunder de hadde sammen som det ikke er plass for i historiebøkene, men som ble skinnende øyeblikk i et samliv mellom to.

Han husket en dugget og edel flaske tørr fransk vin som han og Märtha skålte i på bryllupsreisen ved den franske riviera. Den de fikk servert sammen med den nykokte hummeren og franske markjordbær. De var ikke gourmeter; men de opplevde noe helt og fullkomment i den varme Middelhavsnatten som gjorde samværet og det utsøkte måltidet til et harmonisk hele. Kong Olav, den gamle soldaten, sa det ikke akkurat slik; men *jeg* er overbevist om at det var sånn det var.

Hun var uerstattelig

«Da Kronprinsesse Märtha, min hustru gikk bort, ble det stille og tomt rundt meg,» sa Kongen. Mens hun slet med sykdommen kjente han seg helt ute av stand til å delta i noen form for sosialt samvær som han ikke følte seg forpliktet til av rang og verdighet. Han var bare med på det strengt offisielle. Alle former for annen deltagelse i samfunnslivet falt bort.

«Min familie på Skaugum gikk i oppløsning; ingenting ble som det hadde vært. Den tiden ble vanskelig både for barna og for meg. Min far, kong Haakon, sørget med oss. De var så glade i hverandre. Mine tre barn trengte sin far den gangen. Jeg skulle være både far og mor. Det var jo umulig. Ingen kunne noensinne erstatte min hustru hverken for meg, mine barn eller for min far.

Nå er det lenge siden vi fem bodde under samme tak. Den tiden kommer naturligvis aldri tilbake, men jeg tenker ofte på den. Det ble mange lange, ensomme kvelder – tomt og stille – ikke bare for meg, men også for barna. Her i landet var det jo ingen eldre kvinner i familien som kunne fylle tomrommet.

Deres bestemor, prinsesse Ingeborg, Märthas mor, kom på besøk fra tid til annen. Hun var god å ha. Barna var svært glad i henne. Men hun ble ikke så lenge; og vi fedre har jo våre begrensninger, det er jeg mer enn villig til å erkjenne. Det forsto jeg da jeg ble alene. Det praktiske ute på Skaugum fortsatte å gå forholdsvis greit. Min hustru hadde jo gjennom lang tid innarbeidet sikre rutiner for hvordan alt skulle gjøres.»

For annen gang i livet søkte kong Haakon og kronprins Olav sammen i sitt felles savn. De hadde bodd under samme tak i de lange krigsårene i London. Nå var det to enkemenn som søkte hverandres støtte. Kong Haakon var på Skaugum nesten hver annen ettermiddag. Det var en hjelp for oss – og for ham,» sa Kongen.

«Ingen vet hvor heldig jeg hadde vært. Jeg visste det mens min hustru levde. Det sto ennå klarere for meg da hun ble borte. Jeg opplevde en dyp fortvilende sorg, som hverken gudstro eller en kjærlig familie var istand til å gjøre noe med. Det er bare tiden som kan lære en til å forsone seg med slikt, først da forstår man at det også var mye å takke for; mange minner å finne styrke i.

Det ble en vanskelig tid. Jeg hadde mistet min hustru og var ennå ikke blitt konge. Barna var i ferd med å bli voksne. Min far kong Haakon påtok seg fortsatt alle representasjonsforpliktelser som fulgte med kongeverdigheten. Det var ikke så mye han kunne overlate til meg.»

Dagene ble lange. Kveldene enda lengre. Det var ikke alle som følte at de kunne nærme seg en kronprins og delta i hans sorg. For annen gang i livet følte han seg ensom selv om han var omgitt av sine egne.

Familiefaren

DET SKAL BLI VANSKELIG Å FINNE ANDRE KONGELIGE FORELDRE som så direkte og personlig tok seg av barneoppdragelsen som Märtha og Olav. Dersom man studerer den europeiske kongelitteraturen, kan man ikke unngå å merke seg den nesten grunnleggende forskjellen. Vi skal ikke lenger enn til Danmark og Sverige for å finne markante ulikheter.

Ragnhild, Astrid og Harald bruker alle tre gode ord om atmosfæren i barndomshjemmet. Det var lyst og lunt med trivsel og hygge. Kjærlige foreldre ga trygghet og tillit. Både Märtha og Olav hadde tid til å ta seg av sine barn og ønsket å gjøre det.

Kong Olav kunne ikke unngå å tenke på hvor ensom han selv hadde følt seg uten søsken og andre jevnaldrende i det store og ødslige slottet. Han ønsket noe annet for sine egne barn.

«Det var ikke så travelt og stressende den gangen som i dag,» sier prinsesse Ragnhild. «Mor og far hadde bestandig tid til oss. Slik jeg husker det i dag, var mine foreldre alltid hjemme, hvilket de selvfølgelig ikke kan ha vært.» Alle tre bekrefter at de aldri hadde noen følelse av å bli overlatt til andre og at de fikk anledning til å komme nært og tett inntil sine foreldre.

Olav og Märtha la vekt på å oppdra barna relativt nøkternt. Det skulle ikke være for mye av noe – ingen overflod. Riktignok fikk de to prinsessene en fin, stor lekestue som foreldrene lot sette opp. Den var utvilsomt inspirert av en tilsvarende lekestue som kronprinsesse Märtha hadde hatt sammen med sine to søstre på foreldrenes landsted Fridhem.

De var strenge med leggetiden, har kong Olav fortalt. «Hvis De spør barna, syntes de nok vi var altfor strenge; men det mener vel de fleste barn,» la han til. Da jeg tok Kongen på ordet og i tur og orden spurte alle tre, viste det seg at ingen av dem hadde festet seg ved at foreldrene var spesielt strenge. Det gjaldt bare på ett punkt. Det var farens nesten urimelige krav til punktlighet. Det kravet ble imidlertid først aktuelt etter at de hadde fått klokke og lært seg å bruke den. Det var ikke strengheten, men kjærligheten som hadde etterlatt seg det sterkeste og mest varige minnet.

Det var ellers typisk for oppdragelsen på Skaugum at barna ikke fikk klokke før de ble 10 år. Det var slik 10-årsjubileer ble markert i de dager.

Prinsesse Ragnhild husker den dag i dag at hun fikk et såkalt kasseapparat på syvårsdagen. Slike enkle kameraer kostet den gangen 7-8 kroner. Hun hadde gått og ønsket seg det i lang tid og ble overlykkelig da hun endelig ble den stolte innehaver av en slik skatt. Godt hjulpet av sin bestemor dronning Maud, som var en habil amatørfotograf, ble det tatt mange fine bilder som ble behørig beundret av hele familien.

Slik var det på Skaugum. Det forteller atskillig om det kloke måtehold som ble praktisert, men også noe om hvor mye forholdene har forandret seg her i landet i løpet av de siste 50 år.

Kveldsbad og aftenbønn

Prinsesse Ragnhild er den eldste i søskenflokken og følgelig den som har mest å fortelle om familielivet på Skaugum før krigen. Etter de erfaringer hun gjorde senere i livet, har hun forstått at de levde et harmonisk, nesten idyllisk og bekymringsløst liv. Så langt hun var istand til å bedømme det, var hennes far mer tilgjengelig for sine barn enn mange andre fedre av det bedrestilte borgerskap. Han deltok hele tiden sammen med kronprinsesse Märtha i barneoppdragelsen og i alle barnas små og store gjøremål.

Ingen av prinsessene oppfattet kong Olav som en ubøyelig og bestemt far som det ikke gikk an å overtale, selv om han alltid satte bestemte grenser for hva barna kunne tillate seg. Fasthet er noe annet enn strenghet.

Han roste og skjente som foreldre flest. Heller ikke i barneoppdragelsen maktet han helt å tøyle sitt temperament og bråsinne, uten at det forstyrret idyllen ut over den kortvarige utladningens varighet. Kronprinsesse Märtha visste hvordan hun skulle dempe ham når hun syntes det var nødvendig.

Kong Haralds første erindring om sin far skriver seg fra julen 1940, da Olav kom på uventet besøk fra England. Da var Harald fire år gammel.

Alle kong Olavs tre barn husker som om det skulle være i dag, hvordan både Märtha og Olav alltid kom inn til dem når de skulle legge seg til å sove, dyttet dynene godt rundt dem og ba aftenbønn med dem. Den samme som alle kjenner: «Kjære Gud, jeg har det godt . . .».

Prinsesse Ragnhild har sørget for at den skikken ble holdt i hevd. Hun ba norsk aftenbønn med sine barn langt hjemmefra, i Brasil. Nå har skikken gått videre. Datteren ber den samme aftenbønnen med sine barn.

Märtha og Olav hadde gjort seg til vane ikke å gå bort om kvelden før barna var vel i seng. For prinsebarna virket det derfor som om foreldrene alltid var der. Det ga en god følelse. Da ble det lettere å sovne.

Etter at de tre barna nådde en viss alder, bortimot 10 år, var tiden inne til å be sine aftenbønner for egen maskin. Olav var likevel alltid innom barna og sa god natt hvis han var hjemme, og ga dem en god klem på kjøpet når det passet. Han var en ualminnelig god far som i denne forbindelse ikke først og fremst var kronprins.

Aftenstellet deltok begge foreldrene i så sant de var hjemme.

Da var det liv og røre. Da de var riktig små, var det foreldrene selv som foresto kveldsbadingen. Olav var ikke snauere enn at han på de dagene barna skulle skifte tøy, lempet dem opp i badekaret med fulle klær. Ungene skrek og hvinte av fryd. De plasket og prustet og sparket så vannspruten sto. Til slutt var den kongelige bademester like våt som sitt avkom.

Denne bademanøveren måtte gjentas i det uendelige. Det førte til at det utviklet seg et fast rituale på de dagene det skulle foregå klesskifte. Minnene om denne særegne leken hadde risset seg inn i hukommelsen og forsterket inntrykket av en spontan og lykkelig livsutfoldelse.

Det kong Harald husket best fra barne- og ungdomsårene, var hvor åpenbart det var for alle i kronprinsparets nærhet hvor intenst opptatt av hverandre de var. Hver liten berøring talte sitt eget tydelige språk. Hver bevegelse, «kroppspråket», hva de sa til hverandre og når de så på hverandre, var en bekreftelse på samhørigheten. Foreldrene lærte barna sine hva et samliv kunne være.

Kjærligheten mellom dem var synlig. Harald skjønte det ikke da han var liten, men forsto jo siden at det var selve den håndgripelige kjærligheten foreldrene lot ham og søstrene få se. Foreldrenes forhold til hverandre gjorde et uforglemmelig inntrykk på ham som forsterket seg ytterligere da han senere i livet fikk andre foreldrepar å sammenligne med, som ikke hadde vært like heldige.

Gleder og plikter

En gang før krigen mens ungene ennå var små og for lengst hadde falt i søvn, kom Märtha og Olav inn og vekket dem. Den aftenen var det et usedvanlig fint nordlys som de mente barna burde få oppleve. De fikk stå opp og beundre det enestående fenomenet som Olav prøvde å forklare for de små prinsessene – som søvnen ennå ikke helt hadde sluppet taket i.

Livet på Skaugum rommet så mangt. Märtha var for eksempel en usedvanlig kunnskapsrik soppkjenner. Det var en lærdom hun hadde brakt med seg fra Sverige. Hun og barna var på sopp-turer tidlig og sent så lenge sesongen varte. Hun lærte prinsessene alt om hvordan de skulle skille de spiselige fra de uspiselige, hva slags terreng de beste artene vokste i, og hva de forskjellige sortene het.

Det var bare ett problem Märthas soppundervisning førte med seg. Hun lærte barna de svenske soppnavnene. Derfor oppsto det senere en viss forvirring når Ragnhild og Astrid i sin tur skulle formidle sin viten videre, til sine barn.

Olav var ikke selv noen lidenskapelig soppsanker, men meget fornøyd med hva hans hustru kunne trylle fram. Med erfaring og sikker teft fant hun alltid frem til de utsøkte delikatesser skogen er så full av, men som forblir skjult for de fleste.

Olav og Märtha brakte i fellesskap sine barn i et nært forhold til naturen. Skaugum var jo ikke bare et herskapshus, men også et stort gårdsbruk hvor det ble holdt dyr og jorden ble dyrket. Prinsebarna var høyt og lavt og lærte om mange av livets mysterier sammen med dem som var knyttet til den allsidige virksomheten der.

Skaugum var på mange måter et ideelt sted å oppdra barn, selv om det kunne bli litt ensomt for barna, særlig kanskje for Harald.

Märtha og Olav ønsket å være foreldre som alle andre så langt det lot seg forene med den spesielle stillingen de befant seg i. Og de to var nok mer på linje og samstemt i barneoppdragelsen enn Haakon og Maud hadde vært. På Skaugum nyttet det ikke å være lur og prøve å få et ja hos mor etter at far hadde svart nei. Da hadde nok barna større sjanser for å oppnå det de ville dersom de allierte seg med bestefar eller bestemor. De var som besteforeldre flest lettere å ha med å gjøre enn foreldre som prøver å være konsekvente.

Det var én ting Olav hadde bestemt seg for å spare sine barn for. De skulle slippe å være med på alle de grenseløst kjedelige tilstelningene han selv var blitt tvunget til å delta i. Nå var nok ikke kronprins Olav så moderne og åpen for forandringer som han selv likte å tro. I noen forhold kunne han være merkelig mild og ettergivende, i andre nesten uforståelig autoritær.

Som små spiste ikke barna sammen med sine foreldre annet enn ved spesielle anledninger. De hadde jo hvert sitt program og hver sin timeplan. Da de ble eldre, ble det selvsagt annerledes. Men til og med etter krigen ble barna strengt straffet hvis de for eksempel kom for sent til et måltid. Da ble stolen tatt vekk slik at de måtte stå under hele måltidet. Da ble det ikke vist nåde.

Prinsesse Astrid fortalte at hun ved en spesiell anledning, da hun hadde vært på tur med sin fars hund, ble stoppet ved porten til Skaugum av en vakt som ikke kjente henne igjen. Da ble hun så desperat ved tanken på å komme for sent til middag at hun tvang seg forbi vakten og løp opp til huset. Hun tok heller sjansen på at vakten ville skyte enn å komme for sent til et måltid.

Også i Stortinget lærte vi å innrette oss etter kong Olavs kategoriske krav til punktlighet. Da jeg ved Grunnlovens 175-årsjubileum hadde æren av å ledsage Hans Majestet til hans plass i Stortingssalen, stoppet han plutselig i vandrehallen, kontrollerte sitt armbåndsur og sa i fullt alvor: «Vi må sette ned tempoet, herr President, vi er over 20 sekunder før tiden.»

Som far var kong Olav glad i å leke med ungene sine og frydet seg over alt de kunne foreta seg sammen. Om sommeren var de ofte med ham på seilturer både om søndagene og på fine sommerettermiddager i løpet av uken. Men de var bare med når de selv ville. De ble aldri tvunget til det.

Mange barn opparbeider en solid motvilje mot turer, hagearbeide og mange andre trivielle sysler fordi foreldrene forlanger barnas medvirkning. Den fellen gikk de aldri i på Skaugum, selv om barna selvsagt hadde visse faste plikter å utføre.

Kronprins Olav hadde stor glede av personlig å lære sine døtre å svømme. Det skjedde ved det badehuset de hadde nede på Vollen i Asker. De var begge litt redde for dypt vann. Den redselen tok kronprins Olav knekken på, kunne prinsesse Ragnhild fortelle. Han ba dem gå opp trappen til badehuset. Der var vannet dypt, men det var lett å komme opp. Slik ble det gjort. Og faren var riktig fornøyd.

Kronprins Olav var for øvrig ikke noen storbader som satte spesiell pris på en dukkert. Han svømte bra nok, men foretrakk etter hvert å være *på* vannet med seilbåten fremfor *i* vannet uten.

Om vintrene tok kronprins Olav barna med på aketurer, og de dro til Slependen for å gå på skøyter. Det ble lange, fine turer i bitende kulde på den islagte fjorden. Men først og sist var det ski det dreide seg om. Der fulgte han opp fra de var ganske små, lærte dem de første stavrende skitakene i hjemmelagde spor på Skaugum, bygget spretthopp og boltret seg hemningsløst i snøen med ungene.

Savn – og fødselsdager

Kong Olav var klar over at han hadde en vanskelig farsrolle å tre inn i etter fem års atskillelse under krigen. Særlig var det viktig for ham å ta igjen det forsømte i sitt forhold til Harald, som ennå ikke hadde fylt tre år da krigen brøt ut. Da krigen var over, var han nesten åtte.

Gjennom fem lange grunnleggende år hadde han bare hatt sin mor å holde seg til. Henne fikk han, selv til sønn å være, et mer enn vanlig nært forhold til, mens faren ikke var stort mer enn en figur som dukket opp ved juletider og så ble borte igjen uten forvarsel. (At dette skjedde av sikkerhetsgrunner, kunne jo ikke den lille gutten så lett forstå.)

Det var selvfølgelig ikke slik at barna ikke savnet sin far. Men det ble ganske snart det «normale» at han ikke var sammen med dem. De vennet seg til det. Da USA i 1941 kom med i krigen, ble det jo faktisk ganske vanlig også for amerikanske barn at fedrene var borte, enten i Europa, i Stillehavet eller på forlegninger andre steder i landet.

Det var Märtha og Olav, ikke barna, som led mest under den lange og tvungne atskillelsen. Personlig er jeg overbevist om at hjemlengsel og savnet av ens kjære kan ta så sterkt på et menneske at man kan lengte seg bokstavelig talt syk. I den perioden da Märtha satt med eneansvaret for barna, avslørte hun morskvaliteter som gjorde et sterkt inntrykk på hennes amerikanske og øvrige omgivelser. President Roosevelt og hans hustru Eleanor, som ble nære venner og faste te-gjester, så på henne med beundring og respekt. Også i sin morsrolle tjente hun Norges sak gjennom den posisjon hun vant i USA

For kronprins Olav som altfor «uvirksom og utålmodig» befant seg i London, skal man tro hans egne ord, var det til stor trøst å vite at barna ble tatt hånd om av en kjærlig og samvittighetsfull mor. Det ga ham én ting mindre å bekymre seg om.

Da de kom sammen igjen, gikk Olav entusiastisk i gang med å være en god norsk far, som så langt perioden like etter krigen gjorde det mulig, personlig oppdro sin sønn til en ekte og real norsk sportsgutt. Han hadde stor glede av å innføre sin sønn i skisportens verden der de begge fant seg vel til rette. Slik fikk de mange fine stunder sammen.

Som i alle andre hjem ble fødselsdagene behørig feiret. Ragnhilds fødselsdager ble før krigen feiret på Bygdø Kongsgård der dronning Maud i tråd med tradisjonen fra Olavs barndom holdt stort barneselskap. Denne tradisjonen fortsatte kong Haakon etter dronning Mauds død.

Astrids fødselsdager ble feiret på Skaugum. Der var det stor oppdekning med kaker og sjokolade med krem. En gang det ble servert sjokoladekake med krem og sjokolade uten krem, hadde kronprins Olav blitt rykende sint.

Han kunne bli barnslig opphisset over de mest bagatellmessige ting. Han var av den bestemte oppfatning at det ikke gikk an å drikke noe annet enn sjokolade med krem når det var fødselsdagsselskap for barna. Slik hadde det alltid vært før. Slik skulle det fortsette å være og dermed basta!

Han ga seg ikke til tross for Märthas forsøk på å berolige ham. Det hele endte med at «kokka på kjøkkenet» i beste militære stil ble utkommandert til å vispe krem fortere enn svint.

Etterpå var han mild som passaten og sitt eget godslige og omtenksomme jeg. Med stor entusiasme viste han filmer leid for anledningen for de 12-14 barn med foreldre som var til stede. Chaplin, Harold Lloyd og filmer om barnebokheltinnen Heidi var blant favorittene.

Da de kom hjem etter krigen ble det holdt tilsvarende selskaper for Harald. Kronprins Olav var en ivrig og omtenksom vert og tok seg av det meste, særlig etter at kronprinsesse Märtha ble syk og ikke alltid orket like meget.

En gang hadde han et svare strev med å styre Haralds jevnaldrende som var høyt og lavt. De hadde oppdaget at det fantes hustelefoner på nesten samtlige rom, og dermed ble det ringt i alle retninger. De løp ut og inn, selv om det var regnvær og sølete, og holdt i det hele tatt et forferdelig hus. De fine selskapsklærne var blitt passe skitne og gjennomvåte.

Det var da kronprinsesse Märtha kom på den idé å sette på brannalarmen. Det ble gjort, og da alle de vettskremte guttehvalpene kom ned i hallen for å begi seg ut, ble de «fanget» av kronprinsen som til slutt greide å samle hele banden, hvoretter alarmen ble slått av.

Da han hadde fått samlet alle i hallen, gikk han igang med å gjennomføre den gjettekonkurransen han hadde planlagt for anledningen. Det var tydeligvis lettere tenkt enn gjort. Stemningen var så høy at det ikke var ørens lyd å få.

Plutselig kunne kronprinsesse Märtha som satt i røkeværelset og hvilte sammen med Astrid, høre mannen brøle av full hals:

«Men hold da kjeft i hvert fall et eneste øyeblikk!» Sannsynligvis ledsaget av et kraftuttrykk som hverken passer for barneører eller på trykk.

Ingen skal komme og påstå at han ikke deltok i barneoppdragelsen.

Unge prinsesser

Barndommen var selvfølgelig ikke bare lek og moro. De skulle som alle andre lære noe. Kronprinsesse Märtha var lite begeistret for en ordning med fast guvernante. Istedet stelte de istand en såkalt «prinsesseskole» på Skaugum sammen med to andre jevnaldrende piker som var døtre av noen de kjente og en som lærerinnen hadde valgt. En slik «prinsesseskole» hadde Märthas foreldre fått istand for henne og de to søstrene hennes. Haralds skolegang ble annerledes. Han begynte på Smestad skole de første barneårene.

Prinsessene hadde vært borte i fem år og det ville ikke vært det minste rart om et så langt opphold utenfor landet hadde skapt problemer med skolegangen. Ved hjemkomsten var Ragnhild 15 og Astrid 13 år. De hadde jo heller aldri før gått i en vanlig, åpen skole. Men det ønsket foreldrene at de skulle gjøre.

Da de etter hvert begynte på Nissen pikeskole, gikk det bedre enn de hadde fryktet. De ble riktignok en smule beglodd til å begynne med, men det gikk snart over. Det hjalp selvfølgelig at deres gamle venninner Elisabeth Løvenskiold, Edda Hvam og Berit Lunde også gikk på Nissen. De tre hadde de jo tidligere delt «klasseværelse» med på «prinsesseskolen».

Selv om de hadde gått glipp av meget, hadde prinsessene til gjengjeld lært seg engelsk. Kong Haakon skal for øvrig spøkefullt ha bemerket om deres amerikanske utgave at det var «et slags engelsk jeg blir nødt til å avfinne meg med».

Prinsesse Ragnhild har fortalt at hennes far gjorde mange

iherdige, overbærende og forgjeves forsøk på å innvie henne i matematikkens mysterier – «uten at det hjalp stort». Begge prinsessene kunne bekrefte at han aldri ble urimelig ambisiøs på sine døtres vegne. De ble aldri utsatt for det press og den prestasjonsangst som dessverre har forsuret oppveksten for så mange andre.

Helt fra de kom hjem igjen, fulgte faren nøye med i døtrenes skolegang. Han leste lekser med dem og «hørte» dem så han lettere kunne skaffe seg et inntrykk av hvor de sto, slik at han kunne hjelpe dem. Han var raus med ros hvis prinsessene hadde gjort det bra til prøver og tentamener.

Han forlangte ikke så meget. Men han insisterte på at de skulle ta sine eksamener. De fikk grei beskjed om at hvis de strøk ved første forsøk, fikk de værsågod prøve om igjen.

Olav og Märtha la stor vekt på en meningsfylt konfirmasjonsforberedelse. De valgte biskop Berggrav til å føre frem alle tre barna. Det var tydelig at faren hadde vært med på å planlegge hva de burde lære og bli satt ordentlig inn i. Han visste jo også noe om hva de som medlemmer av den kongelige familie hadde behov for å kunne. Det ble en utvidet og mer omfattende konfirmantundervisning enn det som var vanlig.

Både konfirmasjonen, foreldrenes kristne engasjement og Kongens grunnlovsmessige forpliktelser kom til å spille en rolle. Og barnelærdommen og barnetroen er blitt sittende hos både barn og barnebarn. De som fulgte kong Harald under signingshøytideligheten skjønte umiddelbart at han hadde slått dype røtter i kristen tradisjon.

Prinsesse Ragnhild husket at hennes far i sin tale ved konfirmasjonen gjorde et særlig poeng av at hun nå var å betrakte som voksen med tilsvarende rettigheter, plikter og ansvar. Etter lunsjen bød han henne høytidelig en første sigarett. Men man kunne ikke unngå å se at det skjedde med et lurt smil. Han visste godt at hun hadde røkt før, men nå ga han henne lov i full offentlighet.

I ungdomstiden var kronprinsen svært opptatt av at prinsessene skulle få være sammen med andre. De fikk være med på fester nesten hver lørdag. Ofte var det fest på selveste Skaugum. Han var alltid selv til stede og i smoking. Det var god plass og de var gjerne en tyve-tredve venner og kjente på disse dansemoroene. Mens prinsessene var yngre, laget Olav en bolle med masse farris, is og saft og to flasker hvitvin for å gjøre det ekstra spennende. Foreldrene mikset det hele sammen og så øste Olav opp med en diger øse til alle gjestene hadde fått første gang. Senere fikk de gå og forsyne seg etter eget behov.

Kronprinsen underholdt seg svært gjerne med husets unge gjester. Han satte i det hele tatt stor pris på unge menneskers selskap.

Kong Olav viste stor overbærenhet når det gjaldt prinsessenes sportsprestasjoner, har Ragnhild foralt. De hadde ikke kunnet holde sine skiferdigheter ved like mens de var i Amerika, samtidig som deres venner og venninner hadde gjort store fremskritt. Prinsessene hadde glemt det meste.

Ikke minst i de kretser kongefamilien vanket, ble det sett på som en nasjonal forpliktelse å gå på ski og å gjøre det ordentlig. Etter krigen ble derfor prinsessene i likhet med mange andre barn i deres omgangskrets sendt på Tomm Murstads skiskole på Øvresetertjern ved Frognerseteren.

Kronprins Olav var jo en storartet skiløper. Han var imidlertid aldri det minste plaget av at han ikke fikk følge i skisporet at sin eldste datter, sa prinsesse Ragnhild. Hun tilsto at hun aldri ble noen kløpper på ski, men hun fulgte intenst med på fjernsynet når de store nasjonale og internasjonale skikonkurransene fant sted, og kunne forsikre at hun sånn sett var «en like god norsk sportsidiot som de fleste andre i landet».

«Min far var ikke mindre glad i meg fordi jeg var dårlig på ski, snarere tvert om. Han var mest opptatt av at jeg skulle ha det bra. Slik var det i mine yngre dager. Slik fortsatte det å være hele livet.»

Utdannelsesplaner

Kong Olav sluttet ikke å være far selv om barna ble voksne og mer selvstendige. Etter at han ble alene om oppdragergjerningen, gjorde han alt for å fylle plassen for begge to.

«I 1950 var min yngste datter blitt 18 år. Jeg syntes det var på tide at hun fikk litt luft under vingene. Hun var selv i villrede om hva hun skulle gjøre. Jeg foreslo at hun skulle reise til Oxford for å studere litt og for øvrig orientere seg om engelske forhold og i samtiden,» fortalte kong Olav. Han mente det var viktig for unge mennesker å komme ut og å bli selvstendige.

I Oxford var det flere colleges også for kvinner. Kongen husket at prinsesse Astrid ikke var spesielt entusiastisk, men at hun likevel gjennomførte en del økonomiske studier. Kongen mente det var viktig for henne å forstå, i hvert fall i store trekk, hvordan samfunnsøkonomien fungerte og hvorfor den av og til ikke gjorde det. Han var på besøk hos henne ved en anledning, og husket spesielt at den vakre middelalderarkitekturen og de gamle bygningene som fortsatt er i bruk, gjorde et sterkt inntrykk på prinsesse Astrid.

Men når sant skal sies. Hun lengtet hjem. Men hun kjente sin fars holdning. Det man hadde begynt på, skulle gjennomføres. Det Olav hadde ansett for å være et forslag, oppfattet hun nok nærmest som en ordre.

Den dagen hun kom tilbake til Norge, var det en lykkelig prinsesse som hadde lagt Oxford-tiden bak seg. Det var i Norge hun hørte hjemme. Det var her hun ville være.

Det var ikke bare Astrid kong Olav la planer for. Han hadde enda mer bestemte meninger om hvilken utdannelse kronprins Harald burde skaffe seg.

Når det gjaldt Krigsskolen var nok kong Olavs råd like meget en grei beskjed om at han burde ta Krigsskolen. Frivilligheten var ikke større: «Vil du ikke, så skal du!»

Harald var imidlertid selv innstilt på å gå den veien, og hadde tidlig innsett at en slik utdannelse ville være den beste for en tronfølger.

Både far og sønn var begge ikke så ganske lite sjenerte, og syntes ofte det var vanskelig å mestre alle de ulike offentlige opptredener som fulgte med posisjonen. Til tross for fasaden gjorde det seg gjeldende hjertebank og nervøsitet såvel hos far som sønn.

Krigsskolen hadde bidratt sterkt til å gi kong Olav selv øket sikkerhet og evne til å beherske de situasjoner han etter hvert fikk å hanskes med. Han mente rett og slett at denne militære utdannelsen var helt nødvendig.

Kronprins Harald følte nok et visst behov for å demonstrere en smule integritet i forhold til det press han følte seg utsatt for når det gjaldt veivalg i utdannelsen. Han har selv fortalt at han innenfor den snevre ramme han måtte holde seg, så sitt snitt til å gjøre som han selv ville.

Da Kronprinsen gjennomførte sin tid som aspirant til Krigsskolen på Nordseter i nærheten av Lillehammer, var det meningen at aspirantene skulle velge linje. Dette valg måtte gjøres innen en bestemt dato.

Kronprinsen visste utmerket godt hvilken linje kong Olav mente at hans sønn burde velge. Men den realfagslinjen som faren så suverent hadde mestret, hadde ikke Kronprinsen den ringeste lyst på. Han mente selv at han ville få det unødig slitsomt med fysikk og særlig matematikk. Derfor sendte han glad og fornøyd inn sitt skjema der han valgte engelsklinjen.

Kong Harald har i senere samtaler ikke lagt skjul på at han fikk seg en kraftig omgang da hans ulydige valg ble oppdaget. Hans far syntes det var særdeles lite passende «å gå kjøkkenveien», som han nedlatende kalte språklinjen.

Harald hadde imidlertid vært klok nok til ikke å spørre på forhånd. «Men han tente på alle pluggene da det kom for dagen hva jeg hadde gjort. Det var som å sette fyr på en kruttønne,» fortalte han. «Men da braket var over og støvet hadde lagt seg, var det hele over.»

Kronprins Harald forklarte senere sin far at han gikk på Krigsskolen for å lære militære fag, ikke for å slite seg halvt fordervet på å greie seg i matematikk. Det er ikke alltid like lett for en far å innse at sønnen kan ha andre anlegg enn ham og ønske å gjøre noe på en annen måte. Kong Olav hadde gode anlegg for realfag, og var svak i språk – bortsett fra engelsk. Han hadde vanskelig for å avfinne seg med at sønnens evner gikk i stikk motsatt retning.

Kong Olav var ikke like kategorisk når det gjaldt sin sønns videre utdannelse. Når kronprins Harald i likhet med sin far dro til Balliol for å studere, var det hans eget reelle valg. Harald mente at han ikke ville blitt møtt med protester dersom han hadde foretrukket et annet sted, hvis det da ikke tilfeldigvis hadde vært Tyskland eller Frankrike. Da kunne man være overbevist om at pater familias ville tent ganske kraftig. Kongen hadde sine klare preferanser, for å si det mildt.

Når det gjaldt fagkrets foreslo kong Olav for sin sønn at han skulle studere de samme fag som han selv hadde gjort. Det passet Kronprinsen utmerket. Han syntes sosialøkonomi og politisk historie var gode fag som lå vel til rette for den fremtid han forestilte seg.

Senere i livet har kronprins Harald vedgått at han egentlig ikke hadde tenkt seg noe annet studiealternativ heller. Den gang visste han rett og slett ikke nok om hvilke fag han kunne velge blant. I ettertid var han imidlertid overbevist om at han ved å følge sin fars råd, hadde valgt det eneste rette. Han mente selv at han hadde hatt ualminnelig stort utbytte av oppholdet der borte og at alt han hadde lært, skulle vise seg å komme til nytte.

Far og sønn – konge og kronprins

Det var et nært og fortrolig forhold mellom far og sønn. De hadde mange felles interesser og kunne snakke sammen om likt og ulikt. De diskuterte ofte viktige og vanskelige spørsmål med hverandre, særlig når det oppsto situasjoner hvor det kunne være tvil om hvordan de kongelige burde forholde seg.

Ifølge kong Harald var det særlig han som følte behov for å konsultere sin far i en rekke slike saker. Kong Olav og kronprinsen førte mange samtaler om hva man kunne tillate seg og hva man burde avstå fra. Ikke desto mindre kunne det oppstå behov for å prøve de mer grunnleggende prinsipper på bakgrunn av konkrete og aktuelle problemstillinger.

Det var alltid Kronprinsen som kom til sin far for veiledning og råd, ikke omvendt. Kong Olav hadde i sin tid som regjerende monark ikke det samme behov for råd som han hadde hatt som kronprins. Det var imidlertid viktig å gjøre klart hva en konge skulle og burde gjøre, og hva en kronprins kunne foreta seg. Dette hadde kong Olav meget klare oppfatninger av.

Slike spørsmål ble ikke gjenstand for nevneverdig diskusjon. Det var kong Olav som bestemte, noe kronprins Harald var enig i og forsto, selv om det selvsagt ikke hindret ham i å gi uttrykk for sine oppfatninger.

Kong Harald har fortalt at han ikke så sjelden, ja, nesten regelmessig følte behov for å rådføre seg med sin far om hva han skulle påta seg og hvordan han burde forholde seg. Ikke minst gjaldt det Kronprinsens oppdrag utenlands, hva enten han bisto Eksportrådet eller på annen måte fungerte som døråpner. De var begge to oppmeksomme på at det tross alt var en del en kronprins kunne delta i, som en konge måtte avstå fra. Det eksisterte en stor og avgjørende forskjell som måtte markeres.

De understreket begge at en kronprins *ikke* opptrer på vegne av kongen, men i kraft av seg selv og følgelig ikke har krav på eller venter å bli behandlet på samme måte.

Både kong Haakon og kong Olav satte relativt snevre grenser. Begge de to kongene hadde en tendens til å ville opptre selv. Bare sjelden, muligens altfor sjelden lot de sine sønner overta. Det måtte ikke bli noe konkurranseforhold. De yngre måtte hele tiden holde seg i bakgrunnen og holdes i bakgrunnen.

Dette kan være noe av forklaringen på at ingen trodde at kong Olav noensinne ville makte å oppnå samme posisjon som sin far. I noen grad gjelder også dette Kong Harald. Alle setter stor pris på vår nye konge, – «men som sin far vil han aldri bli,» blir det sagt. Det har vi hørt før. Det viste seg å være feil da – og kan bli det igjen.

Bestefaren

Kong Olav var ikke bare sine barns far og rådgiver, han fikk i mange år oppleve gleden ved å være bestefar, ja han ble også oldefar.

Han kom alle sine barnebarn svært nær. Hver søndag inviterte han til «bestefarsmiddag» på Slottet. Det ble i særlig grad prinsesse Astrids fem barn som ble faste søndagsgjester. De bodde nærmest. Barna på Skaugum var der ikke like ofte. Sonja og Harald ville så gjerne ha denne ene dagen i den travle uken hjemme sammen med barna. Til gjengjeld var kong Olav middagsgjest titt og ofte på Skaugum.

Da Alexander, Astrids eldste sønn, var i det militære, ringte hans far, Johan Martin Ferner, for å forsikre seg om at han hadde det bra og ikke savnet noe. Alexander kunne fortelle at han hadde det aldeles utmerket. Det eneste han savnet var bestefarsmiddagene.

Da Kongen fikk høre det sa han: «Sa han virkelig det», og ble både rørt og lykkelig.

Selv om han etter alderen var en gammel bestefar, var han alltid på bølgelengde med sine barnebarn. De spilte kort og spill og trivdes storartet i hverandres selskap. Ifølge sikre kilder slo han hele familien ned i støvlene i både Monopol og Scrabble.

De som fikk anledning til å oppleve kong Olavs barnebarn på nært hold i Akershus Slottskirke den dagen Kongen ble gravlagt, kunne ikke unngå å se hva ansiktene gjenspeilte. De forsto hva slags bestefar de hadde hatt og hva de hadde mistet.

Vi som var der og så det, ble grepet. Når man ser slikt, blir man fylt av andakt og ærefrykt. Han hadde lykkes både som far og bestefar. Til sin siste dag.

Det store eventyret

Kong Olav kom stadig tilbake til den store reisen han og kronprinsesse Märtha foretok i USA i 1939, to ganger tvers over det nord-amerikanske kontinent. Det var ikke bare kronprinsparets første besøk i USA. Det var sogar første gang noen norske kongelige overhodet hadde besøkt USA. Til gjengjeld skulle den turen vise seg å bli deres lengste utenlandsreise, som strakte seg over hele 70 dager. I tillegg til disse ytre omstendigheter fikk reisen et innhold som gjorde den til en helt spesiell begivenhet i Kongens liv.

Reisen hadde en lang forhistorie. Allerede i 1925 hadde kong Haakon og kronprins Olav vært invitert til norsk-amerikanske miljøer i USA for å feire 100-årsjubileet for den norske utvandringen. Det ble den gang ikke noe av. Det ble heller ikke aktuelt å ta imot en rekke innbydelser som kom de senere årene.

Da jeg spurte Kongen hva grunnen var til at det ikke ble aktuelt å reise den gang, svarte han at det var av økonomiske årsaker. Så lange reiser for de kongelige ville kreve egne bevilgninger ut over Kongens og Kronprinsens apanasjer, og noe slikt kom ikke på tale i sparepolitikkens tid i 1920-årene og begynnelsen av 30-årene. For Kronprinsen var det umulig å bekoste en slik reise av egne penger. «Apanasjen min var på 50 000 kroner,» kunne Kongen fortelle.

Den økonomiske verdenskrisen bidro også til å forsinke besøket i forhold til de opprinnelige planene. Allerede i 1932 var de første reiseforberedelsene i gang – etter initiativ av president

Franklin D. Roosevelt selv. Men tørkekatastrofen i Midt-Vesten og de senere depresjonsårene førte til at man både på amerikansk og norsk side så seg best tjent med en utsettelse.

I 1938 fant Roosevelt tiden inne til å ta opp saken, da han fornyet invitasjonen gjennom den amerikanske ambassadør i Oslo. Deretter ble det avtalt at kronprinsparet skulle komme til USA sommeren 1939 og bl.a. foreta den offisielle åpning av Norges paviljong ved Verdensutstillingen i New York.

Forventningene til det forestående besøket var store på begge sider av Atlanterhavet. I Norge hadde det lenge vært diskutert både i pressen og mann og mann imellom om kronprinsparet kunne få en aktiv rolle som «døråpnere» for Norge og norsk eksport i utlandet. Det svenske kronprinsparet hadde foretatt en reise i Syd-Amerika med bl.a. slike formål. Og før han ble konge i 1936, hadde Prinsen av Wales gjennomført omfattende reiser både i det britiske imperiet og i andre land og vunnet stor popularitet som «Prince Charming». Det meget representative norske kronprinsparet måtte forventes å kunne gjøre en minst like god innsats for Norges sak og for norske interesser.

Det var knapt nok noe land utenom Europa som hadde en slik nesten magisk tiltrekningskraft som USA. Det var selve drømmelandet for alt moderne – filmens, bilens og velstandens hjemland. Amerika hadde reist seg etter krisen i begynnelsen av 1930-årene og fremsto nå mer enn noen gang som fremtidens land.

Det norske kronprinsparets besøk skulle være en bekreftelse på at Norge ønsket å gjøre seg gjeldende i den nye verden. Norge hadde ikke hatt råd til å la seg representere ved verdensutstillingen i Chicago i 1932. Nå ville vi kvitte oss med fattigdomsstempelet. Til New York-utstillingen i 1939 ble det derfor planlagt en stor norsk paviljong. Utstillingens motto var «The World of Tomorrow».

Et varig vennskap

Når president Roosevelt hadde engasjert seg så sterkt personlig for å få i stand dette besøket, kunne det ha flere grunner. En ting kan i hvert fall ha spilt en rolle. Norge var ett av verdens mest demokratiske land. I Europa var Norge et grunnfestet demokrati i en periode hvor diktaturene strammet grepet over store deler av verden. Norge var også et sosialt foregangsland som hadde gjennomført mange av de ideer som Roosevelts egen New Deal-politikk var bygget på. Et besøk fra Norge kunne styrke båndene til et land som Roosevelt kunne trekke frem som et illustrerende ideal for sin egen politikk.

Turen startet med et besøk hos president Roosevelt og hans kone Eleanor på familiens landeiendom Hyde Park i staten New York. Det var presidenten selv som hadde villet det slik. Han ønsket å ha kronprinsparet som sine private gjester hjemme hos seg selv og ikke i Det Hvite Hus, for å kunne bli bedre kjent med dem.

Møtet mellom det amerikanske presidentparet og det norske kronprinsparet ble usedvanlig hjertelig. Det ble innledningen til et livslangt personlig vennskap. President Roosevelts sjarm var legendarisk, og hans norske gjester ble som så mange andre, betatt av hans varme og vinnende personlighet.

Utpå kvelden i Hyde Park ble Kronprinsen og Presidenten sittende foran peisbålet, der de kunne snakke sammen uforstyrret og fortrolig. Det var for øvrig slik Roosevelt likte å sitte når han holdt sine berømte «fireside chats» – sine peiskrok-taler over radio til det amerikanske folk. Noen år senere skulle kong Olav gi uttrykk for hvordan han opplevet Roosevelt – i den talen han holdt da Rooseveltmonumentet i Oslo ble avduket i 1950. Den bar preg av det inntrykket som dette første møtet ga:

«Han var en mann hvis personlighet og charme var så altomfattende at hver eneste en av oss følte at han var vår personlige venn og støtte. Når han i sine mange taler tiltalte oss som «Mine venner», følte man at disse ord ikke bare var en talemåte, men at han virkelig tok oss inn til seg selv, til en privat samtale, omtrent som en fremtredende lærer eller professor kan gjøre med sine elever og studenter, og han ga oss sine meninger og tanker angående de emner som skulle diskuteres, uten på noen måte å være nedlatende eller belærende.»

President Roosevelt var drøyt tyve år eldre enn kong Olav. Mellom disse to – tronarvingen på 36 og presidenten på 57 – oppsto det et nært tillitsforhold. I samværet med president Roosevelt kunne Kronprinsen med frimodighet bære frem tanker og synspunkter på politiske spørsmål og på verdenssituasjonen som ingen politiker hjemme i Norge hadde spurt ham om. Roosevelt merket at den norske Kronprinsen var en reflektert, kunnskapsrik og vel informert observatør som var i stand til å forklare og fortolke de dramatiske begivenheter som utspant seg i Europa.

Og Presidenten lyttet og lærte.

Kronprins Olav var ikke den som pleide å utbre seg i det vide og brede. Men det lot til at Roosevelt rett og slett virket forløsende på sine omgivelser, i motsetning til mange andre store og dominerende personligheter som kunne fremstå så fryktinngydende at andre nesten mistet talens bruk. Det var slik Kronprinsens første møte med Churchill hadde artet seg. Da hadde han følt seg nervøs, usikker og lite til pass.

Med Roosevelt var det omvendt. Man følte velvære i hans selskap.

President Roosevelt satte åpenbart pris på sine kongelige gjester. Mellom det amerikanske presidentpar og det norske kronprinspar oppsto det et helt spesielt forhold – et personlig vennskap som skjebnen senere skulle utdype og gi en historisk dimensjon både for Märtha og Olav og for det norske folk.

Det er vanskelig å gi en fyldestgjørende forklaring på hvordan dette nære og tillitsfulle vennskapet oppsto. Sannsynligvis hadde det noe med kjemien å gjøre. De sto til hverandre, forsto hverandre og var ærlig og oppriktig opptatt av andre enn seg selv. Presidentparets varme sympati for de unge kongelige utløste alt det som bodde i en ung, ivrig og entusiastisk kronprins som for første gang representerte sitt land utenlands og hadde fått luft under vingene.

En triumfferd

Over hele det nord-amerikanske kontinent var mottagelsen overveldende. Kronprinsparet tok amerikanerne med storm. Ingen kongelige besøkende hadde noensinne fått en slik velkomst, var en vanlig pressekommentar. Det kan selvsagt ha forekommet høflige overdrivelser, men mye taler for at det pressen skrev var en realitet.

Dels hadde det sammenheng med besøkets karakter. Kronprinsparet var kommet for å hilse på sitt eget folk, og det var lagt opp et program hvor nettopp møtet med de mange enkeltmenneskene var det sentrale. Som under deres reiser i Norge, var det stopp på flest mulig steder og mest mulig umiddelbar kontakt med alle fremmøtte, ikke bare fremstående dignitærer. Det representerte noe nytt, friskt og annerledes. De oppførte seg som levende mennesker, folk fikk ta dem i hånden og snakke med dem. Pressen fikk direkte adgang til et smilende kronprinspar som svarte rett frem og uten primadonnanykker på de merkeligste spørsmål.

Siden dette var før fjernsynets tid, ble pressebildene og nyhetsfilmene særlig viktige. Og det norske kronprinsparet gjorde seg ypperlig på bilder. De var vakre, unge og sporty. Avisleserne kunne følge dem til hest i Grand Canyon, badende i elver og svømmebasseng, og i skiløypene til fjells. De kunne se Kronprinsen ved roret i regattaer både på Øst- og Vestkysten – overalt like smilende og med en selvfølgelig sikkerhet i sin fremtreden – hva enten han deltok i gallamiddager eller ble høytidelig opptatt i Crow-indianernes stammefellesskap.

Olav og Märtha representerte noe helt annet enn det amerikanerne forbandt med den europeiske og aristokratiske kongetradisjon. De fremsto som unge, naturlige representanter for et moderne demokrati.

I tale etter tale – det ble nesten tre hundre av dem på den 70 dagers turen – bragte Kronprinsen frem sin hilsen og hyllest til USA som verdens største demokratiske nasjon og et forbilde for den frie verden. Han fremhevet med stolthet hva de utvandrede nordmenn hadde bidratt med til å utvikle de amerikanske idealer om frihet og likeverd. Dette var et budskap som nådde hjem hos et amerikansk publikum.

Reisen som hadde startet i New York med besøket hos presidenten og åpningen av Norges paviljong på Verdensutstilingen, fortsatte med tog vestover til Detroit og Chicago, med innlagt besøk både ved Fords bilfabrikk og i Chicagos berømte slakterier. Deretter gikk turen til Midt-Vestens stater med sin store norske befolkning, tvers over kontinentet til California, med besøk i Grand Canyon og ved Boulder Dam.

I Los Angeles var man naturligvis innom filmens hovedstad, Hollywood, med besøk hos Sonja Henie under filmopptak i studio. Videre til San Francisco, en by med stor norsk koloni og norsk sjømannskirke, med besøk ved den store Golden Gate-utstillingen. Derfra videre nordover til Oregon og Washington. Nå var det først og fremst de norsk-amerikanske miljøene som sto på reiseruten – med avstikkere til naturparker og andre severdigheter.

Flest stopp ble det i selve kjerneområdene for den norske bosettingen, «the Norwegian Heartland», i de nordlige Midt-Veststatene – North Dakota, Minncsota, Iowa og Wisconsin.

Bevegede møter

For Kronprinsen ble møtene med de tradisjonsrike norske kulturinstitusjonene uforglemmelige minner. Luther College i Decorah, grunnlagt allerede i 1866, var først på ruten, med en æresdoktorgrad til Kronprinsen, St. Olaf College i Northfield var det neste, med ny æresdoktorgrad og møte med biskopen for den norske lutherske kirke i Amerika. Det var et historisk møte mellom den unge, norske kronprins og de eldste og største institusjoner for norsk kultur og norsk kirke på fremmed jord.

Det ble for øvrig mange flate doktorhatter og kapper å pakke ned og ta med hjem. Det var uttrykk for en tradisjonell amerikansk måte å ære fremstående gjester på. Samtidig ble disse usedvanlige kledebon et symbol på den spesielle posisjon som den norske kultur hadde opparbeidet seg i USA.

Det fantes jo ikke noe norsk territorium eller noen norsk statsinstitusjon i USA – selv om flere av de guvernører kronprinsparet hilste på, var av norsk herkomst. Norskheten levde som en kulturell realitet, bygget på kirke, skole og universitet som det faste fundament. Luther og St. Olaf var begge private institusjoner, eiet og drevet av det lutherske kirkesamfunn.

Det var folkefest og 17. mai-stemning i alle de norskpregede små og store byer som kronprinsparet var innom, og jubelen ville knapt noen ende ta. Rektoren for Minnesota State University takket kronprinsparet fordi de hadde fått hull på norsk-amerikanernes tilbakeholdenhet når det gjaldt jubel og hurrarop.

Det gjorde utvilsomt et sterkt inntrykk på kronprinsparet å fornemme hvor levende det norske var blant annen og tredje generasjons innvandrere, – hvordan norsk språk og kultur og luthersk lære hadde levet videre, langt unna sine norske kilder. Selv om Kronprinsen ikke hadde ord på seg for å være lettrørt og sentimental, sto det ikke til å nekte at han ofte ble svært beveget over den norsk-troskap og dype hengivenhet de ble møtt med.

Møtet med uforfalsket norsk tradisjonalisme kunne av og til anta nokså egenartede former. Etter en lang og slitsom dag, som endte med middag ved St. Olaf College, kom Kronprinsen til å utbryte at «nå skulle det smake godt med en pjolter!»

Stor forferdelse blant vertskapet. Alkohol var bannlyst både for studenter og lærere, og noe slikt drikke fantes ikke på dette collegets eiendom. Men man fant råd. En av lærerne ble sendt ned til nærmeste skjenkested i byen, og kom tilbake med varene, som ble servert uten at gjestene hadde merket noe til oppstandelsen.

Stort bedre ble det ikke da Kronprinsessen tente en sigarett. Noe askebeger hadde man ikke ved St. Olaf, hvor tobakk var like lite velsett som alkohol. Men underskålen til en kaffekopp gjorde tjenesten uten at Kronprinsessen lot seg merke med det.

Den store USA-reisen endte i Washington D.C., med et mer offisielt møte med USAs statsledelse og et nytt besøk hos Roosevelts, denne gang i Det Hvite Hus. Kronprinsen markerte avslutningen på besøket med deltagelse i en regatta ved Long Island, slik det sømmet seg en storseiler. Deretter ble det avskjed og avreise med «Stavangerfjord».

Ved ankomsten i Oslo ble kronprinsparet møtt av en stor folkemengde på bryggen. Både utenriksminister Koht og Oslos ordfører holdt velkomsttaler. Hjemkomsten ble også markert med en stor middag på Slottet, hvor kong Haakon overrakte de to den nyinnstiftede Sankt Olavsmedaljen, opprettet i anledning av kronprinsparets USA-reise for å påskjønne særlig innsats for Norges sak i utlandet.

«Ingen har fortjent den bedre enn dere,» sa kong Haakon.

Kong Olav la vekt på at Amerika-reisen ikke bare hadde vært en stor personlig opplevelse. Den hadde også vært lærerik og nasjonalt viktig. Den hadde for resten av livet knyttet ham sterkt og trofast til det norske Amerika og til det amerikanske folk. Til sine dagers ende betraktet han amerikanerne som slektninger og venner, ikke bare som allierte i en forsvarspakt.

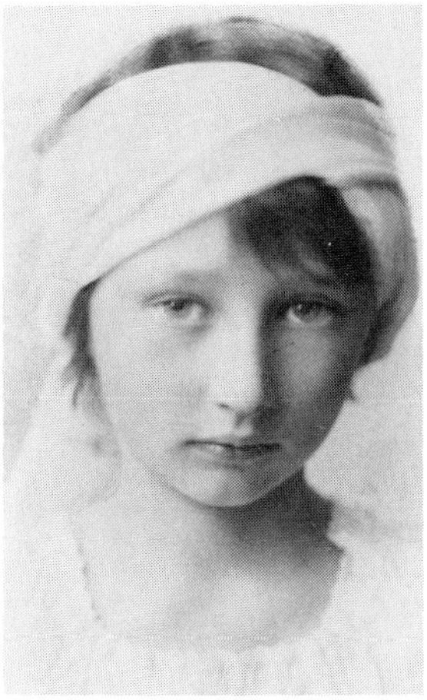

Til v.: Kronprinsesse Märtha. Portrett signert Rude, ca. 1930. *Over:* Märtha åtte år gammel. Som fetter og kusine hadde Olav og Märtha møtt hverandre helt fra barndommen. *Til h.:* Under regattaen i Sandhamn 1928, året før de ble forlovet.

Over: I åpen vogn gjennom Stockholms gater etter at forlovelsen ble kunngjort.
Til v.: Bryllupet stod den 21. mars 1929. Kronprinsens forlover var hans fetter Albert, den senere kong Georg VI av England.
Til h.: På bryllupsreisen var de nygifte også innom Appleton House, hvor de ble tatt imot av dronning Maud.

Til v.: Smil og glede under Gøteborgregattaen 1935.
Over: Familieidyll på Skaugum, 1934. Prinsessene var meget populære fotomotiver.
Til h.: 21. februar 1937 var en stor dag – da kom tronfølgeren!

Fra kronprinsparets Finnmarksreise i 1934. Bildet er tatt etter en gudstjeneste i Kautokeino kirke.

Den store Amerikareisen 1939 ble den rene triumfferden for kronprinsparet. Kontakten med president Roosevelt (midten) ble av særlig stor betydning under krigen.

Kronprinsparet hilses velkommen til New York av byens berømte borgermester Fiorello H. Laguardia i april 1939.

Over til v.: To ansikter det lyser av. Olav og Märtha møtes i utlandet 1942.
Under til v.: En lang krig er over og kronprinsfamilien gjenforent.
Over: Ved kong Gustafs 90-årsdag i august 1948, nesten 20 år etter forlovelsen, kjører kronprins Olav og kronprinsesse Märtha på ny gjennom Stockholms gater i åpen vogn. Allerede da var Märtha rammet av sykdommen som til sist krevde hennes liv. Hun fikk aldri bli dronning.
Til h.: 21. april 1954 fulgte far og sønn kronprinsesse Märtha til graven.

Til v.: På skitur i Sikkilsdalen en gang på femtitallet. Etter kronprinsessens død valgte kronprins Olav å gå videre alene. Ingen kunne erstatte Märtha.
Over: Den lille familien på tre; Harald, Astrid og Olav, fotografert rundt dagligstuebordet på Skaugum i 1955. I venstre billedkant terrieren «Bob».

DA KRIGEN KOM

«Både min far og jeg ønsket av hele
vårt hjerte å bli igjen i Norge også etter at
de allierte styrkene trakk seg ut.
Men de harde realiteter var
slik at det ganske enkelt ikke
lot seg gjøre.»

Offiser og forsvarssjef

FOR KRONPRINSEN VAR KRIGSSKOLEN ATSKILLIG MER ENN ET nødvendig ledd i den kongelige utdannelse. Han ville være offiser og delta i så mange militære aktiviteter som overhodet mulig også etter endt krigsskole.

Og deltok gjorde han til gagns, mye mer enn det som var vanlig blant offiserer den gangen. Allerede i 1925 var han nestkommanderende på Elvegårdsmoen nær Narvik. Dette første møtet med det nord-norske lokalsamfunnet gjorde et dypt inntrykk. Til forlegningen kom det rekrutter fra det omliggende distrikt.

«De representerte et miljø som den gang var fremmed for meg og som jeg hadde glede og utbytte av å bli nærmere kjent med. Det er et stort spørsmål om ikke jeg lærte mer av rekruttene enn jeg hadde å lære dem,» sa Kongen.

Han hadde også gode minner fra vinterskolen på Hvalsmoen nær Hønefoss. Der var han i 48 dager i 1927 mens han ennå hadde sitt hjem på Slottet. Året etter, i 1928, mens han fortsatt var løytnant, var han elev ved infanteriets skyteskole på Terningmoen.

«Det gikk mest i geværer,» kunne Kongen fortelle. «Det var den gangen vi fremdeles hadde «Krag'en». Det var et utmerket gevær, men egentlig ikke robust nok etter min smak. Det hadde litt for lett for å gå i stykker. Det måtte behandles med varsomhet, og det kunne nok by på problemer å skulle behandle sitt gevær med altfor stor forsiktighet i en krigssituasjon. Men det var et fremragende presisjonsvåpen.»

De engelske soldatene som kom hit i 1940 var imponert over «Krag'en», og mente det var bedre enn det våpnet de selv hadde. Men Kongen forklarte meg inngående hvorfor et utpreget presisjonsvåpen tålte mindre enn de vanlige mer robuste håndvåpnene. Det var jo ikke så mye skarpskyting det ble tale om, men mer massiv og hurtig ildgiving i de sammenstøt som fant sted under siste verdenskrig.

«Likevel er det grunn til å fremheve mange norske soldaters oppsiktsvekkende gode skyteferdighet. Den skyldtes nok ikke den sparsomme treningen de hadde fått på rekruttskolen og under verneplikten. Det var Det Frivillige Skyttervesen, skytterlagene og den norske jakttradisjonen som hadde gitt de største bidragene til treffsikkerheten,» bemerket Kongen.

Levende interessert

I 1929 gjennomførte forsvaret den største og mest omfattende fellesøvelse siden Første verdenskrig. Der deltok Kronprinsen som nestkommanderende ved kompaniet ved Akershus infanteriregiment. Han tiltrådte dagen før selve øvelsen tok til og var aktivt med hele tiden. Hans avdeling avsluttet sin deltagelse med å marsjere til Oslo.

«Vi skulle jo helst se ut som en veltrimmet avdeling, med pussede støvler og korrekt antrekk. Vi skulle defilere som en skikkelig militæravdeling og ikke som en flokk lassiser,» sa Kongen. De var i fullt stridsantrekk og bar hjelmer for anledningen. Det var mye folk langs marsjruten. De fleste kjente igjen den staselige Kronprinsen og gledet seg over det de så da manøvren ble avsluttet med parademarsj opp selveste Karl Johan med Kronprinsen i spissen for sitt kompani.

Etter at Kronprinsen giftet seg, deltok han også i øvelser og trening som marineløytnant, bl.a. i 1931 da han befant seg om bord i panserskipet «Norge» som lå ved kai i Horten. Der var han i seks uker. Han fungerte som kompanisjef og hadde i oppdrag å lære rekrutter militær opptreden, sluttet orden, og alt annet som en rekrutt bør kunne. Soldatene bodde om bord, mens all trening, skytingen inkludert, foregikk på land.

Blant alle de militære aktiviteter han deltok i før krigen, var nok vinterdetachements-øvelsen i Odalen og Stange den nyttigste og den som fikk størst betydning for de militære oppgaver han skulle få senere.

På det tidspunkt var han oberst og øvingssjef for hele manøvren. Fra første stund ledet han planleggingsarbeidet. Det fant sted på Slottet sammen med en liten stab av offiserer som selv skulle delta i øvelsen.

Kongen var levende interessert i dette arbeidet og gikk opp i det med liv og sjel. Han hadde da også avgjørende innflytelse på øvelsens avvikling.

«Men selvsagt innenfor budsjettets rammer, herr President,» la han til med et skjevt blikk som ikke helt kunne skjule hans humoristiske sans, men som også røpet hvor oppgitt han hadde vært over de utilstrekkelige forsvarsbevilgningene.

Slik samtalen utviklet seg, kunne ikke Kongen unngå å komme inn på de politiske uoverensstemmelsene om forsvarsbudsjettets størrelse i de siste årene før verdenskrigen brøt ut i 1939.

«Både min far og jeg var fortvilte over tingenes tilstand, men kunne lite gjøre. Regjeringen var neppe i tvil om hva min far mente. Men dette var jo et omstridt politisk spørsmål vi selvsagt ikke uoppfordret kunne blande oss bort i.»

Forsvarets betydning

Det er ingen hemmelighet at kong Olav hele sitt voksne liv var en sann forsvarsvenn. Han deltok i praktisk talt alle møter i Militære Samfund. Det hadde han, forsikret han meg, stort faglig og sosialt utbytte av.

For kong Olav betød forsvaret atskillig mer enn utelukkende en militær organisasjon. Han var en svoren tilhenger av den alminnelige verneplikt som han mente kunne utvikle verdifulle holdninger hos soldatene som de også ville dra nytte av i det sivile liv.

Han la vekt på at tjenesten hadde en positiv, sosialt utjevnende effekt. Forsvaret ble et møtested for folk fra forskjellige miljøer. Der kunne man lære av hverandre. Han så heller ikke bort fra at det kunne være heldig for mange unge mennesker å komme bort fra sine vante omgivelser og lære seg å møte det som var annerledes.

Kongen var ikke i tvil om at førstegangstjenesten førte med seg en merkbar sosial utvikling for de unge soldatene. Han antydet forsiktig at han trodde det ville være en fordel om utdannelsen av instruktører i forsvaret fikk et videre sikte enn bare å lære rekruttene tekniske og militære ferdigheter. Instruktørene var jo i virkeligheten lærere for unge mennesker som befant seg midt i en modningsprosess. De var foresatte som forlangte lydighet og respekt av sine soldater. Derfor måtte de opptre på en slik måte at de gjorde seg fortjent til respekten.

Han var alltid levende interessert i mannskapenes ve og vel og satte stor pris på å få snakke uformelt og fortrolig med soldatene. Men det var ikke alltid like lett, kunne Kongen fortelle. Det var så mange formaliteter.

Man ble ikke bare omgitt av, men nesten omringet av betydningsfulle, høyere offiserer og andre dignitærer. Derfor sto han ikke så fritt som han ønsket. Hans besøk hos styrkene ble planlagt i minste detalj; bordplassering, hvem han skulle drikke kaffe med, hvem og hva som skulle inspiseres. Han følte seg ofte ufri i sin dobbeltfunksjon som kronprins og forsvarssjef.

Men én ting var samtlige offiserer og mannskaper fullt klar over. Forsvarssjefen, kronprins Olav, var fagmilitær til fingerspissene. Der i gården nyttet det ikke å bløffe seg frem eller å prøve å dekke til uheldige forhold. Den slags ville bli omgående avslørt.

Når forsvarssjefen var ventet på inspeksjon, var det hektisk aktivitet ved avdelingen. Slik var det også under hele hans regjeringstid. De ansvarshavende offiserer foretok alltid en meget nærgående forhåndsinspeksjon for å forsikre seg om at utstyr og antrekk var uklanderlig. Man passet til og med på at knappene i uniformen sto den riktige veien.

Ved en anledning ble en ung avdelingssjef temmelig het om ørene da Kongen etter å ha inspisert og avspasert fronten tørt og kontant uttalte: «Pass på knappene, kaptein, den norske løve står ikke på hodet.»

Selv om altså Kronprinsen ikke fikk så god og omfattende direkte kontakt med mannskapene som han selv kunne ønske, fantes det ikke en eneste soldat som ikke var klar over hvilke enestående offiser de hadde som sin øverste sjef. Det utviklet seg en sjelden samhørighet mellom øverstkommanderende og styrkene.

Den vokste frem uten at Kronprinsen noensinne falt for fristelsen til å ta i bruk de kunstgrep og det ytre særkjenne som mange berømte hærførere har pyntet seg med, enten det var Pattons bryskhet, Montgomerys asketiske livsførsel eller Moshe Dayans svarte lapp over øyet.

Han var hele tiden den han var. Det var mer enn godt nok.

Den nye forsvarssjefen

Det var ikke så svært lenge etter at de allierte iverksatte operasjon Overlord om morgenen 6. juni 1944, at Kronprinsen ble utnevnt til forsvarssjef. Etter hvert fikk han en viss kontakt med den allierte overkommando. På grunn av sitt slektskap og vennskap med Lord Mountbatten, fikk han også en bedre direkte forbindelse til britene enn han ellers ville ha hatt. Mountbatten var en mann Kronprinsen så opp til. Han følte seg trygg på at han ville hjelpe til så godt han kunne.

I det veldige allierte krigsmaskineriet ble selvfølgelig de beskjedne norske styrkene av liten militær betydning, men det ville på den annen side være av atskillig større *politisk* betydning hvordan man på alliert hold valgte å forholde seg til et eventuelt alliert felttog i Norge for å få kastet tyskerne ut.

Forsvarssjefens oppgave i denne spennende tiden ble derfor ikke utelukkende av militær karakter. Det var jo ikke bare hans militære bakgrunn og kvalifikasjoner som hadde gjort ham til forsvarssjef, men like mye hans kongelige posisjon og gode engelske forbindelser på høyeste hold. Man skal heller ikke undervurdere betydningen av kronprinsfamiliens nære vennskap med president Roosevelt og hans hustru. Og det bør ikke glemmes at Kronprinsens forlover og nære venn, hans fetter, kong Georg VI, kunne ha stor innflytelse hvis han bestemte seg for å bruke den. Den stridbare og ofte dominerende Churchill fikk ikke alltid anledning til det solospill han hadde slike tilbøyeligheter til. –

Det var mange som ville være med å bestemme hvordan Norge skulle befries og hvem som skulle gjøre det. Det kan ikke være tvil om at det utspant seg et maktspill om Europas skjebne etter krigen, som ville kunne berøre Norge. Gode forbindelser til dem som den gang hadde størst makt, kunne bety verdifulle påvirkningsmuligheter og medinnflytelse. Kronprinsen hadde blant annet fått Mountbattens personlige løfte om at han når som helst kunne ta direkte kontakt med ham dersom han mente situasjonen krevde det.

Kong Olav mente å ha registrert at engelskmennene hadde dårlig samvittighet overfor Norge etter det som hendte under felttoget i 1940, da de allierte måtte trekke seg ut med halen mellom bena. De ville ikke risikere noe lignende en gang til. Derfor var det langt fra klart hvem som skulle delta hvis det skulle komme til krigshandlinger i Norge nok en gang. Innen den britiske hærledelsen og forholdsvis langt ned i gradene ville man helst glemme tilbaketoget i 1940.

Det var slett ikke enkelt for Kronprinsen og for den norske regjering å bli enige med den allierte overkommando om hvem som skulle delta i eventuelle stridshandlinger i Norge i 1945.

Så tidlig som i 1943 begynte man for alvor å tenke gjennom hvordan krigen skulle bringes til opphør i Norge. Planleggingen baserte seg naturlig nok på flere ulike alternativer.

I dypeste hemmelighet var norske, britiske og amerikanske staber travelt opptatt med å forberede det mylder av detaljer som til sammen skulle få plan «Rankin C» til å fungere tilfredsstillende. Den norske regjering ønsket at general, kronprins Olav, skulle være øverste allierte sjef for de planlagte invasjonsstyrkene. Øverstkommanderende for de allierte styrker, general Eisenhower, ville ikke godta dette forslaget, fordi det alt overveiende flertall av dem som skulle delta i befrielsen skulle være briter. Dermed ble den engelske general Sir Andrew Thorne utnevnt til øverste sjef.

Den norske regjering hadde ikke noe valg. Man måtte godta det som var bestemt. Det hindret likevel ikke regjeringen fra å utnevne Kronprinsen til øverstkommanderende for samtlige norske styrker som inngikk i planen. Slik ble han ikke bare et samlende nasjonalt symbol, men en sann leder som skapte begeistring og ytterligere bidro til å høyne moralen.

Nå skulle det heldigvis vise seg at det aldri ble nødvendig å iverksette planen med kodenavnet «Rankin C». Men de norske militære styrkene som ble satt inn i Finnmark da øyeblikket var inne høsten 1944, sto under Kronprinsens kommando. De ble satt inn fra Murmansk.

Kong Olav var svært lei seg fordi han ikke selv hadde anledning til å følge styrkene. Han var henvist til å stå for den overordnede planlegging fra London. Kongen fortalte at det hele kom til å utvikle seg uproblematisk og fredelig. Hans eneste problem hadde vært at forbindelsen med Murmansk ikke hadde vært særlig god. Det hadde ved et par anledninger skapt en viss usikkerhet.

Etter hvert som krigslykken endret seg, skjedde det et tilsvarende skifte i de svenske myndigheters holdning. Allerede i 1944 var det temmelig klart at de allierte kom til å gå av med seieren. Svenskene kunne derfor risikofritt tillate at det ble utdannet såkalte norske polititropper på svensk grunn. Disse troppene var i realiteten regulære militærstyrker som kunne komme til anvendelse ved en væpnet befrielse av Norge. Også disse styrkene måtte naturlig nok samordnes med vår forsvarsledelse i England. Som forsvarssjef var dette Kronprinsens ansvar.

Derfor sendte Kronprinsen allerede tidlig på våren i 1945 flere norske staber over til Sverige fra England slik at de om nødvendig kunne delta i ledelsen av en væpnet frigjøring av Norge. Disse stabene fikk en grundig trening gjennom store forberedende øvelser i Skottland hvor Kronprinsen i egenskap av forsvarssjef ledet det hele. Der gjennomførte man såkalte krigsspill og prøvde ut hvordan det kunne bli aktuelt å handle under ulike alternativer.

Problemet med disse stabene etter at de kom til Sverige, var det samme som nordpå. Det var nesten umulig å opprettholde kontinuerlig kontakt.

Den farlige våren

Det var ikke lett å sitte i London og forutsi hvordan tyskerne i Norge ville komme til å reagere i den siste dramatiske fasen da det ble åpenbart selv for de mest fanatiske nazistene at Tyskland sto foran et massivt sammenbrudd. Det allierte kravet om betingelsesløs overgivelse kunne føre til at man satte seg til motverge og fortsatte kampen lenge etter at den i realiteten var tapt, fordi man ikke hadde noe å vinne på å overgi seg.

Den nazistiske ideologi, hvis man kan bruke et slikt uttrykk, hadde forlengst ført til at man fornektet fakta og vitenskapelige funn og i stedet henfalt til å dyrke mystikk og magi. De mest forskrudde forestillinger om hva som var den høyeste form for moral hadde utviklet seg. Det største av alt – å være villig til å gi sitt liv for fører og fedreland – kunne bli en trussel mot en kontrollert overgang fra krig til våpenhvile.

De tyske militære sjefer hadde ganske sikkert et rasjonelt og nøkternt syn på den militære situasjon og var selvsagt klar over at det ikke var noe å vinne ved å slåss til siste mann. Det var ikke fra militært hold trusselen kom. Det var de politiske makthavere det var grunn til å frykte. Den nazistiske gift hadde påført dem ubotelig skade på sjel og sinn. Deres siste handlinger var uforutsigbare, meningsløse og uberegnelige. Man visste ganske enkelt ikke hva man sto overfor.

Kronprins Olav var ikke den eneste i England som var intenst opptatt av hvordan de 400 000 tyske soldater som befant seg i Norge ville komme til å reagere. Dersom de fikk de gale ordrene fra tilsvarende virkelighetsfjerne ledere, kunne det verste skje. De tyske tropper var vant til å adlyde. Det gjorde de uten å stille spørsmål. De var disiplinerte – på godt og ondt. De forgrep seg ikke på befolkningen i de okkuperte land før de fikk ordre om det.

Kronprins Olav følte det tunge ansvaret. Han hadde mer enn tilstrekkelig kunnskap til å forestille seg hvor galt det kunne gå.

I bevisstheten om at de befant seg i en siste desperat og fortvilet situasjon uten tro på at det fantes nåde eller fremtid, kunne det melde seg farlige ødeleggende og selvødeleggende holdninger blant tyskerne. «Mine dager er talte; da skal jeg også sørge for at mine fiender så langt det står til meg, skal lide samme skjebne» – er et ikke ukjent psykologisk fenomen. Går det galt med meg, skal det sannelig ikke gå bedre med deg.

Forventningene blant nordmenn og allierte var enorme. Frigjøringen var endelig innen rekkevidde. Men nervøsiteten var samtidig stor blant alle som hadde ansvar og hadde tenkt alternativene igjennom.

En ukjent velkomst

Den 13. mai 1945 gjorde forsvarssjefen, kronprins Olav, sitt inntog i Oslo.

Da han møtte de første hjemmefrontstyrkene på Honnørbryggen, var det han kom med sin sagnomsuste replikk: «Det lukter skau av dere, gutter.» Da han senere satt oppå kalesjen i åpen bil under paraden på Karl Johan, ennå før alle tyskerne i byen var avvæpnet, viste han en dumdristighet som fikk selv den legendariske hjemmefronthelten Max Manus til å blekne. Han skulle jo passe på at intet hendte. Ifølge ham selv hadde han ikke noen gang under selve krigen og de farlige sabotasjeaksjonene vært så redd for at noe skulle gå galt.

Kronprins Olavs hjemkomst og triumfferden gjennom det jublende folkehavet er en kjær og velkjent del av vår nyere historie – et skinnende øyeblikk ingen som opplevde det noensinne ville glemme. Det er slikt dikteren kaller «en stjernestund i nasjonens liv».

For Kronprinsen personlig ble det en av de sterkeste opplevelser i hans liv. Han følte en intens, grenseløs glede, en glede han fikk dele med sin far, hustru og sine tre barn – og med et helt folk. «Den dagen følte jeg meg begunstiget og rik. Jeg forsto hvor heldige vi hadde vært og hvor mye jeg hadde å takke for.»

Det skjedde så meget i de bevegede maidager.

Personlig er jeg nylig blitt gjort kjent med en annen og ukjent velkomst som har en særegen menneskelig dimensjon.

En motstandsmann fra Eidsvoll hadde for å unngå tyskerne flyttet til Drøbak og gjort fisker av seg sammen med en venn. Han ble innført i fiskermanntallet og bedrev sitt beskjedne fiske fra en 23 fots eikeskøyte, bygd på Hvaler. Den 13. mai om formiddagen var han på vei fra Drøbak til Moss. Utenfor Sonsodden, like før Hvitsten, oppdager han til sin overraskelse at midt i leden der han går, kommer tre store krigsskip langsomt mot ham.

Han satte motoren i fri og drev opp ved siden av skipene. Plutselig hører han fra broen: «Hvordan har du hatt det under krigen?»

Han ble helt perpleks. Han ante ikke at han ble anropt av den norske jageren «Arendal» som i følge med krysseren «Devonshire» ledsaget krysseren «Apollo», med kongeflagg på aktermasten. Det fikk han nå vite fra broen på «Arendal».

På det lave akterdekket på «Apollo» befant selveste kronprins Olav seg.

Da er det min hjemmelsmann opplever sitt livs største øyeblikk. Langsomt siger «Apollo» forbi, på få meters hold. Der står Kronprinsen.

Mannen river lua av og utbryter: «Velkommen hjem, Kronprins!»

«Tusen takk,» svarer Kronprinsen og smiler slik bare han kan.

Da er det at motstandsmannen og amatørfiskeren merker at tårene renner.

Den mannen som har fortalt meg om sin opplevelse, har

passert 80 år. Han sitter igjen med et stort, ubesvart spørsmål. Var han den første som ønsket Kronprinsen velkommen hjem? Det vil han aldri få svar på.

Kanskje hendelsen ikke fant sted på nøyaktig den måten den ble fortalt meg. Kanskje kan det ha gjort seg gjeldende visse erindringsforskyvninger. Men det gjør i grunnen ingen ting. Helt til juni 1991 har han gått og gjemt på dette minnet, som bare har vokst i erindringen. Det forteller på sin måte mer om kong Olavs forhold til jevne, ukjente og vanlige mennesker enn mange mer velfriserte og historisk verifiserte episoder.

I Norges skjebnetime

DA VI SNAKKET SAMMEN DEN SISTE DAGEN KONGEN LEVET, var det ikke stort mer enn et halvt år siden vi begge hadde deltatt i den gripende 50-årsmarkeringen av tyskernes overfall på Norge. Begivenhetene i 1940 ble et gjennomgangstema i våre samtaler, som vi vendte tilbake til gang på gang. Slik ble det også den siste dagen, da Gulfkrigen gikk inn i en ny og mer dramatisk fase.

For krigsgenerasjonen, som både Kongen og jeg tilhørte, ble 9. april det avgjørende skillet i tilværelsen – et tidsskille man alltid etterpå har orientert seg ut fra og i forhold til. For alle oss som krigen satte sine merker på, innvarslet 9. april en ny tidsregning og en ny virkelighet som fortsatt er viktigere enn noe annet vi har vært med på.

Det Kongen opplevde i de første dramatiske krigsdagene, kan forklare hvorfor han hele resten av sitt liv var overbevist om at et sterkt og troverdig forsvar ville være det beste bidrag til å bevare freden. Det skulle koste en angriper dyrt å forsøke seg. Han trodde ærlig og oppriktig på et militært forsvar for fred, som kunne avskrekke alle som gikk med planer om å prøve seg.

Med sin særlige sans for de lange linjer og sammenhengen i nasjonens liv, var kong Olav fullt klar over hvor viktig det er at alle som hadde noe av betydning å fortelle om det som hendte den gangen, trer frem og gir ettertiden del i de erfaringer de gjorde. Det var derfor han sto frem i fjernsyn og radio på selve 50-årsdagen for det tyske angrepet og ga oss sin beretning om hva som i de første dagene skjedde med hans far og ham selv. Det ble en fortelling til å få forstand av for dem som i ettertid skal forvalte landet og skrive historien. Gjennom sin beretning formidlet han hvordan vi brått og brutalt ble revet ut av vår nøytrale uskyldstilstand. Det var den norske drømmen om fred som brast den gråkalde aprilmorgenen da vi ble tatt på sengen, og vekket av vår utenrikspolitiske Tornerosesøvn. Det skulle gå lang tid før halvsøvnen slapp taket og hele folket våknet til full bevissthet.

En utrolig situasjon

Kongen kunne fortelle at kongefamilien før 9. april ikke mottok noen beskjed eller informasjon om et eventuelt forestående angrep. «Det var før vi fikk CNN og fjernsynet, herr President,» sa han med et smil, som ikke var helt fritt for ironi. «Vi hadde ikke stort annet å støtte oss til enn det som sto i avisene og de tankene vi kunne gjøre oss selv.»

«Situasjonen var fantastisk – og utrolig,» utbrøt Kongen. Han hadde fått inntrykk av at man den gangen ikke anså Kongen og Kronprinsen viktige nok til å bli holdt løpende orientert. Tyskerne var imidlertid svært klar over hvor viktige de var. Det skulle snart vise seg.

Kongen hevdet dessuten at Utenriksministeren holdt for mange opplysninger for seg selv, og at han mente det ikke hastet så mye som det egentlig gjorde.

«Han var jo historiker, og tok seg god tid. Det tar for lang tid å sette seg ned og lese historie for å finne den riktige handlemåte i en aktuell situasjon,» sa Kongen.

«Når man gjør det på den måten og leter etter svarene i historiebøkene i en slik stund, da kan situasjonen være en helt annen før man har funnet et svar. Slik var det iallfall den gangen, og slik ville det vært i dag om man hadde prøvd det samme,» tilføyde han. Det var likevel tydelig at han ikke hadde sett seg blind på de historiske paralleller, hverken som militær, monark eller historiker.

Kongen kunne for øvrig bekrefte at det så vidt han visste ikke hadde kommet noen form for beskjed eller varsler fra kongefamiliens britiske slektninger om det som skulle komme til å inntreffe i april 1940. Han var ihvertfall helt sikker på det for sitt eget vedkommende.

«Men,» sa Kongen, «vi gjorde oss våre tanker, både min far og jeg. Vi var jo tross alt militært utdannet begge to, og la vekt på å holde oss orientert om hva som foregikk også på den utenrikspolitiske arena. Både min far og jeg var ytterst skeptiske til Hitlers Tyskland, for å si det forsiktig,» la Kongen til.

På dette tidspunktet i samtalen konfronterte jeg Kongen med de ryktene som gikk om at det i dagene før 9. april ble evakuert innbo fra Skaugum. Det var rykter som Kongen med en gang avviste som den rene sladder, naturlig nok.

Om aftenen før 9. april var kong Haakon på møte i Oslo Militære Samfund. Kronprins Olav som ellers hadde tenkt å være til stede sammen med sin far, hadde kommet til at nyhetsbildet var så alarmerende at han ikke ønsket å forlate familien og huset.

– Jeg ville ikke bli omringet!

Kongen kunne ikke huske nøyaktig når på natten til 9. april han hadde fått beskjed om angrepet, men han mente å erindre at det var straks før midnatt. Han fortalte at informasjonen ble gitt over telefonen av oberst Østgaard. Obersten sa ingen ting om hvor han hadde fått sine opplysninger fra. Kongen satt likevel igjen med et inntrykk av at beskjeden hadde kommet gjennom militære kanaler og ikke fra regjeringshold.

Kongen underbygget dette med å peke på at oberst Østgaard

jo var «samtidig» av de militære sjefene. «Det er jo ikke så rart at gamle krigsskolekamerater kan ha følt et sterkt behov for å snakke med hverandre i en slik situasjon,» la Kongen ettertenksomt til.

Det virker som et merkelig sammentreff at oberst Østgaard, som var den unge prins' guvernør, sportslærer, medarbeider og venn hadde vært klassekamerat av Quisling da han gikk på Krigsskolen. Det hadde Majesteten glemt. Det forhindret ikke at han kom med en av sine mange korte og treffende karakteristikker, denne gangen av Quisling:

«Han hadde kolossale reseptive egenskaper, stor og ensidig intelligens, men var ellers fullstendig blottet for vurderingsevne og sunn sans. Det er forskjell på intelligens og klokskap,» sa Kongen. «Det er ikke Quisling noe enestående historisk eksempel på, men han er det eksemplet vi er blitt sterkest berørt av.»

Kongen bekreftet for øvrig at det ikke hadde vært noen meningsutveksling eller diskusjon om hvorvidt Kongefamilien skulle reise fra Oslo, slik stortingspresident C.J. Hambro la til rette for.

«Det var ikke hverken tid eller sted for å diskutere,» slo han kategorisk fast. «Min far tok seg riktignok tid til å vurdere situasjonen, men etter å ha tenkt seg om, bestemte han seg raskt. Min far tok seg alltid tid til å tenke seg om. Det er nok en medvirkende årsak til at han i alle viktige situasjoner gjorde det som senere viste seg å være riktig. Å ta seg tid til å bruke hodet er ikke det samme som tidsspille.»

Kongen fortalte videre at han forlot Skaugum først en halv time før de skulle dra fra Oslo.

«Jeg tror ikke at jeg noen gang har kjørt fra Skaugum til Oslo så fort som den spesielle morgenen. Jeg var fullt på det rene med at noen kunne stå i veien og prøve å stanse meg. Derfor kjørte jeg selv. Jeg hadde bestemt meg for å kjøre ned enhver som ville forsøke å stoppe meg eller hindre meg.

Jeg ville ikke bli omringet og innelåst. Jeg ønsket fullt herredømme over situasjonen. Det var ikke rimelig å vente at min sjåfør eller andre skulle tenke på samme måte som meg.»

Etter en ettertenksom pause tar han seg i det og legger til: «Dette kan kanskje høres teatralsk ut, men forholdene var jo nokså spesielle, for ikke å si enestående denne tidlige morgenstunden. Det er ikke så sikkert de yngre generasjoner som ikke har vært oppi det selv har så lett for å forstå hvordan jeg reagerte,» sukket han.

Akkurat på dét punktet tror jeg unge mennesker vil ha full forståelse for det vår daværende kronprins gjorde. Ja, ikke bare forståelse for, men også beundring, skulle jeg tro.

Siden hans Majestet var kommet så godt i gang, benyttet jeg anledningen til å spørre videre om hvordan morgenen den 9. april hadde artet seg, bl.a. hva som ble bestemt med hensyn til Skaugum; både boligen og gårdsbruket og alt annet i den forbindelse.

Kongen svarte at han sørget for å gi ordre om å holde det gående så langt råd var. Hovmesteren fikk i travelheten de signaler han trengte, bl.a. beskjed om å sørge for å legge verdisakene i hvelvet så langt plassen tillot. «Det er ikke tvil om at hovmesteren gjorde så godt han kunne,» forsikret Kongen.

I samtalens løp passet jeg også på å spørre om hvordan han syntes regjeringen håndterte situasjonen de første dagene. Da han svarte på det, var Kongen meget påpasselig. Han sa:

«Regjeringen måtte jo akseptere situasjonen og ta til etterretning at invasjonen var et fullbyrdet faktum. Det foregikk så mye som det ikke er så lett for meg å kommentere så lenge etter. De offisielle rapporter slik de til slutt ble utformet, dekket godt det jeg ønsker å gi offentlig uttrykk for. Jeg vil ikke legge til noe, eller forandre på noe av det som står der,» avsluttet han diplomatisk.

I det øyeblikk fornemmet jeg i hvilken grad Kongen utnyttet sin velutviklede sans for det usagte. Jeg forsto at han ikke fant grunnlag for å si noe mer om den saken, selv om han nok hadde sine bestemte oppfatninger. Derfor lot jeg det bli med det.

Forsvarssjefen som ville kapitulere

Det kan kanskje være nyttig og nødvendig å gjengi noe av det som skjedde 10. april 1940. Det setter Kongens bemerkninger i et mer forståelig lys.

Kl. 15.00 den dagen hadde nemlig justisminister Terje Wold et møte med generalstaben. Det fant sted på Rena. Sjefen for hæren, kommanderende general Kristian Laake som hadde innehatt stillingen som forsvarssjef helt siden 1931, beklaget at forhandlingene med tyskerne ble brutt. Han kunne ikke se noe annet alternativ til forhandlinger enn betingelsesløs kapitulasjon. Hans holdning var åpenbart et resultat av den tidsånden 30-årene bar preg av, og som kom til å påvirke både vår evne og vilje til å forsvare oss mot tyskernes overfall.

General Laake mente også at generalstaben hadde hørt altfor lite fra regjeringen. Justisministeren reagerte på dette og spurte hva generalen selv hadde utrettet. Krigen hadde vart i halvannet døgn uten mobiliseringsordre.

«Hva med dagsbefaling til troppene?» spurte statsråden. General Laake mente imidlertid at han hadde handlet i tråd med regjeringens vedtak.

Det var med andre ord et opprivende møte som fant sted. Tonen var bitter og preget av gjensidige beskyldninger. I oppslagsverket «Krigens Dagbok» ble møtet oppsummert slik: «På bakgrunn av Wolds beskrivelse av stemningen i generalstaben fant regjeringen det påkrevet å gjøre en forandring i den øverste militære ledelse. General Laake hadde fylt 65 år 9. april. Han ble kalt til Nybergsund, der han søkte avskjed. Søknaden ble innvilget.»

Dette møtet og hva som skjedde der husket selvfølgelig Kongen. Derfor var jeg spent på hvordan han ville besvare mitt neste spørsmål: Hva hadde han å si om hvordan forsvarsledelsen mestret sitasjonen og hva den foretok seg?

Kongen tenkte seg godt om før han svarte. «Det varte lenge

før den foretok seg noe, og enda lengre før man fikk greie på hva den drev med,» sa han.

«For en offiser som meg var det jo mildt sagt deprimerende å se at sjefen for hæren møtte opp på Hamar Hotel iført sivil frakk og paraply. Det var mer enn deprimerende. Kommanderende general møtte opp og meldte at han ikke kunne fylle oppgaven og ba om avskjed på stedet.»

«Oberst Ruge – som ble utnevnt til ny kommanderende general – var en helt annen slags mann; en handlingens mann. Hans forgjenger hadde vanskelig for å fatte avgjørende beslutninger. Men det hadde han aldri noensinne tidligere blitt bedt om heller,» sa Kongen, med en viss forståelse for hvordan tidsånden og atmosfæren rundt forsvaret kunne bidra til å forklare at selv en forsvarssjef ikke syntes det var noe aktuelt alternativ å forsvare seg.

«Vi hadde en kommanderende general som ikke var innstilt på krig,» sa Kongen. «Vi trengte ikke et militærvesen som ikke skulle brukes til forsvar av landet. Slik Laake vurderte situasjonen, var det like greit at han trakk seg.»

Den nye forsvarssjef, general Ruge, var en mann etter kong Olavs hjerte. Han hadde mot, initiativ og forsvarsvilje og mente det var en plikt å prøve å stanse tyskerne.

General Laake var ved krigsutbruddet 65 år gammel, Ruge 58 år og vår daværende kronprins 37 år. Til tross for at de to generaler var nesten jevngamle, representerte nok Ruge og Kronprinsen den annen side av den generasjonskløften som gjorde seg gjeldende mellom dem som ville kjempe, og dem som ville forhandle seg vekk fra kamp og risiko. –

Når det gjaldt det Regjeringen foretok seg, fremhevet Kongen som det mest positive at regjeringen ga justisministeren ordre om å arrestere Quisling.

Fortvilelse og avmakt

Vi kunne heller ikke unngå å komme inn på det avgjørende møtet på Elverum mellom kong Haakon og den tyske sendemann Carl Bräuer, som fremla de tyske krav for Kongen og utenriksminister Koht.

Vi vet alle hva som skjedde. Kongen avviste blankt å godkjenne en regjering Quisling. Det var ved denne anledning Kongen gjorde det helt klart at han ikke hadde annet å gjøre enn å abdisere hvis regjeringen godtok de tyske krav. Da Kongen presenterte Carl Bräuers ultimatum for Regjeringen, samlet den seg bak Kongen og avviste kravene om overgivelse. Deretter sendte konge og regjering ut sin appell til det norske folk. –

Natten og morgenen til 9. april rådet det som kjent stor forvirring og usikkerhet. Flyalarmen gikk ved midnatt. Deretter ble Regjeringen innkalt og kom sammen kl. 01.30. Da opptrådte Regjeringen verdig og fast, selv om det var altfor sent.

Kong Olav var uforbeholden i sin anerkjennelse av stortingspresidentens opptreden i krigens første timer, da C.J. Hambro trådte frem i fullt format og sørget for at kongefamilien, regjeringen og Stortinget kunne bringes i midlertidig sikkerhet. Hambro tenkte på alt, fortalte kong Olav.

Kl. 07.00 om morgenen sto et tog klart på Østbanestasjonen for å gå nordover. Langsomt og nesten symbolsk møysommelig satte det seg i bevegelse, et kvarter forsinket, erindret Kongen. Da toget forlot stasjonsområdet ved Lillestrøm, kunne kronprins Olav se den uhellsvangre silhuetten av et tysk bombefly mot morgenhimmelen. Det var på vingene langs toget, på jakt etter sitt kongelige bytte – en jakt som fortsatte i dagene som fulgte.

«Da følte jeg fortvilelse og avmakt over å ikke kunne slå tilbake.»

Slik kjente han det enda sterkere da hans far, han selv og hele følget måtte søke ly i skogen på Nybergsund der de tyske bombeflyene slo til på ny. Det var Kronprinsen selv som snarrådig og militært resolutt kommanderte både sin far og alle andre til å søke dekning og legge seg flatt, en ordre som omgående ble fulgt. Det var en vond opplevelse for en kampvillig offiser som ønsket å kjempe for sitt land.

Men før de kom så langt, hadde meget skjedd som det er grunn til kort å minne om. Mange kan ha glemt noen av de viktige avgjørelsene som ble tatt. Men kong Olav hadde intet glemt, hverken de store beslutningene eller alle de tilsynelatende små og hverdagslige hendelser i de opprivende dagene da alt sto på spill. Da kan til og med det som virker smått og betydningsløst risse seg inn i hukommelsen og få sin egen historiske dimensjon.

Elverums-fullmakten

Stortinget holdt sine første møter på Hamar, minnet Kongen om. Det første fant sted kl. 13.00 på Festiviteten på Hamar, med 104 fremmøtte representanter, der det ble gitt en foreløpig redegjørelse. Nytt møte ble satt kl. 18.30, etter at regjeringen hadde hatt en separat konferanse.

Da kveldsmøtet tok til, var hele 142 stortingsrepresentanter kommet til stede. Møtet skulle ta stilling til om man ville forhandle med tyskerne. Man ble enige om å prøve. Kl. 19.40 ble møtet hevet. Tyskerne hadde allerede kommet til Jessheim. Stortinget måtte forflytte seg til Elverum med ekstratog.

Det var under det historiske møtet på Elverum samme aften at C.J. Hambro foreslo å gi Regjeringen en generalfullmakt. Mellom ribbeveggene i gymnastikksalen på Elverum folkehøgskole formulerte Hambro uten manuskript og uten å nøle fullmakten til Regjeringen.

> «Stortinget bemyndiger Regjeringen til, inntil det tidspunkt kommer da Regjeringen og Stortingets Presidentskap etter konferanse innkaller Stortinget til neste ordinære møte,

> å vareta rikets interesser og treffe de avgjørelser og de beføyelser på Stortingets og Regjeringens vegne som må ansees for påkrevd av hensyn til landets sikkerhet og fremtid.»

For kong Haakon og Kronprinsen ble Elverums-fullmakten en levende politisk realitet med større gyldighet og gjennomslagskraft enn mange av de tekster Stortinget ellers har formelt votert over.

«Det var denne fullmakten vi levde på, som ga oss legitimitet og en forsikring om at vi var i vår fulle rett. Alt som skjedde var i overensstemmelse med hvordan det måtte være i et representativt demokrati,» sa kong Olav.

Enkelte har stilt spørsmålstegn ved Elverums-fullmaktens konstitusjonelle gyldighet fordi presidenten i den helt særlige situasjon man befant seg i, unnlot å ta opp den refererte tekst til votering. Den slags teoretiserende og urealistisk intellektuell tankelek avviste kong Olav med forakt. Det har også vært noen som mente å kunne redusere Elverums-fullmaktens betydning ved å hevde at Regjeringen i kraft av konstitusjonell nødrett ville hatt nøyaktig de samme fullmakter selv om fullmakten *ikke* hadde eksistert.

Det var etter kong Olavs oppfatning fullstendig på siden av saken, og et resonnement som ville være tvilsomt også under mindre dramatiske omstendigheter. «Man kan jo ikke se bort fra at Stortinget faktisk *var* samlet. Da bør man ikke ty til nødretten. *Det* ville i hvert fall vært ukonstitusjonelt,» sa han.

Rent bortsett fra de formelle innvendinger som enkelte har forsøkt seg med, kan hverken rettslærde, historikere eller politikere benekte at Elverums-fullmakten av alle den gang ble oppfattet som en generalfullmakt fra en samlet folkerepresentasjon, som særlig i den første vanskelige tiden skulle få enorm betydning. Dersom vi legger debatten om fullmaktens formelle gyldighet til side, og holder oss til realitetene og den politiske virkelighet, forstår man hvilken støtte og moralsk styrke fullmakten var, både for Regjeringen og kongehuset. Den ga et betydelig bidrag til å hindre tvil, rådløshet og usikkerhet i folket selv.

Som stortingspresident deler jeg fullt ut kong Olavs vurdering av fullmakten som et fullgyldig dokument. Jeg tillot meg å gi Kongen del i følgende resonnementer som han fullt ut sluttet seg til:

En stortingspresident vil i de fleste situasjoner vite når man kan tillate seg å tale på hele nasjonalforsamlingens vegne. Dersom man er i tvil, vil det være naturlig å søke råd hos partienes gruppeledere.

Det er ikke sannsynlig at C.J. Hambro med sin sikre sans for det formelle og de konstitusjonelle krav, rett og slett glemte å uttale de magiske ord: «Dette anses enstemmig bifalt». Han husket jo på alt annet, ned til den minste detalj. Den oversikt og umiddelbare forståelse av hva situasjonen krevet som preget alle Stortingspresidentens handlinger i de kritiske skjebnedøgnene, kan tyde på at han unnlot votering fordi han fornemmet at votering var overflødig.

Ikke slik å forstå at en formell votering ville ha vært helligbrøde. Det kan likevel ikke utelukkes at en eller annen i vanvare eller gjennom uhell kunne komme til å stemme galt, eller unnlate å stemme, til tross for stemmeplikten.

Den dagen hadde Hambro en indre urokkelig visshet om at ingen ville falle på å gi uttrykk for en avvikende mening. Ingen representanter var påført munnkurv. Men om noen hadde sagt noe, ville det vært mislyd i en historisk stund. Selv en så talefør forsamling som Stortinget forstår kraften i den meningsfylte tausheten når situasjonen gjør det naturlig.

Han ville ha vært mer aktivt med

Kong Olav opplevde Elverums-fullmakten som selve eksistensgrunnlaget for seg og sin far så lenge krigen varte. De lange årene i delvis uvirksomhet skulle bli vanskelige nok selv med fullmaktens sikre grunn under føttene. Det gjorde det ikke lettere for ham at han ikke slik som andre offiserer i den norske hær var mobiliseringsplassert.

Allerede i januar 1940 hadde han undersøkt mulighetene for personlig å kunne fylle en plass i forsvaret.

«Jeg forsøkte å finne noe brukbart, men det ble aldri noe av,» sa han. «Min far var egentlig svært glad for at jeg ikke var i styrkene, men kunne være ved hans side. Særlig under felttoget mente min far det var viktig at vi holdt sammen slik at det ikke kunne oppstå misforståelser og muligheter for at den ene kunne spilles ut mot den annen. Jeg er sikker på at vi – slik som tingene utviklet seg, opptrådte sterkere og mer entydig sammen enn hver for oss.

Sannsynligvis ville det vært gal disponering å forlate Kongen og regjeringen for å lede styrker i felten. Det ble jo heller aldri tatt opp noe konkret forslag, bortsett fra at Ruge var litt inne på slike tanker. Men de ble avvist før de kom mer presist til uttrykk.»

Jeg benyttet anledningen til å minne Hans Majestet om at det jo nokså tidlig ble foreslått å gjøre ham til øverstkommanderende for de norske styrker. Det kunne han bekrefte, men ville ikke si noe om påstanden om at Hambro hadde fremmet et slikt forslag fra Sverige.

«Men Hambro produserte en rekke fantasifulle og ikke alltid like realistiske forslag mens han var i Stockholm. Han var svært idérik, en tendens som ikke ble mindre mens han var i Sverige. Men han kom jo tilbake til Norge og ble med oss til England,» sa Kongen.

«Det er riktig at regjeringen drøftet spørsmålet om jeg skulle bli øverstkommanderende, men det var først senere det ble aktuelt. Jeg hadde jo til tross for min militære bakgrunn ikke deltatt i tilstrekkelig store øvelser og hadde heller ikke slik erfaring at jeg på det tidspunkt følte meg kompetent for den kommando som det var tale om.

Jeg ville rent personlig ha likt svært godt å ha vært med mer aktivt. Men min far var lite begeistret for tanken. Han ville vi skulle være sammen, også av sikkerhetsmessige grunner. En gang jeg under felttoget var hos soldatene i Gudbrandsdalen, hadde min far vært nokså fortvilet, fikk jeg senere høre.

Jeg husker for øvrig godt at general Ruge på et senere tidspunkt oppfordret meg til å inspisere de norske styrkene ved Narvik. Men det ble av forskjellige grunner aldri noe av. Personlig ville jeg gjerne ha gjort det. Jeg regnet meg selv for å være profesjonell militær. Men jeg var jo samtidig kronprins og sto ikke fritt til å gjøre som jeg selv ville. Det som avgjorde saken var at min far syntes noe slikt var en forferdelig dårlig idé.

Jeg reiste jo fra ham en gang i den perioden. Alle de som da hadde vært igjen sammen med ham, gjorde det helt klart for meg at det helst ikke burde gjenta seg. I ettertid vil vel de fleste innse at min far også i den forbindelse gjorde det som var fornuftigst og riktigst,» avsluttet Kongen.

Ikke spesielt velkomne i Sverige

I samtalens løp kom vi inn på hva som førte til at Kronprinsessen sammen med sine tre barn dro til Sverige under de bevegede og usikre aprildagene.

«Harald var den gangen bare tre år gammel. Han hadde byttet bosted ikke mindre enn fem ganger i løpet av ett døgn. Norge var ikke noe blivende sted for småbarn under de rådende forhold. Hans søstre, prinsessene, var jo også små. Ragnhild var 10 år og Astrid bare 8 år gammel.

Jeg mente det beste var at de kom seg i sikkerhet i Sverige. Jeg gikk uten videre ut fra at en svensk prinsesse ville bli møtt med åpne armer i sitt fødeland. Men det var ikke akkurat slik det kom til å arte seg,» la Kongen ettertenksomt til.

I sin omtale av Kronprinsessens opphold i Sverige var kong Olav meget taktfull. Men det skinte tydelig gjennom at det som skjedde, bidro til en ytterligere nedkjøling av forholdet til det offisielle Sverige og det svenske kongehus.

«Min hustrus foreldre, prinsesse Ingeborg og prins Carl, var da som ellers storartede foreldre og besteforeldre. Jeg mener også å erindre at prins Bertil var svært positiv. Det kan selvfølgelig også mange andre ha vært. Men jeg fikk ikke inntrykk av noen entydig reaksjon fra familien som helhet som kunne bidra til at mine nærmeste, min egen lille familie, følte seg spesielt velkommen. Det har jeg aldri glemt,» la han til.

«Det kunne faktisk virke som om man i visse kretser like gjerne hadde sett at hun ikke hadde kommet. Jeg har faktisk lest i en svensk rapport at det ble ansett for farlig og galt av meg å sende min kone som var svenskfødt, over til Sverige fordi det kunne vanskeliggjøre forholdet mellom Sverige og Tyskland. Det er jo helt grotesk,» utbrøt Kongen, fremdeles oppgitt over det som hendte den gangen.

«Selv hadde jeg selvfølgelig ingen planer eller ønsker om å reise etter til Sverige. Slike forslag kom som kjent. Jeg måtte selvsagt bli igjen. Det var jo helt opplagt,» sa Kongen.

Aprildagene og tiden etterpå ble tung og krevende for både Kongen og vår daværende Kronprins. Kong Olav fortalte at det ikke var så lett å holde kontakten med familien mens den var i Sverige. Man levde i gjensidig usikkerhet.

For familien i Sverige ble usikkerheten forsterket av den frykt som naturlig melder seg når den nærmeste familie står i krigshandlingenes sentrum og er jaget vilt for en hensynsløs fiende. Den eneste kontakt de hadde i denne tiden var muntlige beskjeder som krysset grensen med kurérer, og med kjente og kjentes kjente som ble ansett som pålitelige. Telefonen var i den tiden altfor farlig, fortalte Kongen.

Men noen få brev fikk de sendt hverandre med særdeles betrodde budbringere. «Noen daglig korrespondanse ble det jo ikke. Men jeg ble holdt rimelig ajour. Jeg fikk vite at Kronprinsessen hadde vanskeligheter i Sverige. Det hadde jeg aldri ventet. Det er jo i virkeligheten helt utrolig,» sa han.

«Det som skjedde den gang har nok påvirket mitt syn på det nordiske samarbeidet. Alle de storartede ordene kan ikke rokke ved historiske kjensgjerninger som fant sted. Den omstendighet at kong Gustav V faktisk oppfordret min far til å abdisere skal jeg selvsagt ikke belaste dagens Sverige og det svenske folk, men det er likevel slikt som setter sine spor.»

Jeg spurte forsiktig om dette var noe som kunne fastslås som helt sikkert. Og Kongen var ikke i tvil.

«Jo, da, han sendte min far et telegram om det mens vi var i London. Nå hører det med til historien at min far og den svenske gamlekongen ikke var noe særlig gode venner fra før. Det telegrammet gjorde jo ikke akkurat forholdet bedre. Det sto helt i stil med de kretser i Sverige som den gang ønsket at Kronprinsessen og barna skulle dra tilbake til Oslo og bli brobyggere og jevne veien for tyskerne. På den tiden var det i de øvre lag stor tyskvennlighet i Sverige. Det kan forklare det som skjedde, men ikke unnskylde det,» la Kongen til.

«Det var den gang det sto skrevet over alt at «Tyskland seirer på alle fronter». Og slik virket det jo svært lenge. Men krigslykken snudde etter en tid. Det gjorde folkemeningen også.

Jeg har intet å bebreide den jevne svenske. De forholdt seg bare til sine egne styresmakter. Alle forstår hvor viktig det var for Sverige å holde seg utenfor krigen. Både det og det svenske folk har jeg den største forståelse for,» gjentok Hans Majestet.

Likevel var det mange forhold som kom for dagen etter krigens slutt, som med Kongens ord var «nokså bedrøvelige».

«Men det gikk likevel tålig bra å ta opp tråden igjen etter krigensom svensk prinsesse. Det skyldtes først og fremst mine svigerforeldre og min hustrus storsinn og klokskap,» sa Kongen.

Selv om Kronprinsessen og barna hadde en vond og vanskelig tid i Sverige, ble det aldri aktuelt for dem å reise tilbake til Norge for å slutte seg til sin ektemann og far. «Det var for usikkert. Dessuten var barna for små,» sa Kongen.

«Men så kom jo President Roosevelt min familie til unnsetning med sitt gjestfrie forslag om å komme til USA.

Da vi var på besøk hos ham på vår store USA-reise året før, sa han på sin vennlige og alltid like hjertelige måte, at «hvis det blir for galt over der, får jeg vel gripe inn med en hjelpende hånd». Det gjorde han jo ettertrykkelig. Både overfor min familie, for Norge og for hele Europa. Nå er det en ny amerikansk president som griper inn,» sa Kongen.

Det uttalte han midt på dagen den 17. januar mens de første amerikanske skvadronene gikk på vingene i Gulfen. Det var i sannhet et merkelig sammentreff.

Den tunge dagen

Ikke så lenge etter tyskernes overfall i 1940 kom den bitre dagen da den militære motstanden og kamphandlingene ble bragt til opphør.

«Det var en enorm skuffelse som jeg følte sterkt personlig da den britiske regjering besluttet å gi opp Norge.» Her brukte Hans Majestet temmelig saftige kraftuttrykk for å illustrere hvor opprørt og skuffet han var.

«Vi ønsket jo å kjempe videre, men uten støtte var det selvsagt umulig, så svake som vi var. Det var en bitter og uforglemmelig dag,» sa Hans Majestet.

Det var i disse dramatiske dagene kronprins Olav foreslo å bli tilbake i Norge mens Konge og regjering reiste til England.

«For det første gjorde det meg nesten fysisk vondt å måtte dra. For det annet følte jeg en forpliktelse til å mane til motstand. Felttoget i Syd-Norge hadde gått så fort at folk ikke fikk samlet seg før det hele var over. Det store flertall ble passive vitner til det som skjedde.

Men når jeg i ettertid tenker tilbake på felttoget i Norge, er det med stolthet og takknemlighet jeg tenker på dem som under helt umulige forhold tok kampen opp. Vi må jo ta i betraktning at vi ikke hadde gjort det ringeste for å skape kampmoral, og enda mindre for å utruste og trene våre soldater.

Når det kom til stykket var det kanskje ikke så rart at vi ble tatt på sengen alle sammen, både regjering, Storting og alt folket – på få hederlige unntagelser nær. Vi hadde vennet oss til at krig var noe som ikke ville berøre oss. Krig var noe som først og fremst angikk andre nasjoner. Vi hadde gjort naturlov av et historisk selvbedrag.»

«Ingen var forberedt på krig,» uttalte Kongen. «Moralen var bygd ned, ikke opp. Derfor er det grunn til å gi honnør til svært mange. Jeg har helt siden kamphandlingene i 1940 vært en varm beundrer av den menige norske soldat. Våre soldater ga et verdifullt bidrag til å avlive myten om den overlegne tyske soldat. I enhver henseende var våre egne på høyden til tross for dårligere trening og dårligere utstyr.»

Det var attesten den tidligere forsvarssjef ga sine soldater på sin siste dag.

«Men da jeg foreslo å bli igjen i Norge etter at de andre var reist, var jeg ikke klar over hvilket eksempel til etterfølgelse mange av våre soldater hadde vært. Jeg ville nødig noen skulle tro at vi alle sammen stakk av med halen mellom benene. Det var jo en viss fare for at vår avreise til England kunne fortolkes slik.

Jeg følte meg på det tidspunkt ikke sikker på om det sto noen klar til å stå i spissen for en hjemmefront. Jeg syntes jeg var nærmest til det. Men det viste seg jo at når folket hadde summet seg, kom motstandsviljen klart og utvetydig til uttrykk. Den gang greide vi både å bevare Kongefamiliens frihet og motstandsviljen på en gang. Folket gjorde sin del av jobben hjemme. Min far og jeg greide vår del av jobben fra England.

Men da jeg dro, følte jeg meg ikke helt sikker på at det var slik det ville gå. Det var en kolossal oppmuntring for oss at en stadig større del av folket meget tidlig sluttet opp om motstandskampen. Min far hadde hatt helt rett. Min plass var ved hans side. Det var ingen grunn til å frykte for at ikke det norske folk ville vite hva det skulle gjøre og hvordan det skulle forholde seg.»

Den lange ventetiden

Så opprant den tunge dagen da de måtte forlate sin fedrene jord.

«Både min far og jeg ønsket av hele vårt hjerte å bli igjen i Norge også etter at de allierte styrkene trakk seg ut. Men de harde realiteter var slik at det ganske enkelt ikke lot seg gjøre. Det var ikke noe å bli igjen for. Det var ennå ikke vokst frem en bevisst hjemmefront. Det var slutt på den organiserte motstand. Hvis vi hadde blitt igjen, kunne vi risikert å bli det motsatte av det vi ønsket å være. Vi kunne blitt hjelpeløse fanger i hendene på våre fiender.»

Til tross for alt Kongen hadde å fortelle om de bevegede dagene i 1940, var det tydelig at han var i stand til å se tilbake på krigsårene med en viss sinnsro. Det gikk jo bra til slutt, men ikke for alle. Mange av dem han lærte å kjenne, måtte bøte med livet. –

Selv om selvdisiplin og ro hele livet var kong Olavs kjennemerke, står det ikke til å nekte at de mange dagene i London, som etter hvert ble til måneder og år, ble en stor mental påkjenning fordi han ikke fikk anledning til mer aktiv deltagelse.

Tålmodighet var ikke blant hans mest fremtredende egenskaper. Han egnet seg ikke til å sitte passiv og tvinne tomler. Ventetid er i svært mange sammenhenger en veldig psykisk belastning, særlig hvis den varer lenge – og det varte og rakk.

Fra de dramatiske aprildagene 1940.
Over: Kongen og kronprinsen søker tilflukt i skogen under tyskernes flyangrep mot Nybergsund 11. april.
Til h.: I Nord-Norge med general Ruge, nyutnevnt forsvarssjef som Olav satte stor pris på.
Neste side., over: Selv i denne skjebnestunden er kronprinsen i stand til å smile.
Under: Fra den dramatiske ferden gjennom Nord-Norge. Kronprins Olav i forgrunnen med kappe over armen.

Et militærkjøretøy saumfares under et besøk i Belgia, 1944.

Æresgarden inspiseres om bord i en norsk destroyer, 1944.

Til v.: Tilbake i et fritt Norge.
Til h.: Fra jubelferden gjennom Oslos gater på hjemkomstdagen. I forgrunnen Max Manus' årvåkne profil.
Under: «Det lukter skau av dere, gutter!» Kronprins Olavs berømte replikk fra møtet med «gutta på skauen» er som skreddersydd til dette bildet.

EN KONGE OG HANS FOLK

«Signingen ble en sterk og
uforglemmelig opplevelse som ga meg
et minne for livet.»

I skyggen av sin far

DEN FØRSTE TIDEN ETTER KRONPRINSESSE MÄRTHAS BORTgang våren 1954 ble tung og vanskelig.

Det var ikke lett for en aktiv, begavet og velutdannet mann å finne utløp for sin aktivitetstrang som kronprins og enkemann i en alder av 51 år, med en konge til far, som satte sin ære i selv å utføre alle representasjonsforpliktelser. Selv det å gi audiens var ikke vanlig for Kronprinsen i den tiden. Men det forekom da en og annen sjelden gang, høyst et par ganger i løpet av kvartalet.

Kronprins Olav ville gjerne gjøre en innsats utover det å være enkemann, far og sønn av Kongen. Han hadde med glede påtatt seg flere representasjonsoppgaver. Det ville han hatt god tid til. Også når vi snakket om dette, tenkte Kongen på hva de sammen kunne ha utrettet dersom han hadde fått beholde sin hustru. «Tenk om hun hadde fått leve. Da hadde mye vært annerledes og bedre.» Ordene var måteholdne, men ikke tonelaget.

Men det som ikke lar seg gjøre, får man bare la være å tenke på. På den måten skaper man ikke problemer hverken for seg selv eller andre. Dette var en reaksjon typisk for kong Olav. Han gjorde alltid det beste ut av situasjonen og henfalt aldri til ørkesløse spekulasjoner over hvor mye bedre allting kunne ha vært. Han holdt seg til virkeligheten.

Han fikk ikke være så aktiv og allestedsnærværende som han ønsket. Det var i den tiden han ble en ivrig og grundig avisleser. Avislesingen ble en kompensasjon for aktiv deltagelse. Han leste alle riksaviser og mange andre i tillegg. Først og fremst om styre og stell, men også om alt annet som rørte seg i samfunnet. Det skjedde noe hver dag, og det gjaldt å være ajour. «Livet er jo en skole uten avsluttende eksamen, men vi er oppe til prøver hver eneste dag. Derfor må vi forberede oss hele tiden,» sa han.

Samtalen vi hadde om denne perioden, avslørte at han hadde følt en viss utålmodighet, til tider noe som nærmet seg frustrasjon. Det var vel og bra med livets skole, men han ønsket nok også å få brukt adskillig mer av den lærdommen livet hadde gitt ham.

«Jeg skulle jo helst ikke konkurrere med min far. Det er nemlig forskjell på å være kronprins og å være konge. Det forstår De og jeg, herr President, men det er ikke sikkert alle ville forstå det like godt hvis vi opptrådte som vi var likeverdige i vår offentlige funksjon. Dette har noe med pedagogikk å gjøre. Jeg tror nok kronprins Harald også av og til kunne tenkt seg å delta mer, både som militær og på annen måte. Men på samme måte som jeg, må også han vente med en del ting. Det er jeg overbevist om at han forstår,» rundet Kongen av. «Men det var jo svært mange anledninger da vi opptrådte sammen. Min far ville gjerne ha meg i nærheten,» bemerket han.

Nye utfordringer

Det som til syvende og sist førte til nye utfordringer og ny vitalitet var kong Haakons ulykkelige lårhalsbrudd som fant sted i juni 1955. Da hadde Kronprinsen vært enkemann i mer enn et år. Plutselig ble han bundet til en lang rekke tidkrevende forpliktelser og regelmessige rutiner som la beslag på hele hans oppmerksomhet. Han måtte se fremover og konsentrere seg om oppgavene. Han sto ikke lenger i reserve, men ble kallet til aktiv tjeneste. Det hadde han behov for.

Samtidig var han fortvilet over det som hadde skjedd hans far. De sto hverandre så nær. Kronprinsen var veldig glad i sin far og følte med ham.

De førte lange og fortrolige samtaler både mens kong Haakon var på Rikshospitalet og mens han var hjemme. «Min far var mentalt helt frisk til det aller siste. Han hadde atskillig å fortelle meg og lære meg.» Han var en årvåken elev ved kong Haakons sykeseng.

Kronprinsen fikk nå en annen rolle å spille. Han kjente det økende ansvaret. Han skulle bl.a. lede statsråd og forestå Stortingets høytidelige åpning. Det var da kong Olav oppdaget at trontalen ikke tilhørte de store litterære prestasjoner. Han kjente sin plikt og leste det som sto skrevet, som jo stort sett er en ikke altfor inspirerende gjennomgang av hva regjeringen har til hensikt å foreta seg.

«Jeg likte meg alltid godt i Stortinget,» sa Kongen, «men opplesning av trontalen var likevel ikke det jeg så frem til med størst glede,» innrømmet han. «Men det er blant de kors en monark må bære. Det hadde jeg den største forståelse for.»

Det var helt sikkert en stor påkjenning å fremføre en slik tale stående, som ikke tillot avvik, og som andre helt og holdent hadde utformet. Ved flere anledninger kunne man tydelig merke at hele Stortinget følte med sin avholdte Konge, som av og til fikk de underligste språkkonstruksjoner å bryne seg på, noe som ville skapt besvær også for de mest ekvilibristiske tungetalere i forsamlingen. Kongen lot seg imidlertid aldri merke med noe. Han gjorde sin plikt til punkt og prikke, til siste meningsfylte komma og punktum.

En vanskelig overgang

Det bunnsolide og på alle måter tillitvekkende inntrykk kronprins Olav gjorde på alle som kom ham tett inn på livet, var ikke dekkende for den oppfatning det bredere lag hadde fått av ham.

Ved hoffet, i forsvarskretser, blant idrettsledere og i hans egen omgang hadde man forlengst oppdaget hva som bodde i ham. Men disse kretsene utgjorde jo i realiteten en forsvinnende liten andel av befolkningen.

Grunnen til at kong Olavs startvanskeligheter ikke tidligere er beskrevet, skyldes antagelig at de statsledere, idrettsledere og andre fremstående personer som gjennom årene skrev sine begeistrede hyldningsartikler, ga uttrykk for *sine* inntrykk. Kanskje de ikke visste så mye om det som rørte seg i folkedypet da kong Olav overtok etter sin far. Det kan også tenkes at de ikke ønsket å skrive noe som kunne oppfattes som personlige forbehold eller manglende troskap overfor vår konge.

Ved kong Haakons bortgang var det mange som ristet bekymret på hodet og fryktet det verste. Ikke slik at man anså kongedømmets dager for talte. Men man regnet nok med at det ville gå temmelig fort nedoverbakke med det omdømme og den posisjon vår respekterte og avholdte kong Haakon hadde maktet å opparbeide. Kong Olav manglet det meste av det som skulle til, mente mange.

Man husket riktignok at han hadde vært modig under krigen og på alle måter oppført seg ordentlig. Men i vide kretser som ikke hadde kommet ham på nært hold, ble han ansett for å være nokså ubetydelig. Det var jo bare noen utvalgte få som allerede den gang var i stand til å forstå hans faktiske format.

Da kong Olav skulle overta etter sin far, hadde det festnet seg en forestilling om hvordan en norsk kongeskikkelse skulle være. Han skulle være høy og slank – på avstand, og alvorlig.

Olav var det stikk motsatte, hverken spesielt høy eller spesielt slank, selv om også de mest kritiske måtte innrømme at han hadde en edel profil. Ikke var han så verdig og alvorlig heller. Han lo gjerne og ofte, av og til nesten uten noen naturlig foranledning, noe som forsterket inntrykket av en nervøs og usikker person. Kong Haakons enestående posisjon og den omstendighet at kong Olav var så fullstendig ulik sin far ytre sett, gjorde overgangen enda vanskeligere.

Kong Olav ble et uforskyldt offer for urettferdige og overflatiske sammenligninger. Mange bedømte ham mer etter stemmeleie og de minst heldige og ofte intetsigende talene han holdt under signingsferden og ved tidligere anledninger hvor stemmen ikke bar.

Kong Olav, som bare langsomt og med besvær hadde maktet å arbeide seg ut av den usikkerhet og sjenanse han følte i sin ungdom og yngre år, hadde det ikke lett. Som kronprins hadde han i avgjørende perioder hatt den stødige og likevektige kronprinsesse Märtha ved sin side og en erfaren far som kunne gi ytterligere råd. Men nå var han alene om en utfordring som var annerledes enn alt annet. Det bidro selvsagt ikke til å styrke selvfølelsen å bli møtt med overbærende tvil.

Han var på ingen måte anelsesløs om hva som ble sagt. Han skjønte godt at den jubel han ble møtt med over alt fra første dag, ikke stakk så dypt. Den var ikke først og fremst en hyldest til ham personlig, men mer et utslag av tradisjonell kongetroskap og gode manerer. Kong Olav tilhørte den meget lille krets av statsledere som ikke lot seg lure av jubel og smiger.

Men det var vel egentlig ingen som ga ham de signalene han kunne trenge. Han hadde sikre instinkter selv og fornemmet med sin særegne form for musikalitet hva han hadde å hanskes med. Han hadde aldri vært noe virtuost vidunderbarn som beseiret alt og alle. Han hadde alltid arbeidet hardt for det han i tur og orden oppnådde av seire og personlige triumfer.

Det tok tid før folk skjønte at det gikk an å være konge selv om man utad var helt annerledes enn kong Haakon. Både folket og kongen gjennomgikk en gradvis tilvennings- og omstillingsprosess. Langsomt, men sikkert ble man vant til hverandre.

Han prøvde så hardt og ville så gjerne. Nesten umerkelig befestet og utvidet kong Olav sin plattform. Det skjedde stille og harmonisk uten oppstyr av noe slag. Man forsto det på de store merkedagene. Da strømmet det mot ham en hengivenhet og takknemlighet som var uten forbehold. Også dette kunne han først og fremst takke seg selv for.

Veien til Nidaros

KONG OLAV HADDE ET STERKT PERSONLIG ØNSKE OM Å FÅ kirkens velsignelse gjennom en høytidelig signing i Nidarosdomen.

Både blant biskopene og i det politiske miljø var meningene delte om hvordan en slik seremoni burde gjennomføres. Arbeiderpartiets ledelse var nok imot signing selv om det ikke ble formulert klart og direkte. Einar Gerhardsen strittet imot, både følelsesmessig, ideologisk og politisk. Men han valgte å skyve ansvaret for den endelige avgjørelse fra seg ved å legge vesentlig vekt på hva Kongen selv ønsket. Noe annet kunne han vanskelig gjøre.

Slik de politiske forhold var den gang, med et rent Arbeiderpartiflertall på Stortinget, er det all grunn til å ha forståelse for Gerhardsens dilemma. Han ville åpenbart ha foretrukket at hele signingen, når den først fant sted, i hvert fall ble begrenset til at Kongen mottok den kirkelige velsignelse; ja, selv den hadde Gerhardsens regjering kunnet være foruten.

Men spørsmålet om signing eller ikke stakk dypere enn som så – både for Kongen og for Gerhardsen.

Einar Gerhardsen dyrket enkelheten. Alt som smakte av persondyrkelse, pomp og prakt var ham fremmed. Han mente egentlig at kongens edsavleggelse i Stortinget hadde vært tilstrekkelig.

Også hos kong Olav stakk ønsket om signing dypere. Dette skyldtes ikke bare det nære forholdet mellom kirke og stat og hans rolle som kirkens overhode og høye beskytter. Han følte et personlig behov som kristen. Han søkte forankring, styrke og fortrøstning i støtten fra høyere makter, fra sine forfedres Gud. For ham fikk signingen samme dype åndsinnhold som kroningen hadde fått for hans far, kong Haakon. Kong Olav var aldri i tvil.

Einar Gerhardsen var lydhør og respektfull overfor Kongens ønsker, men så langt det sto til ham, ble det lagt vekt på å dempe ned signingsseremoniens omfang og preg av statsanliggende.

Da Regjeringen til slutt la frem sin kongelige resolusjon om signingen, valgte den å følge oppskriften fra 1906. «Den gang ble en del av statsrådene «beordret» til å overvære kroningen i tillegg til en begrenset delegasjon fra Stortinget og Høyesterett,» skriver Trygve Ramberg i sin bok «Med folket».

Saken ble tatt opp i Stortinget der Regjeringens tilbakeholdenhet ble kraftig kritisert av opposisjonen. Mange mente at signingen var noe langt mer enn en kirkelig velsignelse. Her burde statsmaktene være bredt og allsidig representert. Det dreide seg om en statshandling av stor politisk betydning. Dette førte likevel ikke til at man endret på innholdet i den kongelige resolusjon.

Også blant biskopene var meningene delte. Flere av dem ønsket en enkel kirkelig høytid uten preg av statsanliggende. Det var da Nidaros-bispen Arne Fjellbu grep inn.

Biskopen og kong Olav kjente hverandre godt fra før. Den gjensidige tillit og respekt var stor. Det kan ikke være tvil om at de begge to ønsket en mer komplett signing enn det regjeringen Gerhardsen hadde tenkt seg eller ønsket, med hele det offisielle Norge til stede.

I forståelse med signingskomiteen sendte så biskop og domprost et brev til Stortingets President, Statsministeren og Høyesterett der det ble meddelt at de stortingsrepresentanter, statsråder og høyesterettsdommere som ønsket det, ville få tilsendt adgangskort til Domkirken for seg og sin ektefelle.

Dette var det rene kuppet. De som hadde betenkeligheter, ble overrumplet. Som følge av biskopens invitasjon valgte hele 110 stortingsrepresentanter med ektefeller å delta.

Signingen ble en enestående begivenhet som de fleste helhjertet sluttet opp om, selv om også kritiske og syrlige røster lot seg høre. De druknet stort sett i jubelen.

På signingsferd

Signingsferden ble et uforglemmelig minne for kong Olav. Det var en av de store anledninger som han så inderlig gjerne skulle ha delt med sin hustru. Han fikk en ytterligere påminnelse om menneskets forgjengelighet da han midt under den store middagen kvelden før selve signingen mottok budskapet om at hans overadjutant, oberst N.R. Østgaard, hadde avgått ved døden. Det var hjertet som sviktet. Han var blitt syk samme dag kong Olav la ut på reisen. Det kom brått og uventet.

N.R. Østgaard var adskillig mer enn overadjutant. Han var lærer, nær venn og trofast følge i tykt og tynt. For oberst Østgaard ville selve signingen ha betydd fullbyrdelsen av hans livsgjerning. Han hadde stått ved kong Olavs side i 44 år. Han lærte Olav å kjenne da han bare var elleve år, umoden, sårbar og utsatt, og inntil han sikker og majestetisk trådte frem foran alteret i Nidarosdomen med en altoverskyggende ambisjon i livet; å bli en konge slik hans far og hans andre lærere ventet at han skulle bli, å bli en konge som kunne bety noe for sitt folk.

Den dagen ble savnet av hans hustru ytterligere forsterket gjennom meldingen om hans nære venns bortgang. Det forsterket følelsen av hvor ensom en kongegjerning etter sin natur må være. Han følte den tunge forpliktelsen som hvilte på ham.

Selv om signingsferden forløp uten uhell, var de første kilometrene av bilturen likevel foruroligende nok. Det kongelige følge hadde ikke kommet lengre enn til Sinsen-krysset før bilen punkterte på høyre bakhjul. Det ble stor oppstandelse og en heller uregjerlig sammenstimling av skuelystne tilskuere. «Sjåfør Røed var rask til å ordne opp. Men det var jo litt betenkelig at det ble forsinkelse i programmet allerede før vi kom ut av byen,» sa Kongen.

Ellers gikk alt etter programmet, bortsett fra at Kongen pådro seg en slem forkjølelse i regnværet oppover langs Mjøsa. Da han våknet om morgenen i Lillehammer, var han helt uten stemme. Det var en alvorlig strek i regningen på en dag som etter planene var full av offentlige opptredender og sosiale samvær.

«Heldigvis hadde jeg min datter, prinsesse Astrid, med meg i bilen; og henne behøvde jeg ikke å konversere. Mine bidrag innskrenket seg til hoderisting, bekreftende nikk og lydløse smil,» fortalte Kongen.

Trygve Lie, som den gang var fylkesmann i Oslo og Akershus, telegraferte til sin kollega på Hamar og ga beskjed om at Kongen måtte ha høyttaler både innendørs og utendørs, og ellers bli spart for å ytre seg i utrengsmål. Trygve Lie var jo som kjent en fargerik person som ikke sparte på konfekten. Kongen mente det var all grunn til å regne med at han satte en kraftig støkk i de stedlige arrangører som fulgte instruksene til punkt og prikke.

«Den første lunsjtalen jeg holdt under turen sto ikke til å redde. Jeg prøvde å snakke, men kunne knapt nok høre meg selv. Jeg vet ikke hva tilhørerne tenkte. Men de fikk jo senere vite hva som var i veien med meg. Og det gikk bedre etter hvert.» Kongen smilte:

«Det var bra vi hadde med en ekstra bil slik at vi kunne kjøre i åpen bil når været tillot det og skifte til lukket når det var påkrevet. Jeg måtte sørge for å holde meg frisk. Jeg kunne jo ikke innlede festlighetene med å krype til køys.»

En uforglemmelig opplevelse

Dagen før signingen ble det arrangert omvisning i Domkirken. Selve signingshøytideligheten var planlagt i minste detalj. Mange mennesker hadde holdt på med forberedelsene i lang tid. Den eneste som ikke hadde hatt noen mulighet til å gjøre seg kjent på stedet og gjennomføre prøveopptredenen, var hovedpersonen selv.

Det hjelper ikke om man er aldri så kongelig hvis man ikke på forhånd er blitt tilstrekkelig kjent med hva man skal gjøre, når man skal gjøre det, hvor man skal sitte, hvor man skal gå og hvordan man ellers i minste detalj skal utføre sin andel av seremoniene. Det er langt fra noe som går av seg selv.

Den som skriver disse linjer har ved flere anledninger selv deltatt i slike høytidelige arrangementer. Da blir man både anspent og nervøs og redd for å gjøre noe galt. Det er all grunn til å tro at både Majesteten og hans familie føler det på tilsvarende måte, selv om de alle så langt jeg er i stand til å bedømme det, alltid opptrer uanfektet og uangripelig.

Dersom Kongen mot formodning skulle finne på å gjøre noe annet enn det som er forutsatt og planlagt, vil alle tro at alt er slik som det skal være. Det faller neppe noen inn at en konge eller den kongelige familie kan gjøre noe annet enn det som er riktig i en slik situasjon – og har det ikke vært riktig og korrekt før, så blir det riktig. I slike sammenhenger er det nemlig Kongen som bestemmer hvordan ting skal gjøres. Det er ikke bare han som skal tilpasse seg seremoniellet, men seremoniellet som skal tilpasse seg Majesteten. På det område har han det bedre enn alle oss andre – og det fortjener han.

Omvisningen dagen før signingen var altså langt fra tilfeldig. Den ble en diskret gjennomført generalprøve.

Kongen var også glad for at han hadde møtt biskop Fjellbu på forhånd. Han hadde truffet ham under krigen og lært å sette pris på ham både som menneske og som teolog. «Han hadde mye å fare med,» var Kongens korte og treffende karakteristikk.

Kongen ga ellers inntrykk av at han for sin del ikke ville ha hatt noe imot kroning. Han var i hvert fall glad for at det ble anledning til signing. Det kan også ha betydd noe at hans kjære fetter og forlover, kong George VI, hadde blitt kronet.

«Hverken kroning eller signing innebærer noe annet og mer enn en høytidelig symbolsk handling. Derfor hadde jeg også kunnet tenke meg kroning dersom adgangen ikke var blitt avskaffet,» sa Kongen, uten noen form for lidenskap, men med tydelig interesse for et spørsmål som i sin tid var svært så omstridt.

«Signingen ble en sterk og uforglemmelig opplevelse som ga meg et minne for livet,» sa han.

Hele folket

Hjemreisen langs kysten ble en strålende tur; begivenhetsrik, men også slitsom, med altfor tettpakket program. På hvert enkelt sted det var planlagt opphold, ønsket man å få maksimalt utbytte av besøket. Hvert minutt skulle brukes og utnyttes. Vanlige menneskelige behov ble sjelden tilgodesett.

«Av og til måtte jeg rett og slett si i fra,» fortalte Kongen. «Det var ikke lett å la seg beverte, holde taler og konversere uten å få tid til en snartur på toalettet. Det har sikkert også De, herr President, opplevet,» sa Kongen. Det hadde jeg ikke problemer med å bekrefte.

Kongeskipet oppførte seg pent. Det var godvær hele tiden, og Kongen fikk komme mange steder han ikke hadde vært før. Kristiansund, Molde, Ålesund, Kristiansand – med siste anløp Tønsberg – Norges eldste by.

Været var strålende.

Den siste dagen holdt han tale nummer 54 i løpet av signingsferden. De taler som ble gjengitt i radio var kanskje ikke de aller beste. De trengte ikke igjennom. Men de som ble improvisert og bygget på umiddelbare inntrykk, virket annerledes.

Frigjort fra manuskript og små bokstaver, tok Kongen folket med storm over alt – hjertelig og oppriktig, men hele tiden tilstrekkelig majestetisk til ikke å virke overdrevent jovial. Allerede i sitt første kongeår hadde han tilegnet seg en viss forståelse for den rette balanse. En kunst han senere utviklet til fullkommenhet.

Den 23. juni 1991 var Nidarosdomen atter en gang scenen for en kongesigning.

Denne gangen var det ikke noe forsiktig forbehold å spore i noen kretser. I 1991 var det ikke snakk om hvem som ville delta. Problemet var hvordan man skulle makte å fordele det begrensede antall plasser på alle, høy og lav, som ønsket å være til stede.

Hele folket er blitt royalister, fra ytterste venstre til de mest konservative. Fremstående republikanere hadde stått frem og avskrevet sin barnetro. Folket simpelthen forlangte signing og signingsferd.

Også her banet kong Olav veien for den som skulle komme etter. Det forteller atskillig om kong Harald, men enda mer om kong Olav, hvor selvfølgelig og naturlig signingen ikke bare ble betraktet som et offisielt statsanliggende av første rang, men også som et personlig anliggende for hver enkelt av oss. Det er et overbevisende vitnesbyrd om hvilken grunnfestet posisjon monarkiet har fått under kong Olav.

Brobyggeren

INGEN NORSK KONGE HAR REIST SÅ MYE GJENNOM LANDET SOM kong Olav – ikke siden sagakongene, som ikke hadde fast hovedstad, men som levde på reiser fra landsdel til landsdel og tok veitsle hos stormennene som styrte hver på sitt sted på kongens vegne. Middelalderens kongereiser hadde et dobbeltformål, på den ene siden å innkreve skattene, på den andre siden å markere kongens overhøyhet og rikets enhet. Den første oppgaven er vår tids konge heldigvis forskånet fra. Men det andre formålet – å markere at riket og folket er ett og under samme styre – det var det samme for kong Olav som for hans forgjengere flere århundrer tilbake.

Med sin sans for de lange historiske linjer, så kong Olav klart denne parallellen og utnyttet den bevisst og riktig. Harald Hårfagre og Olav den Hellige hadde hver på sin måte samlet Norge. Olav V så det som sin oppgave å bidra til det samme; å samle folket. Det går en linje fra hans første offentlige fremtreden på 21-årsdagen og til hans lange arbeidsdag tok slutt 67 år senere. Det han sa i sin tale på 21-årsdagen, bekreftet han gjennom et langt liv.

De innenlandske reisene var åpenbart en glede for kong Olav. Han elsket den norske naturen. Med den var han lykkelig. De store vekslinger mellom fjell og fjord, mellom skog og vidde, mellom aker og utmark, var det Norge han kjente. Han reiste over alt; til tettstedene, i fjordbunnen, til setervollene og i dalførene. Da følte han seg vel.

«Vårt land er så vakkert at man ikke *kan* la være å bli glad i det,» sa kronprins Olav i en tale ved Haraldstøtten ved Haugesund i 1936. Sammenhengen talen ble holdt i, er ikke tilfeldig. Harald Hårfagres samlingsverk var nok diktert av hans ønske om å bli stor og mektig, sa Kronprinsen, men det var «visselig også diktert av hans kjærlighet til fedrelandet. Og hva kan nu en slik kjærlighet til fedrelandet være utsprunget av? Dengang som nu bunnet fedrelandsfølelsen for en stor del i slektskapsfølelse og interessefellesskap, men den var og er også sterkt betinget av kjærligheten til landets *natur*, og for å sette pris på denne, må man først og fremst lære landet å kjenne.» Dette kjennskapet og denne kjærligheten ville han så gjerne dele med sine landsmenn.

Ut til alle

For kong Olav betød «Alt for Norge» også «over alt i Norge». Han lærte landet å kjenne som ingen annen både som kronprins og som konge. Han dannet seg tidlig sitt eget bilde av landet. Dette bildet inneholdt mer enn bare naturen. Det omfattet også hvordan nordmennene ser på seg selv og sitt fedreland.

I en tale til norske sjøfolk over BBC høsten 1940 sa kronprins Olav det slik:

«For oss nordmenn er fedrelandet ikke først og fremst et samfundsmaskineri eller et politisk apparat, men det er selve landet, – med fjordene, fjellene og dalene, – og det er fremforalt hjemmene og våre kjære der, – det er landet med de tusen hjem.»

Nettopp dette beskriver kronprins Olav i mange av sine taler under krigen. Han kunne formelig se for seg den vakre Askernaturen og utsikten fra Skaugum. Slik grep han følelsene hos de mange andre nordmenn i landflyktighet, som alle bar på sine bilder av det som var deres, av det som *var* Norge.

Den som vil være konge i Norge og fylle sin funksjon som samlende symbol for det norske folk – må forstå nordmennenes fedrelandsfølelse og møte dem der de er, der de virker og bor. En konge av Norge må være en konge *i* Norge.

Kong Olav forsømte aldri sine plikter. De samlende riksfunksjoner ble en årlig syklus, Stortingets åpning, statsmiddagene på Akershus, 17. mai på slottsbalkongen. Men han var mer enn en ordensbehengt monark som opptrådte i den store stil under utførelsen av sine riksfunksjoner. Hans spennvidde var stor. Han deltok med iver og entusiasme i kirkejubileer over hele landet. Man kunne se ham haste av sted på sølete landeveier, smilende og blid, for å avduke et minnesmerke, innvie et bygg. Han søkte ut og til alle.

Hvor mange ganger har vi ikke sett bildet av den aldrende Kongen som varmt og smilende bøyer seg ned for å motta en sammenklemt blomsterbukett av en småpike i nasjonaldrakt som rekker frem en svett, liten barnehånd.

Hvor mange tusen nervøse velkomsttalere har han lyttet til og selv svart i hjertelige ordelag – på sammensnekrede tribuner, i friluft på torget, alle steder, i sol, og i øsende regn.

Det vil sprenge enhver fornuftig ramme å sette opp en fullstendig fortegnelse over alle de steder kong Olav har besøkt. Dersom vi tar blyanten og streker opp de rutene Kongen i tidens løp har fulgt, vil det avtegne seg et finmasket nett jevnt fordelt over hele Norgeskartet. Ferden gikk til Jan Mayen og Svalbard, fra Lindesnes til Nordkapp – «ifra grensen og ut til det drivende garn».

Det fineste han visste

Besøk alle steder i eget land var en programerklæring og et mål han satte seg. Han fulgte programmet til punkt og prikke. Foranledningen til de utallige kongereiser var høyst forskjellig. De tre store rundreisene bragte ham vidt omkring – fra signingsferden i 1958, Nord-Norge-reisen året etter og jubileumsreisen i 1982.

Men utover disse store overgripende ferder takket kong Olav ja til alle de invitasjoner han rakk, så sant begivenheten hadde tilstrekkelig betydning for det lokalsamfunnet han ble bedt om å besøke. Utallige stevner, utstillinger, innvielser og by- og bygdejubileer er blitt større og mer minneverdige begivenheter, nettopp fordi kong Olav var til stede. Han kom alltid godt forberedt, lyttet og lærte.

Visse begivenheter sto i en klasse for seg. Det fineste han visste var å åpne veier, tunneler og broer. Det var handlinger med en spesiell symbolsk betydning. Det dreide seg bokstavelig talt om å binde folket sammen.

Hvert lite skritt førte nærmere målet som han selv formulerte det: «Et tilstrekkelig antall gode ferdselsveier mellom de forskjellige landsdeler skal ha til hensikt ikke bare å fremme omsetningen og næringslivet, men også samhørigheten, interessefellesskapet og fedrelandsfølelsen hos vårt folk.» Slik sa han det ved åpningen av Fyksesund bru i Øystese i Hordaland høsten 1937.

Man kunne kanskje ha trodd at de senere års sterke fremvekst av fjernsynet ville bidra til å dempe den hektiske reisevirksomheten. I virkeligheten ble det omvendt. Jo oftere Kongen viste seg på fjernsynsskjermen, jo flere ble ønskene og forespørslene. Etterspørselen vokste til noe henimot det uhåndterlige. Og Kongen sa ja så langt det var praktisk mulig. Han var særlig opptatt av å besøke distriktene og de deler av landet som noe misvisende blir kalt utkant.

I kong Olavs regjeringstid ble kommunikasjonene dramatisk forbedret. Med fly kunne Kongen i løpet av bare én dag nå frem og tilbake til de fleste steder i landet. Tidligere kunne det gå med en hel uke til tilsvarende reiser.

Delte med sitt folk

Kongen forsto å verdsette alle de fremskritt den nye tid førte med seg. Men han var på ingen måte ukritisk til hvordan det nye og moderne kunne komme til å virke – at fryseboks, fjernsyn, bil, fly og Spania-turer ikke bare behøvde å bli til velsignelse. Han hadde et åpent øye for de drivkrefter som kunne svekke livsgrunnlaget på alle de små og spredte bosetninger i landet vårt. Frykten for avfolkning av landsbygden, for sentralisering til rotløse storbyer – dette var en frykt som kong Olav fornemmet.

Allerede sommeren 1946, i sin tale til Noregs Ungdomslags 50-årsstevne, talte Kronprinsen med bekymring om den truende utflytting fra bygdene: «Dette *må* bli annleis. Og den *måten* vi kan få eit brigde på, det er å gjera tilhøva på landet så gode, både med omsyn til løn og – serleg når det gjeld ungdomen – med omsyn til nytting av fritida, at folkeflaumen frå bygdene til byene stoggar.»

Dette var ord som gikk til hjertet på mange i de norske bygdene. Kong Olavs mange besøk i fraflytningstruede lokalsamfunn ble en stor oppmuntring som ga forsterket identitet og inspirasjon til nye tiltak.

Kongen forsto og understreket den kjærlighet som bygdefolket næret til sitt hjemsted. Han hadde erfart hva det betød for frihet og uavhengighetsfølelse å kunne sette foten på egen grunn og å ha et hjemsted å være glad i.

Det var denne bekreftelsen av hjemstedets egenverdi innbyggerne på Stovner fikk da de fikk besøk av kong Olav, denne gang i hans egen by. Det var en markering av at Stovner ikke lenger var en sjelløs drabantby med en tilfeldig tilflyttet befolkning. Kongens besøk gjorde det klart for alle at Stovner var blitt et hjemsted å være stolt av.

Et kongebesøk var en folkefest. En liten ekstra 17. mai, med skolebarn, norske flagg, hornmusikk, bunader og annen bestestas. Kongen skuffet aldri. Smilende, oppmerksom, lyttende og interessert var han en gledesspreder der han kom.

Men ikke bare slik. Kongen kom også til stede for å dele sorgen der hvor et lokalsamfunn var blitt særlig rammet, slik det var i Loen etter naturkatastrofen i 1936. På samme måte kom kong Olav til Bardufoss i 1986 ved avskjeden med de 16 omkomne soldater etter Vassdalen-ulykken.

Kongen sørget med de etterlatte. Selv hadde han fulgt både sine foreldre og sin hustru til graven. Kongen delte sorgen og gleden med sitt folk.

Det hørte også med til de kongelige forpliktelser å representere utenfor landets grenser, som rikets fremste representant. Slik hadde det vært fra gammelt av. Blant kong Haakons første embedsgjerninger da han overtok det frie Norges trone, var statsbesøk i de landene som var særlig viktige for Norge. Og gjennom hele Olavs tid både som kronprins og konge, fikk utenlandsreisene et stort omfang. Å gå nærmere inn på dét, vil imidlertid sprenge denne bokens rammer.

I landflyktighet

Da Kongen, Kronprinsen og regjeringen dro i landflyktighet til England i juni 1940, ble noe av forholdet mellom monarken og tronarvingen på den ene siden, og kongens råd på den andre siden, snudd opp ned. Kongen – og særlig Kronprinsen – befant seg på velkjent grunn. I England hadde de sin nære familie. Der snakket man et språk de behersket godt. Det var Kronprinsens morsmål. Regjeringen derimot var på utrygg grunn, uten mesteparten av sine rådgivere og embedsmenn i regjeringskontorene, og henvist til å uttrykke seg på et språk de færreste av statsrådene behersket særlig godt.

I denne situasjonen fikk Kongen og Kronprinsen en helt spesiell rolle. Deres oppgave ble å formidle til den britiske regjering og de øvrige allierte Norges holdninger og oppfatninger. Som talsmenn for Norge spilte de en uvurderlig rolle. Deres byrd og deres verdighet gjorde at de fikk innpass i alle kretser i Storbritannia og senere USA. Deres språkmektighet gjorde det mulig for dem å bære frem de norske synspunkter med tyngde og overbevisning.

Det avtegnet seg etter hvert en viss arbeidsdeling mellom Kongen og Kronprinsen. Kong Haakons krigstaler – på norsk og på engelsk – vil for all fremtid stå blant det ypperste i norsk talekunst. Ikke fordi fremføringen var særlig god. Kong Haakon var nemlig ingen stor taler. Men teksten og ordvalget har til de grader vist seg å tåle ettertidens nærgående granskning. Kongens proklamasjoner og hilsener summerer opp den ubøyelige motstandsviljen og protesten mot de tyske overgrep i en stil som knapt kan overtreffes, i en perfekt knapphet – som meislet i stein.

Kongen var i London bærer av den norske selvstendigheten. Hans legitimitet kunne ikke bestrides. Kong Haakon var seg dette meget bevisst. En slik posisjon skulle ikke forskusles eller fordunkles ved bruk av mange ord. Den fortettede stilen dro frem det som var viktig i situasjonen på en måte som ikke åpnet for diskusjon.

Selv ikke den mest kritiske gjennomgåelse av London-regjeringens gjøren og laden – og slik kritikk har det jo vært en del av – har kunnet peke på en eneste formulering fra kong Haakons side som kan sies å ha vært uheldig eller lite velvalgt. Hans taler og appeller står som monumenter over en prinsippfast vilje til selvstendighet og rett.

Han talte Norges sak

Kronprins Olav skulle få en litt annen funksjon som talsmann for Norge i utlendigheten. En ting var kong Haakons ordknappe proklamasjoner. Men Norge trengte også andre måter å presentere seg på. Her kom Kronprinsens evner til sin rett.

I en rekke fora i Storbritannia ble Kronprinsen invitert til å legge frem Norges sak, og gjennom reflekterte og godt disponerte foredrag kunne han presentere den norske eksil-ledelsens politikk i et historisk perspektiv. Nå fikk han bruk for alt det han hadde tilegnet seg under studietiden i Oxford. Der hadde han utviklet sansen for de lange linjer i historien, for hvordan dagens og fremtidens politikk er tuftet på den utvikling som er gått foran og prinsipper som har almen gyldighet over lang tid.

De av kong Olavs krigsforedrag som er bevart, gir innsiktsfulle oversikter over norsk historie som formidler en overbevisende fremstilling av hvordan det påtvungne nazi-styret for alltid ville være fremmed og uønsket for det norske folk, og hvordan både Norges økonomiske interesser og Norges demokratiske forankring ville gjøre det norske folk til en støttespiller for de alliertes sak mot nazismen.

I den uklare og deprimerende perioden som fulgte etter det militære nederlag sommeren 1940, var dette mer enn selvfølgeligheter og velkjent allemannseie. Man må ikke glemme at han henvendte seg til et utenlandsk publikum uten nevneverdige kunnskaper om Norge. Det var heller ingen selvfølge at Norges eksilregjering ville få noen særlig fremtredende plass ved de alliertes bord.

Akkurat hva kronprins Olavs foredrag har betydd for britenes og de øvrige alliertes oppfatning, er det umulig å si. De viste imidlertid at den norske statsledelsen var i stand til å argumentere for sine synspunkter på en reflektert og overbevisende måte og klarte å hevde seg med tyngde også i den vanskelige eksiltilværelsen. Til tross for den beskjedne forfatningsmessige plass som tilkom ham, kom Kronprinsen til å spille en sentral rolle i arbeidet for Norges sak og i anstrengelsene for å vinne forståelse for norske holdninger og synspunkter.

Sammen på foredragsturné

Kronprinsens evner som foredragsholder skulle også komme godt med i USA.

Kong Haakon og kronprins Olav hadde funnet frem til en hensiktsmessig arbeidsdeling som begge fant seg vel til rette med. Det ble Kronprinsens oppgave «å ta seg av» Nord-Amerika. Dette hadde rent praktiske årsaker, og skyldtes ikke noen form for politiske overveielser.

Kong Haakon mente at han som monark ikke burde legge ut på den farefulle reisen over Atlanterhavet. Ubåt-krigen krevde til stadighet nye ofre. Sikkerhetsmessige hensyn veide selvfølgelig tyngst, men det ble også lagt vekt på at en slik lang reise ville blitt svært besværlig for en mann i hans alder. Det var mye bedre at Kronprinsen reiste, som allerede hadde skaffet seg de best tenkelige kontakter i USA. Den omstendighet at Kronprinsessen og barna bodde der under krigen, hadde selvfølgelig sin betydning.

Kong Olav var for øvrig på flere kortvarige besøk hos familien, og var gjentagne ganger på inspeksjon i Little Norway i Canada, der de norske krigsflygerne ble utdannet.

Den lengste foredragsreisen i USA og Canada, som gikk over 22 dager i april–mai 1942, utviklet seg til den rene turné. Under denne reisen fikk kronprinsparet anledning til å være sammen hele tiden. I disse tre travle ukene opplevde de et gjensyn med en dypere klangbunn. Det gjensidige savnet hadde vært stort. De hadde mye å ta igjen. Det samliv som de tidligere hadde tatt som en selvfølge, ble nå en kostelig skatt.

På en måte ble det en gjentagelse av deres triumfartede reise gjennom USA tre år før. De oppsøkte mange av de samme byene og traff mange av de samme menneskene som sist. Men det ærendet de var ute i, var så vesensforskjellig fra forrige gang at kontrasten ikke kunne være større. Nå var det ingen strålende, gledesfylte mottagelser. Kronprinsessen var sortkledd, Kronprinsen i feltuniform. Høydepunktene var ikke banketter og festlige tilstelninger, men Kronprinsens alvorsfylte foredrag om «Norges nåværende stilling og bidrag til den allierte krigføring».

Foredragene gjorde et overbevisende inntrykk på tilhørerne. De viste at Norges eksil-ledelse var fullt orientert om tilstanden i det okkuperte Norge og var i stand til å skaffe seg de informasjoner som trengtes. De representerte overbevisende uttrykk for at den norske motstandsviljen slett ikke var knust, men tvert om var voksende. Kronprinsen redegjorde for hva den norske handelsflåten og de 30 000 sjøfolkene bidro med på alliert side, og for innsatsen til de norske væpnede styrker i flåte, hær og luftvåpen. Foredragene etterlot ingen tvil om at Norge på tross av den tyske okkupasjon, bidro til de alliertes krigføring som et selvstendig land.

Foredragsturnéen var en fysisk prestasjon for kronprinsparet. De støttet og stimulerte hverandre til å yte sitt aller beste. Strekningen som ble tilbakelagt – to ganger tvers over det nordamerikanske kontinent – var ikke mye kortere enn 1939-reisen, og denne gang skjedde det på under en tredjedel av tiden.

Kronprinsparet ble vårt lands fremste ambassadører i Nord-Amerika under verdenskrigen. Det vil imidlertid være å redusere betydningen av deres innsats om man betrakter Kronprinsen bare som budbringer og symbol. Gjennom sine mange taler og foredrag kom han til å formulere det grunnlag den norske eksilledelsen tuftet sin virksomhet på.

I den krisetiden Norge sto oppe i, var selve formuleringen av dette grunnlaget av enorm betydning. Etter at kampene i Norge var oppgitt, hadde ikke Konge og regjering stort annet enn ordene å bruke i sin kamp. Ordene kunne samle til handling eller splitte og forvirre. Formuleringene ble avgjørende.

Vi ser det i andre allierte land. Churchill samlet det britiske folk til den innbitte motstandskampen gjennom sine manende appeller. De Gaulle skapte så å si et nytt Frankrike gjennom sine radiotaler. Kong Haakon og kronprins Olav fylte den samme funksjon for Norges vedkommende. Deres taler og foredrag ga kraft til den fortsatte kampen.

Tale- og lesevansker

Den treningen kronprins Olav fikk i Amerika – både før og under krigen – kom godt med. Han slapp seg løs og opptrådte etter hvert med stor sikkerhet; ledig og utvungen og praktisk talt ved alle anledninger uten manuskript.

Det var imidlertid aldri de improviserte talene som ble holdt uten notater, som voldte ham problemer. Det var når han måtte holde seg strengt til det manuskript som han hadde skrevet på forhånd at han fikk visse vanskeligheter; ikke store, men nok til at han måtte konsentrere seg så sterkt om selve høytlesningen at fremføringen led under det. Stemmen kunne bli anstrengt og kort.

På sine eldre dager betraktet ikke Kongen sin tale- og lesehemning som noe stort problem. Det var jo noe som etter hvert ble praktisk talt helt borte. Jeg tror nok likevel disse problemene var ham til større plage i unge år enn han selv husket eller var villig til å innrømme. Det var i det hele tatt ikke så lett å få Kongen til å medgi at han noensinne hadde hatt spesielle vanskeligheter som det var verd å dvele ved.

«Mitt problem var at jeg hadde en tendens til å strø bokstavene rundt i noe for tilfeldig rekkefølge når jeg skrev,» fortalte Kongen. «Som ung gutt med ambisjoner om å bli offiser ønsket jeg alfabetisk orden og hver bokstav på rett plass. Det ordnet seg etter hvert. I mine yngre år innvirket nok denne hemningen sterkere på fremføringen av de taler jeg holdt etter manuskript.»

Han nevnte de årlige nyttårstalene som et eksempel på en tale som han også senere syntes det var vanskelig å fremføre. Disse talene måtte nødvendigvis inneholde en del elementer av tradisjonell karakter. Likevel fikk kong Olav oss alle til å føle at han hadde noe å si til hver enkelt; til tross for at han måtte streve for å gjennomføre høytlesningen, som han egentlig behersket nokså dårlig.

Den snev av ordblindhet han var plaget av, var naturlig nok en hemsko. Men han nådde frem til oss. Hans nyttårshilsen handlet ikke bare om Norge og nordmennene, men om menneskenes vilkår uansett hvor i verden de måtte befinne seg. Det var alltid en konge som med medfølelse, omtanke og omsorg for andre talte til oss. Derfor kom de tekniske ufullkommenheter ved fremføringen aldri til å spille noen rolle.

Hvem vet, kanskje de velkjente problemene han hadde med sin høytlesning førte til en ekstra åpenhet og lydhørhet. Det var ikke for ingenting at man i mange hjem betraktet Kongens nyttårstale som det naturlige høydepunkt før man gikk til de bugnende festbord.

Følelsesmessig kontakt

Selv om kong Olavs skrevne taler alltid var tenksomme, sikre og innholdsrike, var det først og fremst når han improviserte uten å støtte seg til notater at han maktet å fremstå som taler i det store format.

Han hadde en sjelden evne til å gripe og fastholde en stemning, en situasjon – et øyeblikk – som kunne tjene til å karakterisere hva han selv og hele hans publikum følte og fornemmet. I slike stunder opptrådte han ledig, uanstrengt, direkte og overbevisende. Det var når han opptrådte på den måten han røpet at han hadde et betydelig større og mer spennende ordforråd enn det han benyttet seg av i sine skrevne taler.

Når han av og til tok litt lengre pauser enn vanlig, var det ikke fordi han hadde kommet ut av det, men fordi han ville forsikre seg om at han tok i bruk de ord som passet best og ikke henfalt til det tradisjonelle og lettvinte frasemakeri.

Ved alle de anledninger kong Olav i egenskap av æresgjest talte til sitt vertskap, var det med oppriktig og troverdig takknemlighet. Det han sa var aldri til å misforstå. Han uttrykte seg i utvetydig klartekst, lot humoren slippe til og kunne komme med overraskende og forløsende bemerkninger som ga uttrykk for hva mange følte uten at noen andre hadde våget å sette ord på det.

Kong Olav hadde en høyst personlig form og stil som taler. Slikt kommer ikke av seg selv. Det lå mye hardt arbeid bak gjennom lang tid. Dersom man går de hundrevis av taler han holdt nærmere etter i sømmene, vil man fullt ut forstå hvor stor vekt han la både på form og innhold. Hvert ord ble veiet.

Det er selvfølgelig av stor betydning at alt det en kongelig person sier er riktig, men kanskje enda viktigere er det at det ikke blir sagt noe galt, noe som kan misforstås, misbrukes eller forvrenges. Også formkravene til en kongelig tale er ubønnhørlige. Innholdet kan faktisk ofte bety mindre. I denne sammenheng kan man i sannhet snakke om at form er realitet.

En konge eller kronprins forventes sjelden å formidle noe overraskende eller kontroversielt innhold i sine budskap. Hovedsaken er at man er til stede. Det viktige i en hilsen til et jubileum, et stevne eller en høytidelig åpning, er formen. Den skal være kort, den skal tale til hver enkelt, og den skal være fullstendig. Den skal inkludere alle sider ved begivenheten og gjøre at ingen av de fremmøtte føler seg glemt eller utelatt.

En kongelig hilsen skal være positiv, oppmuntrende, og den skal formidle sitt budskap på en personlig måte. Kong Olav lærte seg å beherske denne formen til det fullkomne. Hos ham var få ord tilstrekkelig for å formidle den hjertelige tonen, den som bar hilsenen frem til hver enkelt.

Den knappe formen ga rom for en umiddelbar følelsesmessig kontakt mellom Kongen som taler og hans tilhørere. Man var aldri i tvil om at Kongen talte som et engasjert menneske som oppriktig interesserte seg for og tok del i hva tilhørerne måtte være opptatt av.

Han gjemte seg ikke bak en stivnet form. Den knappe formen var nærmest skånselløst utleverende for taleren selv. Derfor var få ord nok til å formidle det følelsesmessige budskap, budskapet om at Kongen brydde seg om medmenneskene, om dem han snakket til, og om det folk og det land han var satt til å styre.

I Røros-avisen «Fjell-Ljom» av 29. juni 1953 får han følgende attest av selveste Johan Falkberget:

> «Kronprins Olav er som diplomat og taler klar og anskuelig i sin formulering – uten den knøsktørrhet som til kjedelighet preger tidens statsmenn og politikere. Den klassiske tale blir en nå nesten aldri vitne til. Nordmennene danner heldigvis unntaket. Jeg har hørt mange utlendinger innrømme det.
>
> Kronprins Olavs tale i fjor på hans fars 80-årsdag hører til de virkelig store taler – enkel, varm og beveget. Talen var for øvrig et stimulerende budskap til hele det norske folk. Han eier en enestående evne til å gjøre seg til likemann, uansett grad og distinksjon.»

Kongelige forbindelser og kongelig kjærlighet

VI SITTER I KONGENS ARBEIDSROM PÅ BYGDØY KONGSGÅRD. Det er der han oppholder seg mest. Fra vinduet kan han følge med på hva som foregår på gårdsplassen foran inngangen. Vi skriver slutten av september. Han sitter fortsatt i rullestolen ved skrivebordet sitt, men der tar han først plass etter at den daglige treningen er gjennomført. Han har så smått begynt å gå ved egen hjelp. Han gjør merkbare fremskritt.

«Her vi sitter nå var også min fars arbeids- og oppholdsrom. Det ligger praktisk til. Her er det lett å komme inn og ut, og enkelt å ta imot folk. Det passer jo godt nå,» sier han, manøvrerer elegant sin letthjulede rullestol mot vinduet og følger med blikket høstløvet som blir hvirvlet opp av et vindkast.

«Det er synd at huset ikke er vinterisolert. Det er for kaldt å bo her om vinteren. Det har vi gjort en gang og aldri mer. Men ellers liker jeg meg godt her.»

Blant alle de kongelige residenser var det Bygdøy kongsgård kong Olav regnet som sitt private barndomshjem. Det er et lite intimt sted; ikke stort mer enn en velstående landmann kunne koste på seg. Utlendinger undrer seg storligen over at en så beskjeden eiendom er de norske kongers sommerresidens.

Det var alle de gode barndomsopplevelsene som ga Bygdøy forrang. Det var et sted han forbandt med frihet, lek og glade foreldre. Stedet var tilpasset den form for utvungen og behagelig representasjon som det norske kongepar satte så stor pris på. Der var selskapeligheten livlig og ukonvensjonell. Det var der dronning Maud utfoldet sitt annet jeg, umiddelbar, full av innfall og et naturlig midtpunkt for alle som vanket der. Der var hun en strålende og inntagende vertinne.

Kongen følte seg i det hele tatt knyttet til Bygdøy med mange bånd. Dit dro han for å ta sin daglige spasertur med hunden sin. Der kunne folk se ham vandre langsomt og møysommelig med stokken helt frem til hans siste dager. Der følte han seg på trygg grunn og i pakt både med naturen og sin egen fortid.

Konge – og far

Kong Olav snakket lite om seg selv, og var mer opptatt av alt som hendte rundt ham og de menneskene han møtte. Han var ikke den slags dominerende midtpunkt som insisterte på hele tiden å føre ordet.

Når sant skal sies, ville mange ha satt pris på om han uten oppfordring kunne ha røpet litt mer av hva han mente og følte. I denne sammenheng var faktisk Folkekongen mer reservert enn folk flest er klar over. Det kom antagelig av at han alltid var så levende og overbevisende interessert i andre mennesker og andres meninger.

I løpet av våre samtaler kom vi allikevel inn på mange sider ved hans liv, også de han hadde opplevd som vanskelige. En konge stilles overfor andre krav og konflikter enn oss vanlige mennesker. Og han er ensom om sine avgjørelser.

Da kronprins Olav skulle gifte seg, skulle han som alle andre velge seg en forlover. Han valgte sin fetter, den senere Georg VI, som han hadde lært å kjenne gjennom mange besøk hos familien i England. Han var 8 år eldre enn sin norske slektning og var allerede en gift mann. Han ble en personlig venn for den norske kronprinsen.

Som ung gutt hadde Georg vært svært sky og tilbakeholden. Han hadde dårlig helse og ble betraktet som svakelig og ikke altfor velegnet for de store oppgaver. Han var ganske sterkt plaget av den ordblindheten som lot til å ligge til familien og hadde kronisk magebesvær. Den kjernesunne norske prinsen som nærmest hadde jernhelse, sluttet seg tidlig til sin eldre og stillfarende fetter som han hadde fått godhet for og ble glad i.

Kanskje de hadde større forståelse for hverandres vanskeligheter, enn andre mer sorgløse og tankeløse medlemmer av det store engelske kongelige fellesskap. Det var helt tydelig at kong Olav fra første dag foretrakk Georg fremfor hans eldre bror Edvard VIII, som etter sin abdikasjon fikk titelen hertug av Windsor.

Kong Olav husket godt at Edvard ble feiret som den altbeseirende Prince Charming da han som Prinsen av Wales nøt det søte liv både på kontinentet og i sitt eget land. Denne overfladiske playboystilen tiltalte ikke kong Olav. Han hadde til gjengjeld funnet kvaliteter i sin fetter Georg som ikke så mange andre hadde hatt syn og sans for. I omtalen av sin forlover brukte kong Olav, til ham å være, usedvanlig sterke uttrykk.

«Kong Georg VI var en karakterfast, rettlinjet og helstøpt personlighet. For England var det en fordel at det gikk som det gikk. Han ble en uomstridt og enestående konge, noe hans eldre bror aldri kunne ha blitt,» sa Kongen.

Hva kong Olav antagelig ikke tenkte på, var at de to fettere, så ulike de på mange måter var, hadde mer felles enn man umiddelbart ble klar over.

Alle de som ble skuffet over at den sjarmerende broren abdiserte, skulle ganske snart oppdage at det var en vilje av stål i den svakelige broren som hadde levd stille og beskjedent i skyggen av sin feirede bror.

Kong Olav var selv et utpreget pliktmenneske. Han levde bokstavelig talt etter Ibsens krevende fordring slik den kommer til uttrykk i *Kongsemnerne,* der han sier: «Kongefødsel avler kongeplikt».

Slike høye og hellige prinsipper kan lett skape konflikter når virkeligheten trenger seg på. Det kan oppstå konflikt mellom kjærlighet og kall. For la det ikke være den minste tvil om det. Kong Olav så på sin kongegjerning som et kall. Det bidro til å gi ham de ekstra kreftene han dro veksler på til det aller siste.

Hans kritiske holdning til Edvard VIII og hans abdiksjon, skyldes for en stor del at han mente han sviktet sitt kall ved å la kjærligheten og hensynet til seg selv gå foran nasjonens interesser og rettmessige krav på ham.

For sin egen del slapp han jo denne konflikten. For hans vedkommende falt kjærligheten og hans egne ønsker sammen med landets interesser. Det var imidlertid én konflikt han selv ikke slapp unna, konflikten mellom det å være konge og far på samme tid.

Et tungt valg

For kong Olav ble spørsmålet om å tillate sine barn å gifte seg borgerlig en stor påkjenning. Da opplevde han med full tyngde det vi med et moderne uttrykk kaller krysspress. Han hadde intet høyere ønske i livet enn å gjøre alt som sto i hans makt for at barna hans skulle bli lykkelige. Han hadde jo selv fått den han ville og opplevet hvordan det hadde beriket og utviklet ham.

De krav han selv og den øvrige familie ble stilt overfor, var han imidlertid innstilt på å oppfylle uten forbehold og uten hensyn til sine personlige ønsker. Han følte hvordan den hele og fulle tyngden av arv og miljø hvilte på ham. Dersom hans kongelige familie skulle bli mer og mer borgerliggjort og skillelinjene stadig mer utvisket, kunne det lett komme til å skade den symbolfunksjon han følte en plikt til å opprettholde så godt han kunne – koste hva det ville.

Det er ikke vanskelig å forstå hvor vondt og vanskelig kong Olav hadde det. Han var kanskje enda sterkere knyttet til sine barn enn foreldre flest, fordi familien ikke kunne unngå en viss isolasjon.

Han var ikke i tvil om hva hans døtre ville. Det var han som var i tvil om hva han skulle tillate. Det var nemlig ingen av prinsessene som drømte om å foreta seg noe mot sin fars, eller i Ragnhilds tilfelle, sin farfars vilje. Men den oppdragelse de hadde fått og med den forståelse de hadde av Kongens stilling, var noe slikt helt utenkelig.

Innen familien måtte Kongens makt være absolutt, selv om monarkens politiske makt var blitt mindre i moderne tid. Det førte i virkeligheten til at hans innflytelse over den kongelige familie ble tilsvarende større. Det måtte ikke forekomme noe som kunne tolkes som indre uenighet eller kompetansestrid. Det var han som skulle avgjøre hva den kongelige familie og dets enkelte medlemmer kunne foreta seg.

I den kongelige familie levde man etter de regler som gjaldt for det opplyste enevelde – ikke fordi kongen ønsket det slik, men fordi hans oppfatning av vår kongekultur og av kongerollen forutsatte det slik.

Folkelig aksept

Kong Olav var seg meget bevisst at det ikke lå noen eviggyldig garanti i Grunnlovens bestemmelse om at Norge er et arvelig monarki. Det eneste som kunne garantere kongedømmets fremtid var at det kongehuset foretok seg ble møtt med bred folkelig aksept og billiget av landets myndigheter.

Nå skulle man jo tro at et så velutviklet demokrati som vårt, i et samfunn uten adel eller noen overklasse av betydning, ville hilse et borgerlig giftermål gledesstrålende velkommen. Så enkelt skulle det vise seg at det likevel ikke var. Det er ikke i alle spørsmål man kan påregne konsekvens, logikk og sammenheng. Særlig gjelder dette når det dreier seg om følelser – og det var akkurat det det gjorde.

Nå ble det ikke noen stor motstand i Norge mot at prinsesse

Ragnhild og prinsesse Astrid giftet seg med vanlige norske borgere. De fleste var fornøyde med at prinsessene fikk den de hadde valgt av eget hjerte.

Likevel var det kommet reaksjoner, særlig ved prinsesse Astrids forlovelse og giftermål, som kunne gi faretruende forvarsler. De mest lydsterke protester ved prinsesse Astrids forlovelse var riktignok rettet mot det faktum at hennes tilkommende, Johan Martin Ferner, hadde vært gift før og var skilt. I vide kristelige kretser var det motstand mot kirkelig vielse av fraskilte, og det var de som hevdet at kong Olav enten fikk trekke seg som Kirkens overhode eller nedlegge forbud mot en kirkelig vielse.

Kong Olav gjorde ingen av delene. Biskop Fjellbu, som så ofte hadde forrettet ved kongefamiliens kirkelige høytider, var villig til å foreta en kirkelig vielse. Slik praksis er i den norske kirke, er det opp til hver enkelt prest å avgjøre om han eller hun vil vie fraskilte. Fjellbu var blant dem som ikke hadde noen innvendinger til dette.

Motstanden mot prinsesse Astrids bryllup fra kristelig hold gjorde at det kom sympatiuttrykk fra mer kulturradikale kretser, men det hadde også hevet seg røster i pressen som var kritiske på et annet grunnlag. I likhet med prinsesse Ragnhild fikk prinsesse Astrid beholde prinsesse-tittelen etter vielsen. Dette falt noen tungt for brystet. Det kunne gi opphav til en halvadel, en sammenblanding av kongehus og borgerlige familier som kunne undergrave monarkiet på lengre sikt, ble det hevdet.

Kritikken forstummet

Det ville være en stor overdrivelse å si at diskusjonene som prinsessens forlovelse ga opphav til, gjenspeilte en utbredt uro i det norske folk om monarkiets stilling. Men det var klart at det skapte usikkerhet om kongefamiliens stilling i fremtiden.

I Arbeiderbladet trakk den gamle arbeiderhøvdingen Martin Tranmæl en slik konklusjon:

> «Den uro som nå er oppstått og de unnsigelser som er forekommet, reiser uvilkårlig et nytt problem, nemlig om den statsform vi har lenger svarer til vår tid. Et statsoverhode som er på valg for en bestemt periode, vil alltid ha høve til å legge sin sak fram for folket. Da vil også den som angriper, enten det er av prinsipielle eller personlige grunner, bli stilt til ansvar. Derimot står en konstitusjonell monark svært bundet.
>
> Hvis de usaklige utfallene fortsetter i religionsmisbrukets eller konservatismens navn, kan en normalisering av forholdet bli påkrevet. En ny, en republikansk statsform kan da få aktualitetens interesse.»

I og for seg var dette ikke overraskende tale fra en gammel erklært republikaner. Ikke var det spesielt uventet heller at Dagbladet mante frem «Monarkiets undergang». Men Tranmæls påpekning var på én måte ytterst treffende.

Som konstitusjonell monark hadde Kongen ikke anledning til å engasjere seg i noen debatt om kongehusets fremtid. Han hadde ingen anledning til å forsvare seg mot angrepene. Kongehusets stilling var slik at det var avhengig av at det aldri ble gjenstand for diskusjon eller angrep i videre kretser i befolkningen. Et kongehus som splittet i stedet for å samle, ville ikke være noe godt kongehus for Norge.

Kritikken rundt prinsesse Astrids giftermål forstummet raskt. Det ble et folkekrav at de forlovede og senere nygifte skulle få leve sitt liv i fred, og fra mange hold kom det sterk støtte til prinsesse Astrid i takknemlighet for hennes store innsats for mange humanitære formål. Fra flere grupper av funksjonshemmede kom det bekymrede uttrykk for at de fryktet å miste den verdifulle støtte prinsesse Astrid hadde vært, om hun etter ekteskapet måtte trekke seg tilbake fra den offentlige arena.

Slik historien videre utviklet seg, fikk ingen grunn til å være misfornøyd. Johan Martin Ferner har vært den mest diskrete og lojale svigersønn noen kunne ønske, og prinsesse Astrid har så visst ikke glemt de mange som har ønsket hennes støtte til gode formål.

Det som skjedde var i overenstemmelse med norske demokratiske tradisjoner, kombinert med en naturlig og grunnleggende respekt for det som ble oppfattet som ekte kjærlighet mellom to unge mennesker. Den som ville ta opp kampen mot demokrati og kjærlighet var dømt til å tape.

Likevel ga situasjonen i begynnelsen av 1960-årene grunn til forsiktighet. Kong Olav var ennå i begynnelsen av sin regjeringstid, og det tok litt tid før han fikk samme grunnfestede posisjon som folkekonge som hans far hadde. Og hvordan ville situasjonen bli for neste arving til tronen, dersom det skulle bygge seg opp til en langtrukken debatt om hans giftermål?

Harald og Sonja

Det er neppe noe som opptar sinnene mer enn hvem som finner hverandre, blir glad i hverandre og blir et par. I særlig grad gjelder dette de kongelige og andre i fremskutte posisjoner. Ryktene har en tendens til å ta de underligste veier.

For kronprins Harald ble det annerledes. Han ble ikke i tur og orden forlovet med den ene etter den andre med passende bakgrunn slik hans far og mange andre kongelige var blitt. Stadig flere ble klar over at Kronprinsen hadde tapt sitt hjerte til Sonja Haraldsen, og at han ikke hadde noe høyere ønske enn å gjøre henne til sin hustru til tross for hennes borgerlige herkomst.

Kong Olav opplevde at Kronprinsens ønske gikk fullstendig på tvers av den kongelige tradisjon han var oppdratt i, og det ble en lang og smertefull prosess alle direkte berørte måtte gjennomgå før han i 1968 til sist ga sitt samtykke og forlovelsen ble kunngjort. Både far og sønn led vondt og syntes synd på hverandre. De hadde det på hver sin måte like vanskelig.

Kronprinsen hadde finfølelse nok til ikke å legge press på sin far, som selv hadde fått sitt hjertes utkårede ved sin side, og som selvfølgelig ønsket det samme for sin sønn. Kong Olav hadde imidlertid sine sterke tvil om dette hans farsønske lot seg forene med hans plikter som konge. Han var i villrede og følte seg utsatt for et nådeløst krysspress.

Han følte seg på den ene side forpliktet til å gjøre det som sto i hans makt for å opprettholde og styrke kongedømmet. Han hadde også vært meget hard i sin dom over kong Edvard VIII som han mente hadde sviktet sin familietradisjon og sitt land ved å la hensynet til seg selv gå foran de plikter som fulgte med posisjonen som nasjonens samlende symbol.

På den annen side kunne han ikke se bort fra at det kunne bli til ubotelig skade for Kronprinsens personlighetsutvikling å nekte ham det han mest av alt ønsket. Han prøvde å sette seg inn i den situasjon hans sønn kunne komme i – en tronfølger som bitter og skuffet ble tvunget til å forsake sin kjærlighet av hensyn til sine plikter som tronarving. Det ville neppe være det beste utgangspunkt for den fremtidige kongegjerning. –

Vi møter en far i dypeste vånde. Han var helt på det rene med at han sto overfor en av de viktigste og vanskeligste enkeltavgjørelser i sin regjeringstid, en beslutning som kunne få avgjørende betydning for monarkiets fremtidige stilling i Norge.

Den ubegrensede frihet kongene tidligere hadde, både personlig og i egnskap av statsoverhode, eksisterer ikke lenger. Til gjengjeld har deres forrang og spesielle rettigheter ført med seg stadig flere plikter. Den personlige frihet er på vesentlige områder blitt så innskrenket at det nesten kan kalles frihetsberøvelse. Friheten er ytterligere innskrenket gjennom de snevre grenser som er satt for kongelig adferd.

I virkeligheten er det visse fundamentale menneskerettigheter alle andre har, som medlemmer av den kongelige familie ikke uten videre kan regne med å nyte godt av. Derfor er enkelte av de krav som tradisjonelt blir stillet til medlemmer av den kongelige familie i utgangspunktet umenneskelige og vanskelig å avfinne seg med. Helt frem til i dag er valget av livsledsager blitt betraktet som et offentlig anliggende.

Dette var et stort problem for kong Olav. Han representerte en nedarvet kongekultur som medførte at han ikke ønsket å medvirke til noe som kunne fremstå som et brudd med tradisjonene. Han var i alle forhold som angikk monarkiet en forkjemper for det bestående. Monarkiets tilpasning til det omliggende samfunn skulle finne sted langsomt, ja, nesten umerkelig.

Kong Olav hadde fornemmet at han representerte noe som var beslektet med det evige og uforanderlige. Hos ham var den konvensjonelle holdning bevisst og gjennomtenkt. Han forsto hvor vanskelig det ville være å bevare monarkiets posisjon hvis man ble altfor tilpasningsdyktig og ettergivende.

Dersom man ga opp å følge de hevdvundne regler for kongelig adferd, ville grunnlaget og fundamentet for kongekulturen bli svekket og smuldre opp.

«Hallo, dette er Kongen»

I hele denne tiden var kong Olav tungsindig og nervøs. Det var en av de få gangene i livet da han var i villrede og følte seg usikker. Dette var noe som ikke bare angikk ham som konge og far. Det var et anliggende for hele nasjonen. Det ville derfor være nødvendig å avklare spørsmålet både med regjering og Storting. I denne sammenheng ville det være vanskelig å komme utenom de parlamentariske ledere, selv om Kongen etter Grunnloven ikke «kjente» de politiske partiene.

I ettertid kan det ikke skade å dvele ved de mer humoristiske sider ved situasjonen. Det som Randi Bratteli har fortalt er i så måte illustrerende.

I den tiden da de ubekreftede ryktene om Sonja og Harald grep stadig mer om seg, ringte telefonen en morgen ved 8.30-tiden i Trygve Brattelis hjem. Han var på det tidspunkt parlamentarisk leder for Arbeiderpartiet og tidligere statsminister.

Randi Bratteli svarer i telefonen. En høflig mannsstemme sier: «Dette er Kongen, er det mulig å få snakke med herr Bratteli?»

Randi Bratteli var overbevist om at hun hadde å gjøre med en av de mange litt spesielle personer som har for vane å ringe til øvrighetspersoner, og var hyggelig og naturlig. Hun opplyste om at Bratteli for lengst var gått til sitt arbeid. Den som ønsket å nå ham i telefonen burde ringe atskillig tidligere. «Ja, vel, og mange takk,» svarte mannen i telefonen og la røret på.

Randi Bratteli kjente godt til rutinene på Slottet. Kongen ringte selvfølgelig aldri personlig. Det var alltid hoffsjef, kabinettssekretær eller andre betrodde personer som tok seg av slikt. Kan hende hun også kjente til at Kongen ikke kunne fordra å snakke i telefonen.

Morgenen etter, denne gang så tidlig som 7.30, ringer den samme mannen igjen, presenterer seg som Kongen og ber slik som dagen før om å få snakke med hr. Bratteli. Randi Bratteli ber mannen i telefonen om å vente litt.

Trygve Bratteli befinner seg på badet og er midt i barberingen med ansiktet fullt av såpeskum. Randi Bratteli forteller at det er en forskrudd person i telefonen som påstår at han er kong Olav. Han hadde ringt i går også. Hun ber ham være så snill å veksle noen ord med ham og bli ferdig med det.

Bratteli går brummende og motvillig til telefonen og svarer i en særdeles lite oppmuntrende tone. Noen få minutter senere kommer han ut på kjøkkenet for å spise frokost med kone og tre barn.

Trygve Bratteli var ikke den som forsnakket seg. Han satte seg rolig ned og smurte smør på den første brødskiven. Etter en stund spurte Randi hvem den fyren egentlig var som hadde utgitt seg for Kongen. Bratteli kunne da like lavmælt og stille som alltid bekrefte at: Jo, det var faktisk kong Olav som hadde slått på tråden.

Mer ble det ikke sagt.

Dagen etter var Trygve Bratteli i audiens på Slottet. Ingen behøvde å være i tvil om hva saken gjaldt.

Et lykkelig valg

Kong Olav hadde overveid alle tenkelige sider ved den situasjon hans sønn, Harald, befant seg i.

Var det noen rimelighet i å forlange at Harald skulle gi avkall på lykken og tvinges til å lete frem en utenlandsk fyrstedatter? Og hvem skulle det i så fall være? Det fantes ikke så mange regjerende fyrstehus å velge blant. Hva livsstil og interesser angikk, kunne det lett bli for stor avstand til vårt enkle, norske og folkelig engasjerte kongehus. En forlovelse med en utenlandsk prinsesse kunne også gi opphav til diskusjoner. Det var ikke gitt at enhver ville bli møtt med åpne armer av en skeptisk norsk befolkning, bare fordi vedkommende var av kongelig byrd.

Dessuten kunne ikke Kongen godt tvinge Kronprinsen til å gifte seg med en han ikke ønsket. Dette stred åpenbart mot hans dypeste instinkter som familiefar. I verst tenkelig tilfelle kunne Kronprinsen komme til å gifte seg uten Kongens tillatelse og dermed miste arveretten til tronen. Det ville være slutten på det norske monarkiet. Noe verre var det vanskelig for kong Olav å tenke seg.

Det viktigste for kong Olav var å forvisse seg om at det ville bli bred aksept for Kronprinsens giftermål. Derfor brukte far og sønn lang tid på å ta en avgjørelse. Det viste seg imidlertid at det norske monarkiet sto stadig sterkere i befolkningen og i det politiske miljø. Tiden rundt 1960 hadde vært en forbigående bølgedal, en periode med en viss tvil om kongehusets stilling og fremtid etter tronskiftet.

Da Kronprinsens forlovelse ble offentliggjort i 1968, var det ingen tvil i Norge om kongedømmet. Kong Olavs posisjon var grunnfestet, og slik var det også med monarkiet som styreform. Kongens sonderinger i det politiske miljø hadde gjort det klart at det ikke ville bli reist innvendinger mot Kronprinsens borgerlige giftermål. Både Regjeringen, Stortingets Presidentskap og partienes parlamentariske ledere ble forespurt under hånden.

I ettertid ga det kong Olav stor glede å tenke på hvor heldig både han og kronprins Harald hadde vært som begge to fikk den de ønsket seg ved sin side. Det var en lykke som ikke alle kongelige fikk oppleve, ikke alle andre heller, for den saks skyld.

Inntil da hadde kong Olav unngått å foreta seg noe som kunne bli omstridt. Denne leveregelen ble nå moderert. «Man skulle aldri foreta seg noe som monark som kunne bli omstridt, såfremt det ikke var tvingende nødvendig eller spesielt viktig.» Man måtte i hvert fall unngå å skape strid om bagateller. Ettertiden har vist at kong Olav handlet rett da han tok et brudd med sin egen tradisjon. Det var både nødvendig, viktig og riktig.

Kong Olav var lettet og lykkelig fordi de to unge ble møtt med så stor imøtekommenhet og velvilje. Det var selvfølgelig også en stor fordel at det dreide seg om en ung, vakker og kunnskapsrik kvinne som alle anså for å være usedvanlig representativ. Ikke en gang de mest pågående pressefolk ble i stand til å få uttalelser fra noen øvrighetspersoner som kunne skape problemer eller så tvil. Det skyldtes antagelig at også pressen var fornøyd med det som var skjedd. Hadde den ikke det vært, ville den nok vært i stand til å finne noen som kunne komme med negative uttalelser.

Disse ryktemakerne

Kong Olav personlig hadde for øvrig det aller beste forhold til norsk presse, selv om også han i likhet med andre hyppig omtalte personer, kunne bli ganske kraftig opphisset når noe ble fremstilt annerledes enn han mente det var. Ikke minst når det gjaldt kongelige forbindelser og kongelig kjærlighet, ble det skrevet mye rart.

Både i pressen og i den øvrige offentlighet vil det fra tid til annen, og i vår tid stadig oftere, bli gjengitt rykter uten rot i virkeligheten. Dette blir de kongelige utsatt for i sterkere grad enn noen andre. De er samtidig avskåret fra å ta til offentlig gjenmæle.

Kong Olav hadde atskillig å fortelle om hvordan den slags ryktemakeri hadde artet seg i hans unge dager. «Det nyttet ikke for meg å vise meg offentlig med andre kvinner enn min mor. Da ble det vann på mølla med en gang.»

Første gang det begynte å gå forlovelsesrykter var i 1924. Da ble det åpent spekulert i at en forlovelse med Lady May Cambridge var nært forestående. De hadde sett hverandre to dager på rad i en juleferie, blant annet på besøk hos hennes foreldre. De snakket knapt nok sammen. Hun var i passende alder. Det var alt som skulle til.

«Det var jo en forholdsvis begrenset krets jeg måtte holde meg til. Dersom jeg var blitt sett ute på restaurant med en kvinnelig slektning, ble det fort til mer enn bare rykter. Da ble det med bestemthet hevdet at det var umiddelbart før forlovelsen ble offentlig kunngjort.»

I 1925 kom det neste ryktet – som bredte seg med upåklagelig fart. Da gjaldt det prinsesse Ingrid av Sverige. Hun tilhørte den kongelige krets og var i slekt med kronprins Olav. Det hadde aldri vært noe tilløp til noe mellom dem, selv om de som nære slektninger selvfølgelig kjente hverandre. «Det greide seg med at hun eksisterte, at alderen passet og at hun var ugift,» sa Kongen.

«Disse ryktemakerne regnet vel med at bare de holdt på lenge nok, ville sannsynligheten være stor for at de før eller senere traff riktig. Når man gjetter på alle, må man til slutt finne den rette.»

Likefullt bommet pressen også året etter da man gjorde et nytt forsøk. Da var det prinsesse Astrid, Ingrids kusine, som sto for tur. Det passet også godt hva alderen angikk, men var ellers helt grunnløse rykter. Kongen hadde stor moro av at man gjettet på alle andre tenkelige enn den det kom til å bli. Märtha og Olav var forsåvidt svært fornøyd med at ryktene om andre kombinasjoner var i full sving lenge etter at de hadde fått et godt øye til hverandre.

Slottet er avskåret fra å delta i offentlig avisdebatt om seg selv. Dementier er heller ikke særlig tjenlige. Hos oss har man valgt å tie og tåle. Det kan ikke alltid ha vært like greit, selv om den samlede norske presse har en meget positiv og velvillig holdning til vårt kongehus.

Alt de kongelige foretar seg, kan i dag bli gjenstand for omtale. Svært ofte blir uskyldige og helt naturlige hendelser og forhold omtalt på en så ledende og suggestiv negativ måte, at man får inntrykk av at det blir gjort noe kritikkverdig også i de tilfeller hvor alt er i den skjønneste orden.

Slikt noe vil det imidlertid være umulig for hoffet å gjøre noe med. Det var kong Olavs bestemte ordre at den slags var man nødt til å heve seg over.

Det var mange ganger tungt og vanskelig. Kongen var en ærekjær mann som led under det, når han selv eller hans familie ble utsatt for usannheter og tvilsom sladder. På en måte var kong Olav bedre beskyttet enn noen annen i hele riket, på en annen måte mer forsvarsløs enn noen annen i offentlighetens lys.

Kong Olav ble riktignok ikke utsatt for rykter eller noen annen form for sladder så lenge kronprinsesse Märtha levde. Slikt ville falle på sin egen åpenbare usannsynlighet.

Situasjonen ble en annen etter Kronprinsessens død. Kongen var en vital og livskraftig mann i sin beste alder. Det var vanskelig å forestille seg at han kunne leve resten av livet uten en kvinne ved sin side. Kong Olav sto laglig til for hugg. Det forelå en situasjon som appellerte til fantasien, som lett kunne løpe løpsk og gi opphav og næring til en vill flora av grunnløse, men seiglivede rykter. Det var jo noe alle visste at kongelige hadde de samme normale, menneskelige behov og tilbøyeligheter som alle andre.

Det gjorde seg gjeldende en febrilsk aktivitet blant de mest iherdige sladderspaltistene.

Riktignok hadde ingen sett noe. Ingen visste noe. Kongen for sin del hadde aldri sagt noe eller foretatt seg noe som kunne gi grunnlag for spekulasjoner. Like fullt ble det spekulert. Ja, mer enn det.

Det fantes ikke den minste fjær det kunne bli høns av. Men det trengtes ikke. Situasjonen var en så stor utfordring til journalistisk uetterrettelighet at mange lot seg friste. Det var gode vekstvilkår for de sladderfrø som ble sådd under overflaten. Slike frø er det umulig å lokalisere og tilsvarende umulig å avlive.

Til sist ble det satt navn på enkelte av de kvinner Kongen skulle ha vist spesiell interesse for. Ikke alle rykter var ondartede. Noen av dem tok han med godt humør – men ikke alle.

Dronningmoren

En av de mer uskyldige, men seiglivede påstander, ble til og med gjengitt på fremtredende plass i Dagbladet så sent som i Kongens siste leveår. Der sto det: «Kongen fridde til Dronningmoren».

Dagen etter at dette ryktet ble gjort til avisoverskrift, var jeg på besøk hos Hans Majestet og benyttet anledningen til nokså freidig å spørre om det kunne være noe i disse hardnakkede ryktene. Da smilte den aldrende kongen lurt og godt og avleverte en replikk jeg aldri vil glemme. Han svarte: «Det anser jeg for meget lite sannsynlig, herr President.»

Men han lot det ikke bli med det.

«Den britiske dronningmoren er en fabelaktig dame. Alle elsker henne, hvorfor skulle jeg være et unntak. Men frier var jeg like lite som alle hennes andre beundrere på de britiske øyer.»

Men det var ikke tvil om at de sto hverandre nær. Det var såre naturlig at han gjennom alle år opprettholdt sin nære forbindelse med henne. Hennes mann, avdøde Georg VI, var jo som nevnt kong Olavs forlover, ideal og nære venn. Det var gjennom sin mann hun lærte kong Olav å kjenne. Det var bakgrunnen for vennskapet mellom dem.

De som kjente kong Olavs livslange trofasthet mot alle sine gamle venner, høy og lav, hadde hatt større grunn til å reagere dersom han ikke hadde opprettholdt forbindelsen med sin avdøde venns hustru. Ekteskap seg i mellom hadde de to aldri tenkt på, langt mindre diskutert. Dette ryktet tok Kongen med stor ro, vel vitende at det ikke kunne skade noen av dem.

Motekvinnen

Ikke alle rykter var like uskyldige og godartede.

I utenlandsk presse og ganske særlig i svenske ukeblader, ble det i klartekst, som ikke var til å misforstå, påstått at kong Olav hadde et fast forhold til en av Oslos velkjente og vakre damer på byen, som også tidligere var satt i forbindelse med kjente personer.

Det renommé hun på denne måten hadde skaffet seg, gjorde hun intet for å avdempe. Snarere tvert imot.

Angjeldende hadde opparbeidet seg et visst navn som dristig, smart og mondén forretningskvinne i motebransjen. Mange vil mene både litt for dristig og litt for smart.

Kong Olav har forsikret både sine barn og meg om at han

overhodet ikke kjente kvinnen personlig. Men han hadde fått henne utpekt og visste hvem hun var og hva hun drev med.

Prinsesse Astrid har fortalt om hvor ulykkelig og ute av seg Kongen ble over disse fullstendig grunnløse ryktene. Da Astrid en gang spurte sin far direkte hvem dette kvinnemennesket var, kunne han fortelle at hun faktisk hadde møtt henne «i heisen på et av de hotellene de hadde vært innom på signingsferden».

Kongen kunne bekrefte at den damen som hadde vært så «utfordrende kledd» og som hun hadde reagert på, var den han ifølge ryktene skulle ha et forhold til. Da var det prinsesse Astrid forsto hvordan rykter kunne oppstå.

Og rykteflommen bare vokste og vokste – til den til sist tørket inn av mangel på tilsig.

Kongen selv var hjelpeløs. Han var helt knust ved tanken på at hans barn og andre han satte høyt, skulle tro på noe av det som ble sagt og skrevet. Han følte seg ydmyket, ulykkelig og såret.

Kongen gjorde det helt klart for sine barn at han aldri hadde hatt noe slikt forhold hverken til motekvinnen eller noen annen. Det har han muntlig bekreftet i de av våre samtaler som ble tatt opp på lydbånd. Kanskje la Kongen litt vel stor vekt på en gang for alle å få avlivet disse ryktene. Men kong Olav visste bedre enn noen annen at det aldri kan trekkes noe skarpt skille mellom mennesket og monarken. I sitt virke, i ettertid og for historiens dom, er de to *ett*. Det glemte aldri kong Olav.

Alene. Kong Olav signes til kongsgjerningen i Nidaros domkirke den 22. juni 1958.

Til v.: I Stavanger under signingsferden, med smilet som et helt folk lærte å kjenne.
Over: Året etter stod Nord-Norge for tur. Det var folkefest i Gratangsbotn da kongen og prinsesse Astrid ankom med kongeskipet Norge.
Til h.: Overalt hvor kongen kom var kontakten med lokalbefolkningen umiddelbar. Her fra Kautokeino.

Kong Olav var en inspirerende og kunnskapsrik samtalepartner for alle som fikk gleden av å møte ham. Her i fortrolig samtale med president Harry S. Truman i 1948.

Et muntert øyeblikk fra militærøvelse på Hedemarken i 1955. Kronprinsen snakker over en walkie-talkie. Korporal Repseth fra Skotterud er tilhører.

Når idretten jubilerte, var kong Olav en selvskreven æresgjest. Her er fem gullmedaljører samlet under Norges Idrettsforbunds 100-års jubileum i 1961. Fra venstre: Hjalmar Andersen, Peder Lunde, kong Olav, Sverre Stenersen og Roald Aas.

Kongelige ekteskap er mer enn en privatsak. *Til v.:* Prinsesse Ragnhild ble viet i Asker kirke til skipsreder Erling Lorentzen i 1953. *Over:* Etter ti års hemmeligholdelse ble det endelig ekteskap mellom kronprins Harald og Sonja Haraldsen. Som bildet antyder var forholdet mellom svigerfar og brud det aller beste. *Til h.:* Prinsesse Astrid ble gift i 1961 med disponent Johan Martin Ferner; som sin søster i Asker kirke.

ARVEN ETTER OLAV

Han hadde en særegen
sammenbindingskraft så lenge han levde.
Den kraften er blitt sterkere
etter hans død.

Kong Olavs styreform

DET SKULLE TRENING TIL Å FØRE EN SAMTALE MED KONG OLAV; ikke fordi han var vanskelig eller lite samarbeidsvillig, men fordi han hadde sin egen form. Oppriktig talt tror jeg at han av og til drev litt godlynt gjøn med meg. Det velkjente glimtet i øyekroken kunne tyde på det. Det hendte jo at spørsmålene kunne bli temmelig nærgående. Det avfant han seg med. Han var fullt innforstått med at den som ikke turde ta sjansen på å spørre, selvsagt heller ikke kunne regne med å få svar.

Noen ganger hendte det at det gikk så lang tid før han svarte på mine spørsmål at jeg lurte på om han satt og tenkte på noe annet og ikke lenger hørte etter. I slike situasjoner var det ikke alltid like lett å vite om det var riktig å gjenta spørsmålet eller om jeg bare skulle avvente en eventuell reaksjon.

Det var imidlertid ingen grunn til å engste seg. Svarene kom. Det var ikke behov for hverken gjentagelse eller utilbørlig mas. Han tok den tid han trengte, vel vitende om at lydbåndet surret og gikk, og at svaret kunne komme til å havne mellom to permer. Men som sagt: mange ganger var jeg i villrede. Han kunne f.eks. ta opp en av dagens aviser eller et ukeblad som det alltid lå store bunker av på arbeidsbordet hans. Det trodde jeg til å begynne med var et diskret vink om å la et altfor nærgående spørsmål ligge.

Den slags finurlige omveier benyttet han imidlertid aldri. Det han hadde å si kom direkte og uten omsvøp. Han hadde ikke synderlig sans hverken for tvetydigheter eller for kryptiske talemåter som kunne bidra til å gjøre våre intervjurunder til en ny form for avansert spørrelek på majestetisk nivå. Han henfalt aldri til den svulmende retorikk. Formen var hele tiden knapp og konsis. Det han sa var aldri til å misforstå.

Politisk vurderingsevne

Kongen hadde en usedvanlig velutviklet politisk vurderingsevne. Det lå i sakens natur at han alltid var fullt orientert om det hans eget regjeringskollegium arbeidet med. Det var imidlertid ikke den eneste måten han holdt seg løpende underrettet på. Han leste alle innflytelsesrike aviser og tidsskrifter meget nøye. I tillegg fulgte han godt med i både radiosendinger og i fjernsynet og hadde regelmessige samtaler med regjeringens sjef, med utenriksministeren og forsvarsledelsen.

Ved flere anledninger understreket kong Olav hvor viktig det var at det politiske miljø opptrådte på en slik måte at tilliten til vårt folkestyre ikke ble svekket. Han var lite begeistret for regjeringskriser på grunnlag av saker som folk flest ikke syntes var av særlig betydning.

«Hvis man lar situasjonen låse seg på grunn av noe som de fleste oppfatter som bagateller, kan det være meget farlig. Slikt bidrar til å øke avstanden mellom folket og dets politiske ledere. Når folk oppfatter det som om politikere ikke en gang greier å bli enige om de enkleste små spørsmål, kan det forsterke den politikerforakten som det stadig oftere blir referert til i pressen. Det er i slike situasjoner folk roper på den sterke mann uten å vite hva den slags fører til. Noen «sterk» mann er vi ikke tjent med,» sa kong Olav med ettertrykk.

«Derfor må dere som sitter med makten bruke vettet og ikke lage krise på et grunnlag ingen andre enn dere selv forstår. Når en regjering kaster kortene – eller blir kastet – har begge parter en plikt til å tenke gjennom følgene og å ta ansvar for det som skal komme. Det er ikke nok å stole på at alt ordner seg under marsjen; for det gjør det nemlig ikke. Man må ta ansvar og ha en beredskap. Kriser skal forbeholdes saker av betydning, ikke brukes som politiske trusler i utrengsmål,» la kong Olav til.

«Heldigvis har jo de fleste såkalte regjeringskriser blitt løst uten etterfølgende regjeringsskifter. Men man må ikke lage politisk drama av saker som ikke er verd det. Dere må te dere slik at tilliten til vårt folkestyre ikke svekkes,» gjentok han. «De, herr President, har et klart ansvar i slike situasjoner,» innskjerpet han meg med noe som nesten kunne oppfattes som et strengt faderlig blikk.

Jeg forsikret Hans Majestet om at jeg selvfølgelig ville være beredt til å utføre alle de opdrag han måtte ønske å pålegge meg ved et eventuelt regjeringsskifte, og at jeg ikke hadde noen annen rolle å spille enn den jeg ble tildelt av Majesteten. «Jeg står selvsagt til full rådighet som Deres Majestets visergutt,» avrundet jeg mitt svar.

«Takk for det,» svarte Kongen med et lurt smil. «Jeg har jo ellers slottsordonnanser til å løpe ærende for meg. Skulle jeg ha behov for Deres medvirkning, herr President, vil det nok være assistanse av en annen karakter.»

Kallelsen fra Slottet kom raskere enn noen av oss hadde regnet med. Bare elleve dager etter denne samtalen, mandag 29. oktober 1990, besteg daværende statsminister Jan P. Syse Stortingets talerstol og meddelte at han ville søke avskjed i ekstraordinært statsråd kl. 12.00 samme dag.

Så fort det lot seg gjøre tilkalte kronprinsregenten meg til Slottet, slik at jeg på hans vegne kunne foreta konsultasjoner med partilederne i Stortinget med sikte på så snart som mulig å få avklart situasjonen, for deretter umiddelbart å rapportere tilbake. Kronprinsregenten opptrådte med overbevisende sikkerhet og var aldri i tvil om hvordan situasjonen burde håndteres. Kong Olav som var blitt anmodet om å være til stede, var tydeligvis svært fornøyd med sin sønn. Det hadde han all grunn til.

Den dagen hadde jeg i frisk erindring den leksjonen kong Olav hadde gitt meg om hvilket ansvar jeg hadde. Det kom godt med. Vår samtale 18. oktober levnet ikke tvil om at kong Olav tidligere enn mange andre forsto alvoret i den politiske situasjonen som var i ferd med å utvikle seg. Jeg tror han tross alt var glad for at det som til slutt felte regjeringen var uenighet om noe så viktig som vårt fremtidige forhold til Europa og til EF – at det dreide seg om tunge realiteter og ikke om uforståelige bagateller. Vår sykmeldte konge fungerte så godt som noen.

«Folkets Gaard og Kongens Gaard»

Som sin far satte kong Olav sin ære og all sin kraft inn på å være alt det som forlanges av en virkelig konstitusjonell konge. Folkets vilje ved dets valgte representanter ble hans vilje. Det var kong Olav som sammen med sin far gjennom 85 års virke la grunnen for den harmoniske utvikling mellom kongedømmet og folket i Norge. Vårt konstitusjonelle monarki har hele tiden vært i pakt med samtidens oppfatning av hva som er vårt folkestyres bærende prinsipp – det representative demokrati.

I 1825, da grunnsteinen til Det kongelige slott ble nedlagt, fantes det ikke en gang veiforbindelse mellom Christiania by og det høydedraget ute i bymarken hvor kongeboligen skulle reises. Mange år senere ble det anlagt vei. Den ble kalt Slottsveien, og fikk senere navnet Karl Johans gate. Det ble den første fysiske forbindelseslinje mellom Kongeslott og Storting.

Det er ikke kong Karl Johan som gaten er oppkalt etter, som har gjort den til det den er, selv om han kunne være bra nok for sin tid. Nei, det er våre egne konger som vi ikke har behøvd å dele med noen, som har gitt tigerstadens hovedgate dens særegne posisjon. Først kong Haakon, siden kong Olav og nå kong Harald.

Da grunnsteinen til Stortingsbygningen ble nedlagt, 36 år senere, sier Henrik Ibsen de forløsende ord:

> Folkets gård og kongens gård
> over mod hinanden højne!
> Frit som grander to de står,
> ser hinanden ind i øjne.
> Der går lyn af ånd og ild
> ud fra dette øjenspil; –

Ibsen skjønte umiddelbart hva andre trengte tid til å forstå, at valget av tomt til Stortinget langtfra var tilfeldig. Det går en akse langs den gamle Slottsveien mellom Slottet og Stortinget med større styrke og sammenbindingskraft enn det som følger av bevisste veivalg og byarkitektur – og som knapt nok de tidligere byggherrer selv i sine mest løfterike fantasier hadde forventet.

Forbindelseslinjen mellom kongehus og folkets representanter er befestet på mer enn en måte, og styrket av kong Olav mer enn av noen annen.

Det er sant som Henrik Ibsen sa det. Det er kort vei fra Slottet til Løvebakken. Fra vinduet i Hans Majestets kontor er det mulig å holde øye med Stortinget. Det har mange her i landet vært glade for.

Fra det vinduet har kong Olav kunnet se Storting komme og Storting gå – på samme måte som de kongelige statsråd skifter med valg og folkevilje. I historiens lange perspektiv er politikere flyktige personer – som lever på åremål og velgergunst. Monarkiet er annerledes. Etter sin natur evig og upersonlig. Men i vårt tilfelle, annerledes, høyst personlig og enestående.

Dersom man ønsker å finne ut noe om norske kongers personlige makt i sin alminnelighet og kong Olavs i særdeleshet, er det til liten rettledning å studere Grunnloven. Den har nemlig som sin klart uttalte forutsetning «at den myndighet Grunnloven gir Kongen skulle utøves av ham personlig i full selvstendighet», slik professor Johs. Andenæs uttrykker det i sitt verk *Statsforfatningen i Norge.*

Riksforsamlingen på Eidsvoll deklarerte ikke med stor patos frihet, likhet og brorskap. Den var i seg selv, og for sin tid, et realistisk uttrykk for likhet og brorskap i sin norske form – ufullkommen, men sannere enn den kunne bli i noe annet europeisk land hvor hoff og adel dannet en nasjon for seg selv. Forsamlingen *ga* frihet, *reell* frihet, politisk og økonomisk, i en form som gjorde friheten til en varig eiendom – en varig eiendom til varig vern.

Det er dette Grunnloven symboliserer selv om den lest med dagens øyne ikke gir så klart og direkte uttrykk for det. Grunnlovens § 1 lyder:

> «Kongeriget Norge er et frit, selvstændigt, udeleligt og uafhændelig Rige. Dets Regjeringsform er indskrænket og arvelig monarkisk».

Som man vil se, er ordvalget annerledes enn det man ville valgt i dag. Det enevelde vi hadde i tidligere tider ga kongen ubegrenset makt. Han sto bare ansvarlig overfor sin Gud. Når Grunnloven bruker begrepet «indskrænket», så er det for å lovfeste at kongens makt skal være begrenset og ikke eneveldig som i dansketiden. Ordet «indskrænket» har for øvrig ikke særlig god klang i dag og blir stort sett bare brukt til lite smigrende personkarakteristikker, men var den gangen et meningsfylt begrep når man ser det i sin historiske sammenheng.

En særlig forpliktelse

I § 5 heter det at «Kongens person er hellig». Heller ikke dette utsagn harmonerer synderlig med dagens terminologi. Men nå står det da heller ikke for seg selv. I samme paragraf står det at «han kan ikke lastes eller anklages, ansvarligheden paaligger hans Raad».

Den omstendighet at kong Olav etter Grunnloven ikke kunne stilles personlig ansvarlig for sine handlinger, følte Kongen som en særlig forpliktelse til aldri å foreta seg noe dersom lovligheten kunne anfektes.

«Helligheten» har altså her ingen religiøs betydning, men understreker den opphøyede særstilling kongen inntar, ikke bare i forhold til alle andre, men også i forhold til den øvrige kongelige familie. Denne særstilling forutsatte etter kong Olavs oppfatning en tilsvarende uklanderlig opptreden og livsførsel; ikke bare rettslig og juridisk, men også moralsk. Det kan være noe av forklaringen på at ingen noensinne har funnet det minste å sette fingeren på.

Dersom jeg skulle prøve å forestille meg noe Kongen kan ha gjort, som han ikke burde, måtte det være at han i egenskap av fartsglad bilist har kommet i skade for å bevege seg på den gale siden av fartsgrensen. Men det er som sagt ikke annet enn en freidig antagelse.

Grunnlovens gamle bestemmelser om kongemakten står den dag i dag uforandret. Dersom lovteksten oppfattes bokstavelig, kan den være mer egnet til å forvirre og villede enn til den veiledning den er ment å gi.

Den politiske utvikling og den omfordelingen av den reelle makt den har medført, innebærer at Grunnlovens bokstav ikke er dekkende for den faktiske situasjon. Den myndighet som i medhold av Grunnloven er lagt til Kongen utøves i våre dager av Regjeringen.

Da kong Haakon døde, hadde ikke vår nye konge noen problemer med å innta sin arvede og rettmessige plass som leder av statsrådet.

«Jeg hadde jo vært med som passiv i mange år og visste hvordan det foregikk. Statsrådene var dannede mennesker som behandlet meg like høflig og respektfullt som min far,» sa Kongen. «Jeg kunne riktignok greid meg godt uten de upassende skriveriene til en av mine tidligere justisministre. Men da han utga sin bok, hadde han jo for lengst gått av. Dessuten har vi jo trykkefrihet her i landet,» la han til.

Kongens medvirkning i statsråd er av strengt formell og forholdsvis begrenset karakter. Det har imidlertid ikke hindret kong Olav i å bruke sin rett til å stille spørsmål. Det er en verdifull mulighet. Det er nemlig ikke så vanskelig å spørre på en slik måte at spørsmålet i realiteten blir en meningsytring. Et eksempel fra et statsråd i 1970 er vel verd å nevne:

I løpet av året ble de økonomiske problemer for Norsk Film A/S så store at man ikke så noen annen utvei enn å anmode Regjeringen om bistand. Slike henvendelser blir det mange av i løpet av året. Regjeringen må derfor naturlig nok opptre med stor tilbakeholdenhet.

I dette tilfelle valgte Regjeringen i første omgang å sette ned et utvalg som skulle se nærmere på om det sto så dårlig til som det ble påstått. Det falt på kirke- og undervisningsminister Kjell Bondevik å foredra saken i statsråd. For en gangs skyld uttrykte den ellers så klarttenkende statsråd seg uklart og sa følgende: «Regjeringen vil foreslå at det nedsettes et utvalg for å undersøke om norsk film er så dårlig som påstått.»

Da spurte kong Olav: «Trenger vi et utvalg for å finne ut det da?»

Selv om kongen formelt sett står fritt i valg av sitt statsråd, er han også i denne sak avhengig av Stortinget som når som helst kan kvitte seg med en regjering som et stortingsflertall ikke ønsker. Kongen har med andre ord ikke den makt og innflytelse i dag som i tidligere tider.

Den omstendighet at utviklingen har bragt monarkens posisjon som politisk maktfaktor til opphør når det gjelder lovgivning, bevilgninger, embetsutnevnelser o.l. forhold, betyr ikke at Kongen ikke har noen politisk rolle å spille, eller at han er uten makt. Da må man i så fall innsnevre det politiske maktbegrep til selve den konkrete beslutningsprosessen og til den rene partipolitiske virksomhet. På disse områder er det selvfølgelig et ufravikelig krav at Majesteten helt og fullt holder seg pinlig nøytral.

En omtenksom veiviser

Kong Olav hadde studert Grunnloven og alle sider av vår statsforfatning meget nøye. Politisk historie var et av de fag som han etter eget ønske valgte under sitt opphold ved Balliol College. Han hadde også studert all den tilgjengelige litteratur her hjemme som utdyper og redegjør nærmere for de enkelte grunnlovsbestemmelsers materielle innhold og hvordan de skulle forstås i dag.

Han hadde en lysende klar oppfatning av sin forfatningsmessige rolle. Denne oppfatning av sine rettigheter og plikter ble i alle henseender bestemmende for hans adferd. Det var ingen lett rolle.

Samtidig som han var smilende, glad og elskverdig, krevet hans spesielle posisjon både måtehold, beherskelse og selvdisiplin. Han skulle hele tiden være et samlende symbol for det vi hadde felles, og det var han til fulle. Men ikke bare det. Gjennom det han har sagt og gjort har han også påvirket vår oppfatning av hva som *er* nasjonalt felleseie, hva vårt fellesskap skal inneholde og hvor det skal føre oss.

Hans verdivalg var ikke som mange tror bare en refleks av det som rører seg i tiden og det som var. Hans verdivalg har påvirket *våre* valg. Han har ikke utelukkende vært en konvensjonell beskytter av det bestående og en garantist for stabilitet og de etablerte institusjoner. Han har vært det også; men i tillegg så uendelig mye mer.

Han har bidratt til høynet samfunnsmoral og fedrelandssinn. Han har vært en moden og omtenksom veiviser som varsomt gjorde sine verdier til våre, slik våre verdier ble hans. Det var ingen tilfeldighet at Hans Majestet i svært mange av sine offentlige taler valgte å understreke og forsterke de av Stortingets prioriteringer som han følte sterkest for. Ved Slottsmiddagen som kong Olav holdt for Stortinget, Regjeringen, medlemmer av Høyesterett og andre utvalgte gjester 21. november 1989 sa han bl.a.:

«Vi bør starte med holdningene hos den oppvoksende slekt som allerede i hjemmet får overført de normer og verdier vår kultur er bygget på.»

Han manet til kamp mot vold, kriminalitet, stoffmisbruk og menneskelig fornedrelse, en kamp som ikke bare er et grunnleggende fellesanliggende, men også et personlig ansvar. Den dagen ba han om enda større innsats for medmenneskers vern.

Det var siste gang kong Olav var vert ved den årlige Stortingsmiddagen. Det er mange av oss som vil huske den kvelden. Året etter overlot han vertskapet til Kronprinsregenten, mens han selv strevde med å bedre sin helse. «Foreløpig er jeg sykmeldt,» sa han til meg i en av våre torsdagssamtaler. Ingenting var fjernere for kong Olav enn å resignere og gi opp.

Sindighet og forståelse

Dersom man underkaster kong Olavs taler gjennom hans 33 år som monark et nærmere studium, kan man ikke unngå å registrere at hans slottstaler ved de årlige middager ble mer og mer innholdsrike og poengterte. De inneholdt alltid mer enn det man har grunn til å forlange av en konvensjonell velkomsttale.

Ved sin middag for Stortinget 27. oktober 1987 holdt han en

engasjert tale med et helt særlig innhold. Kommunikasjon ble ledetråd og gjennomgangstema.

«Kommunikasjon kan være så mangt,» uttalte Hans Majestet, og demonstrerte selv gjennom hele sitt virke hva det *egentlig* er. Kommunikasjon har noe med forbindelseslinjer å gjøre. Kommunikasjon er å nå frem til hverandre; å nå frem til mennesker, slik Hans Majestet nådde frem til alle, overalt, og slik han nådde frem til sin lydhøre gjesteskare denne spesielle aftenen.

Med dyp forståelse for tidens strømdrag og prøvelser ble vi oppfordret til sindighet, forståelse og varsomhet. «Vi må opptre slik at vi kan se våre nye landsmenn i øynene,» sa han.

Det var en nødvendig påminnelse til oss alle om at problemene i forbindelse med innvandrere, asylsøkere og flyktninger var et viktig fellesanliggende som ikke lot seg løse i en opphisset atmosfære av gjensidige beskyldninger hvor alt var enten helt sort eller helt hvitt.

Denne talen ble som svært mange av Kongens uttalelser overfortolket og tillagt et innhold den ikke hadde. Mediene ga naturlig nok Kongens tale store oppslag. Motstandere av innvandring syntes Kongen hadde gått for langt, og hadde blandet seg opp i et politisk kontroversielt spørsmål.

Det er selvfølgelig ikke riktig. Han gjorde ikke annet enn å mane oss til å opptre ordentlig og anstendig, i pakt med våre humanistiske tradisjoner og i overensstemmelse med vår rettsorden.

Mange ville ha det til at han slo dørene opp for en ny innvandringsbølge. Men han uttalte seg jo slett ikke om hvorvidt vår innvandringspraksis var for restriktiv eller for liberal.

Ikke desto mindre var det en kraftig advarsel mot å nøre opp under den menneskeforaktende rasismen som både da og siden har vært på sterk fremmarsj. Kongens tale var derfor meget viktig, og den hadde et klart politisk innhold selv om den var partipolitisk nøytral. Han forsvarte både våre og sine egne verdier. Også det var det dessverre noen som mislikte.

Han ville videre

Høsten 1986 inntraff det en begivenhet blant mange som det er spesiell grunn til å nevne. I september det året mottok kong Olav som sin offisielle gjest presidenten for Den tyske forbundsrepublikk.

Det var et historisk besøk som naturlig nok ble sett i sammenheng med de dramatiske begivenheter i april 1940 og den etterfølgende fem års okkupasjon av Norge.

Ingen har glemt at det var kong Olav som sammen med sin far gikk foran i motstandskampen; fast, modig og uforsonlig slik situasjonen krevet. Så skulle det altså bli kong Olav av alle som vel 40 år senere strekker ut en forsoningens hånd. Ikke som en opptakt til å tilgi og glemme. Kong Olav ville hverken tilgi eller glemme. Men han ville videre; og videre var det ikke mulig å komme hvis man ikke var villig til å velge forsoningens vei.

Med den veldige holdningsskapende autoritet kong Olav kunne opptre, betegnet det tyske statsbesøk og den mottagelse nettopp kong Olav ga Forbundspresidenten et signal om å se fremover, til å begynne på nytt for å sikre fremtiden. Da ble han en monark som viste vei både i krig og fred – som ikke bare viste vei til de unge slekter, men som også ga sin egen krigsgenerasjon et velmenende råd om å legge det som engang hendte bak seg og i stedet samle kreftene om det som lå foran.

En konge som handler slik kong Olav gjorde under dette statsbesøket, har i realiteten meget stor politisk makt, hvis vi ser det hele i et litt lengre historisk perspektiv. Denne makten hadde han fordi den var tuftet på en lykkelig kombinasjon av egen innsats, av person og posisjon.

Hans meninger har påvirket oss. Det betyr ikke at noe enkelt parti kan ta hans handlinger og holdninger til inntekt for seg. I likhet med sin far var han også «kommunistenes konge», for å sitere et ord av kong Haakon. De ting han uttalte seg om og de ting han gjorde påvirket *hele* befolkningen og virket følgelig like sterkt i alle partier.

Kongens enestående posisjon som symbol for det gode og samlende var ikke bare tuftet på det han sa og gjorde. Hans ubestridte autoritet var i like høy grad et resultat av hva han ikke sa og ikke gjorde.

Det var alltid langt fremme i kong Olavs bevissthet ikke å foreta seg noe som kunne brukes til å fremheve ett formål eller en bestemt organisasjon eller ett synspunkt på bekostning av andre. Men i den overveldende mengde av anmodninger om Kongens deltagelse i alle slags små og store arrangementer over hele landet, var det ikke til å unngå at det måtte gjøres visse valg. For det første var det umulig å imøtekomme *alle* ønsker. Da måtte han ha vært på farten hver eneste dag døgnet rundt – av og til var det jo faktisk slik det også ble.

Men det var ikke bare begrenset kapasitet og praktiske grunner som tvang Kongen til å avslå mange av de henvendelsene han fikk. Dersom han gikk altfor langt i imøtekommenhet, og det gjorde han faktisk av og til, ville det lett fått konsekvenser. Har man sagt ja til én anmodning, vil det ikke være like lett senere å avslå en tilsvarende henvendelse fra et annet hold. Kongen var også av slike grunner ualminnelig varsom med å foreta seg det aller minste som kunne fortolkes som favorisering av noe eller noen. Mange vil til og med kunne hevde at han på dette område av og til var overforsiktig.

Kirke og forsvar

Atter en gang må vi vende tilbake til Grunnloven. Det som står skrevet der om Kongens myndighetsområde har vært avgjørende for Kongens utadvendte deltagelse i samfunnslivet og hvilke arrangementer han fant det riktig og naturlig å prioritere.

I § 16 bestemmes det at Kongen er statskirkens overhode. Det er en bestemmelse kong Olav har følt seg ualminnelig sterkt forpliktet av. Han hadde gjennom alle år et nært, personlig forhold til kirken og deltok med glede ved alle kirkelige anledninger hvor hans nærvær var ønsket. Det dreide seg med andre ord om deltagelse og aktiv medvirkning som ble en kjær plikt for ham.

§ 4 i Grunnloven lyder: «Kongen skal stedse bekjende sig til den evangelisk-lutherske Religion, haandhæve og beskytte denne.»

Når sant skal sies, er det grunn til å anta at kong Olav i sin grunnlovfestede rolle som kirkens beskytter opptrådte med betydelig større entusiasme enn de fleste regjeringer, muligens med unntak av regjeringen Korvald, som til gjengjeld ikke levde så lenge. Hans personlige ønske og interesse falt harmonisk sammen med hans plikter. Det kan neppe være tvil om at kong Olav har hatt stor betydning for statskirkens posisjon og det kirkelige liv i vårt land.

Ifølge § 25 skulle også Kongen ha kommandoen over rikets krigsmakt. Selv om også denne bestemmelse er symbolsk, er det vel neppe noen annen i Norge som har bidratt sterkere til å styrke forsvarets prestisje og omdømme enn kong Olav. Selv om han bare var forsvarssjef i årene 1944–45, følte han hele resten av sitt liv et sterkt personlig ansvar for forsvarets ve og vel. Han var opptatt av soldatenes vilkår, offiserenes muligheter og krigsveteranenes skjebne, men fremfor alt av vår forsvarsevne. Når det foregikk militære manøvrer her i landet, var det knapt nok nødvendig med en invitasjon. Kongen kunne man alltid regne med. Ved alle store anledninger innen de tre forsvarsgrener var han alltid til stede.

Når det gjaldt Kongens grunnlovfestede forpliktelser, skulle en nesten tro at Grunnloven var skrevet for ham personlig om en tar i betraktning at kirken og forsvaret representerte to hovedinteresser i hans liv. I sitt brennende forsvarsengasjement levde han ut den sterke fedrelandskjærlighet som var et så dominerende karaktertrekk hos ham.

Både symbolsk og i realiteten var han den høye beskytter både for forsvar og kirke.

Republikanerne maktesløse

Kongetradisjonen og kongetroskapen har alltid stått sterkt i Norge, til tross for dansketid og unionen med Sverige. Selv i vår rasjonelle og på mange måter snusfornuftige tidsalder har det vært påfallende lite gehør for de argumenter som blir anført for republikk.

Kong Olav har aldri deltatt i noen debatt om hvilken styreform vi skal ha i landet vårt. Han har stoppet den. Ikke med det han har sagt. Men gjennom det han har vært, og gjennom det han har gjort i hele sitt lange liv.

I disse dager blir det nærmest sett på som unasjonalt og utakknemlig å angripe vårt monarki med republikanske argumenter. Kong Olav har gjort republikanerne maktesløse. De få som finnes holder svært lav profil; og er klar over at de har lite å hente til tross for logiske argumenter og prinsipielt ryddige betraktninger.

Kongedømmet er ikke tuftet på logiske argumenter og rasjonalitet, men på følelser. Det har likevel vist seg at kongedømmet også har de beste argumenter på sin side, i hvert fall hvis vi tillegger gode erfaringer noen vekt. Da kan det bli en smaksak om det er hjertet eller hjernen vi baserer oss på. Jeg har en følelse av at kong Olavs monarki appellerte i særlig grad både til hjerte og hjerne.

Det er nemlig blitt slik her i landet at kongedømmet er en anakronisme som vi for enhver pris vil verne og bevare – og det skyldes selvsagt at det egentlig *ikke* er noen anakronisme, men en særdeles hensiktsmessig statsform som har vært til velsignelse for oss. Kong Olavs kongedømme har gitt oss den stabilitet og styrke som kan gi vekst for mennesker og institusjoner og for nasjonen som helhet. Kontinuitet og historisk sammenheng har vært vårt kongehus' adelsmerke.

Kong Olav var gjennom hele sin tid som statsoverhode klar over at kongedømmet bare kunne bevares så lenge folket ønsket det. Derfor har han hele tiden satt sine krefter inn på å være uangripelig. Kong Olavs egen forståelse av hvilken begrenset makt han er tildelt, har paradoksalt nok gitt ham en politisk innflytelse som vil være av stor betydning for et levende folkestyre og vår videre demokratiske utvikling.

I gamle dager, også etter at eneveldets dager var talte, kunne nok kongedømmet overleve selv om monarken i en eller flere generasjoner ikke holdt personlig mål. Det har vi nok av historiske eksempler på.

I vår tid er det annerledes. Det vil kunne bli en alvorlig belastning for monarkiet dersom vi fikk en konge som fortonet seg avbleket og pregløs, som innskrenket sin virksomhet til de obligatoriske ritualer, og som kanskje i tillegg tok seg friheter som hverken forfatningen eller sedvane åpnet adgang til. En konge som i våre dager opptrer til forargelse for folk flest kan komme til å utløse mer dramatiske krav om endringer enn i tidligere tider. Tiden for de allmektige og eneveldige konger er forbi. Makten ligger hos folket.

Her hjemme ville det få skjebnesvangre konsekvenser om bare én monark i en rekke av storartede og forbilledlige konger skulle komme til å vike av fra den rette vei. Først da ville den beskjedne flokk av norske republikanere kunne få vind i seilene, noe de til denne dag ikke har hatt. Men selv det er det vanskelig å tenke seg.

Republikk hører nemlig ikke hjemme i den norske forestillingsverden, og vil heller ikke komme til å gjøre det før noe mot alle solemerker skulle gå riktig galt. Slike spekulasjoner kan vi saktens koste på oss her i Norge hvor vi har en avholdt monark i kong Olavs tradisjon, og en kronprins som vi allerede nå vet med sikkerhet vil stå vakt om fedrenearven. Det er ikke bare monarkiet, men hva man gjør det til som teller. Kongedømmets muligheter er grenseløse. Både på godt og ondt.

Majestetisk folkelighet

Mange kongehus har falt i grus, er blitt uglesett og avsatt. Andre er blitt hyllet og møtt med folkets hengivenhet.

I en tid med pågående journalistikk og oppsøkende virksomhet, er det ikke lett å være fremtredende øvrighetsperson. Med nærsyn, fjernsyn, ukeblader og i konkurransen blant ærgjerrige radioselskaper, kan tilværelsen bli vanskelig hvis man ikke uavbrutt og hele livet er i stand til å leve opp til idealene. Noen alminnelig utbredt overbærenhet bør heller ikke de kongelige regne med.

Det har vært en uhyre tung og krevende oppgave kong Olav har løst. Det er vanskelig å tenke seg en posisjon som krever mer enn den han har hatt. Nå løftes arven av neste generasjon.

Det fedrelandssinn som ble et så fremtredende trekk i kong Olavs karakter, kan nok henge sammen med kongetradisjonens syn på landet som «sitt land». Riktignok ikke slik at han i likhet med enevoldskongene betraktet Norge som sin personlige eiendom. Likevel kan man få en fornemmelse av en så dyp kjærlighet både til landet og til folket at man kan snakke om en tosidig og bindende eiendomsrett knyttet sammen av sterke bånd.

Kong Olav skapte et nytt, ikke grunnlovsfestet begrep: Sitt eget «opplyste og veiledende monarki».

Det er en betegnelse som følger personen, og som hver enkelt monark må gjøre seg fortjent til og som vi er sikre på at slektene som følger etter vil ta lærdom og eksempel av. Med de beste konger vil kongedømmet alltid være best. Det har kong Olavs styreform lært oss.

Egentlig burde det være umulig å være folkelig og kongelig på en gang. Likevel har vi opplevet at det går an. Kong Olav maktet å kombinere uforenlige egenskaper i et verdifullt og sjeldent paradoks. Det er et nasjonalt særeie vår kongeslekt kan være stolt av.

Majestetisk folkelighet er et begrep som antagelig ikke gir mening noe annet sted eller i forbindelse med noen annen konge enn vår egen kong Olav den femte.

I egenskap av tronfølger møtte Hans Majestet for første gang på Stortinget allerede i 1926.

Altså gjennom hele 64 år – en periode som etter gammelt mål strekker seg over mer enn to generasjoner, var han med ved Stortingets høytidelige åpning og oppløsning. Kong Olav møtte med andre ord på flere Storting enn noen folkevalgt noensinne har gjort. Men så var han da også av folkevalgt kongeætt – en konge både i kraft av sin fødsel og av folkeviljen.

Vi har vært heldige her i landet. Vi trengte aldri å gå til folkeeventyrene for å skaffe oss en konge å være glad i.

Til daglig er vår norske prosa vindtørr og flat. Men da sykdommen rammet kong Olav, ble de største ordene tatt i bruk, fordi de akkurat da var naturlige, selv for oss. Den dagen erklærte et helt folk sin kjærlighet til sin konge – spontant og uten forbehold.

Det ble slik fordi kong Olav var mer enn konge. Gjennom et langt liv ble han landsfaderen som alle samlet seg rundt, hadde del i og følte seg bundet til. Da han overvant den første akutte krisen og med nytt mot og viljestyrke satte krefter inn på å gjøre seg selv frisk, følte vi alle både lettelse og befrielse. Og likevel: Kongens sykdom ble en påminnelse om at ingen er garantert evig helse og evig liv – ikke engang konger.

Arven etter Olav

KONG OLAVS REGJERINGSTID VAR RIKE, GODE ÅR I FREMGANG og vekst. Hans livsløp er blitt historien om nasjonale begivenheter i et helt århundre. I trettitre år, i mer enn en menneskealder, var han konge.

Allerede på sin myndighetsdag 2. juli 1924 formulerte han det program han skulle komme til å følge senere i livet, både som tronfølger og som konge.

> «Ser vi paa tilstanden i vort land for øieblikket, saa er det jo desværre saa at vi nordmænd idag staar mere splittet end vi har gjort siden 1905. Men vi haaber alle at vi engang atter maa kunde samles i én fylking – og personlig vil jeg prise mig lykkelig og ha livsmaal stort nok om jeg paa nogen maate kunde bidra hertil.»

Han forsto instinktivt hvor nødvendig det var for ham å kjenne alminnelige menneskers virkelighet. Hvis han skulle bli i stand til å bidra til å dempe motsetningene og styrke fellesskapet, måtte han forstå hva som rørte seg i folket, hvordan de levde, hva de trodde, tenkte og håpet på.

Tidlig lærte han sitt folk å kjenne. Det er noe av forklaringen på at han ble som han ble.

Det er et harmonisk, virksomt og rikt samfunn uten store klasseskiller og sosiale motsetninger som har vokst frem i kong Olavs regjeringstid. Store nasjonale løft er blitt gjennomført i fellesskap. Denne rike utviklingen kan kong Olav ta sin gode del av æren for. Det program han formulerte på sin myndighetsdag var i vid forstand det samme politiske program han trofast og stedig fulgte hele livet – å samle det norske folk til felles innsats. Det var hans store ambisjon.

Kong Olav ble vår tids rikssamler. Han brukte ikke som tidligere konger langskip og sverd – ikke vold, tvang og rå makt. Han samlet oss om ideer og felles verdier. Han synliggjorde verdiene og gjorde dem til felleseie.

Kong Olav lot etter seg et kongedømme mer solid forankret enn noe annet monarki i vår tid. Han lærte oss å vise følelser og hva ekte fedrelandssinn er.

Han hadde en særegen sammenbindingskraft så lenge han levde. Den kraften er blitt sterkere etter hans død.

Det er arven etter Olav. Den kan, dersom den blir riktig forvaltet, gi velstand og gode år til de slektledd som skal følge. Det var jo det kong Olav ville med sitt liv.